Aleksei Myagkov
KGB intern

Aleksei Myagkov

KGB intern

Enthüllungen
eines Offiziers
der III. Hauptabteilung

Seewald Verlag
Stuttgart

Aus dem Englischen
von Henry Hellmann
Titel der Originalausgabe:
»Inside the KGB«
Foreign Affairs Publishing Co. Ltd.,
Richmond
© Aleksei Myagkov 1976

Zweite Auflage 1977
Alle Rechte
der deutschen Ausgabe
beim Seewald Verlag
Dr. Heinrich Seewald
Stuttgart-Degerloch 1977
Schutzumschlag und Einband
von Creativ Shop München
Adolf + Angelika Bachmann
Gesamtherstellung bei
Wilhelm Röck, Weinsberg
ISBN 3 512 00486 5
Printed in Germany

Inhalt

Ein Wachhund
reißt sich los

Es war sechs Uhr früh. Ich saß als Hauptmann der Sonderabteilung des Sowjetkomitees für Staatssicherheit (des KGB), d. h. als Offizier der Gegenspionage oder Abwehr, in meinem Büro im Kommandogebäude eines motorisierten Schützenregiments, das zu den sowjetischen Besatzungstruppen in der DDR gehörte. Meine unmittelbare Aufgabe war die Sicherung dieses Regiments gegen die *inneren* Feinde der Sowjetmacht und gegen die westlichen Nachrichtendienste.

Was hatte ich zu so früher Stunde in meinem Büro zu suchen? Ich bereitete meine Flucht in den Westen vor. Sie war für den Nachmittag des gleichen Tages geplant. Jetzt hatte ich noch etwas Zeit, und ich benutzte sie, um mich immer wieder zu vergewissern, daß ich nichts vergessen hatte: eine Aktentasche mit Geheimpapieren; einen Revolver für den Fall, daß mein Plan auf Hindernisse stieß; einen wasserdichten Regenumhang, den ich unter meinem Offiziersmantel tragen konnte, welchen ich abwerfen wollte, um äußerlich als Zivilist zu erscheinen.

Ich sollte eine Gruppe von Offizieren des Regiments, für das ich verantwortlich war, auf einem Busausflug nach Westberlin begleiten – natürlich in Uniform. Der Bus sollte in 15 Minuten abfahren, und in Westberlin wollte ich mich »verdrücken«. Offiziell fuhren die Offiziere zu einem »Stadtbummel« nach Westberlin, doch ihre wahre Aufgabe bestand darin, militärische Einrichtungen der amerikanischen, britischen und französischen Besatzungstruppen in Augenschein zu nehmen.

Als Offizier der Sonderabteilung des KGB hatte ich die Aufgabe, für ihre Sicherheit zu sorgen. Das bedeutete aber nicht etwa, sie vor den Anschlägen der westlichen »Aggressoren« zu schützen, sondern zu verhindern, daß irgendeiner von ihnen sich nach dem Westen »absetzte«. Das war der offizielle Grund für mein Mitfahren in dem Bus, – aber in Wahrheit wollte ich als Sowjetoffizier das Land des »Glücks, der Gleichheit und der Brüderlichkeit« verlassen und in die Welt des »verfaulenden Kapitalismus« flüchten. In den meisten Ländern wäre der Drang zur Flucht aus dem eigenen Heimatland unnatürlich, aber in den Ländern des Ostblocks – mit der einzigen Ausnahme Jugoslawiens – halten die Regierungen ihre Untertanen eingesperrt. Die Machthaber in den kommunistischen Ländern suchen auf alle nur erdenkliche Weise zu verhindern, daß irgendeiner ihrer Bürger dem Kommunismus entflieht. Schon allein aus diesem Grunde klingen die lauten Beteuerungen über das »Glück, die Gleichheit und die Brüderlichkeit« im Kommunismus höchst verdächtig.

Meine Gedanken wurden im Bus durch die Witze, die von den Offizieren um mich herum gerissen wurden, und durch ihre Unterhaltung gestört. Einige machten nur Konversation, andere erheiterten sich durch Witzeleien. Ein junger Leutnant, der ein Arzt war – im übrigen selber ein KGB-Agent, den ich für die Überwachung seiner Kameraden angeworben hatte –, erklärte mit lauter Stimme, daß es alle hören konnten: »Wäre es nicht fein, wenn man uns in Westberlin bei einem Sex-Shop aussteigen ließe, damit wir ein paar interessante Magazine mit nach Hause nehmen könnten?« Man hörte zustimmendes Murmeln, und alle blickten fragend zu mir hin. Ich sagte dem Leutnant im Scherz, ich würde ihm weitere Ausflüge in den Westen verbieten müssen, weil er für kapitalistische Einflüsse empfänglich sei und sich in seinen Beziehungen zu Frauen unvorsichtig zeige. Einer der Offiziere bemerkte: »Ach, Mischa, du vergißt, daß der Mann von der Abwehr hier sitzt und dich ins Kittchen bringen kann.«

Alle lachten, auch ich, obgleich es da kaum etwas zum Lachen gab. Wie um die Sache wiedergutzumachen, schrie der Leutnant zu mir herüber: »Genosse Hauptmann, wenn die Partei es mir befiehlt, bin ich bereit, alle Frauen zu vergessen.« Erneutes allgemeines Gelächter, und ein Major, der in meiner Nähe saß, griff in die Unterhaltung ein und sagte: »Mischa, du benimmst dich wie der Mann in der Geschichte von dem Kerl, der gefragt wurde, unter welchen Bedingungen er sich mit nacktem Hintern auf einen Igel setzen würde. Nach einigem Nachdenken antwortete er: ›Falls der Igel vorher rasiert wird; falls der Hintern jemandem anderen gehört, oder falls die Partei es mir befiehlt.‹« Die letzten Worte des Majors gingen in brüllendem Gelächter unter.

In dem Bus saßen außer dem Leutnant noch zwei andere KGB-Agenten, die auf mich aufzupassen hatten. Einer von ihnen, ein Hauptmann, saß neben mir. Er bemerkte meine Aktentasche, zeigte auf sie und fragte so laut, daß alle es hören konnten: »Genosse Hauptmann, Ihre Aktentasche enthält wahrscheinlich Geheimdokumente, die Sie an den Westen ausliefern wollen?«

Soll dich doch der Teufel holen, dachte ich mir, wenn ich dir bloß deine dumme Rübe heruntersäbeln könnte. Und laut antwortete ich: »Natürlich, alles Geheimdokumente, was könnte es wohl anderes sein?« Alle grinsten zufrieden; es fiel niemandem ein, daß mein Fragesteller genau das richtige getroffen hatte. Irgendjemand bemerkte, daß ich in meiner Aktentasche ein Bandaufnahmegerät mit mir trüge, das ihre ganze Unterhaltung mitschnitt. Darauf verstummte das Gespräch über dieses Thema.

Ich saß da und sinnierte: Wenn du nur wüßtest, Hauptmann, wie recht du mit deiner Bemerkung gehabt hast. Meine Gedanken wurden dadurch abgelenkt, daß wir jetzt die Grenze von Ost- nach Westberlin überschritten; wir waren am amerikanischen Kontrollpunkt angelangt. Ein amerikanischer Soldat hielt unseren Bus an, zählte die Insassen und winkte uns zur Weiterfahrt nach Westberlin. Dort fuhren wir an militärischen Einrichtungen unserer »Alliierten« vorbei und sollten an zwei Stellen anhalten.

Der erste Stop war am Schloß Charlottenburg. Die Offiziere durften dort aussteigen und photographieren. Währenddessen durften sie aber das Schloß nicht betreten.

Der zweite Aufenthalt war am sowjetischen Ehrenmal im Tiergarten, nicht weit vom Brandenburger Tor, geplant.

Die einzige Möglichkeit, mich »dünne zu machen«, bestand am Charlottenburger Schloß. Ich hatte die Absicht, von der Offiziersgruppe wegzuschlendern, in den Schloßpark zu gehen und dort meinen Offiziersmantel und meine Militärmütze zu verstecken. In dem Regenumhang, den ich unter dem Mantel trug, würde ich wie ein Zivilist aussehen. Danach würde ich mir ein Taxi nehmen und zu den Amerikanern fahren. Aber der Mensch denkt, und Gott lenkt.

Wir trafen vor dem Schloß ein, die Offiziere stiegen aus und begannen zu photographieren. Ich stand in ihrer Nähe mit meiner Aktentasche. Aber sie standen alle so, daß ich nicht in den Park gehen konnte, ohne gesehen zu werden. Obgleich der Park nicht mehr als vielleicht 100 Meter weit entfernt war, hatten sich die Offiziere so aufgestellt, daß der Weg zum Park, den ich gehen mußte, ständig von ihnen beobachtet wurde. Darum mußte ich meinen ursprünglichen Plan aufgeben; ich sah mich aber sofort nach einer anderen Möglichkeit um.

Ich entschied mich dafür, in das Schloß hineinzugehen und durch den Hintereingang in den Park zu entkommen. Wie konnte ich aber in das Gebäude hinein, ohne daß man mich bemerkte? Ich sah mich um. Die Offiziere knipsten immer noch mit ihren Kameras, und niemand paßte auf mich auf. Ich nutzte die Gelegenheit und schlüpfte durch den Eingang. Soviel ich sehen konnte, hatte niemand das bemerkt – sonst hätte ich meinen Revolver zücken müssen, und das wollte ich vermeiden. Aber wie das Sprichwort sagt: Dem Tapferen hilft das Glück, und in diesem Falle hatte ich Glück.

Das Schloß war als Museum eingerichtet, und das Museum hatte Besucher. Ich kümmerte mich aber nicht darum. Ich mußte unbedingt schnell handeln, denn die Offiziere würden meine Abwesenheit bald bemerken. Ich mußte den Not- oder Hinterausgang in den Park finden. Aber ich war nicht allein; jetzt wälzte sich schon ein Strom von Besuchern durch das Museum. Ich mußte langsam gehen und mit ihnen zum ersten Stock hinaufschlendern, während sich mein Inneres wie eine gespannte Feder zusammenkrampfte. Ich durfte keine Sekunde verlieren, aber ich konnte den Ausgang zum Park nicht finden. Da – endlich eine Tür! Ich sah mich um und vergewisserte mich, daß niemand zusah. Ich öffnete die Tür, ging schnell hindurch und befand mich in einem großen Zimmer. Auf der Innenseite steckte ein Schlüssel im Schloß. Ich drehte ihn um und schloß ab und sah mich erneut um, um mich zu orientieren. Überall standen und lagen Bilder, Bilderrahmen und – im Hintergrund wieder eine Tür. Ich wollte gerade probieren, ob auch diese zweite Tür sich öffnen würde, da hörte ich in einer Ecke, die vor mir durch ein Gemälde verborgen war, ein Rascheln. Ich ging hinüber und fand hinter einem kleinen Tisch einen ältlichen Deutschen sitzen, der sein Frühstücksbrot aß. Als er mich erblickte, fuhr er zusammen und fragte im Berliner Dialekt: »Mensch, wer sind Sie? Ick werd' varickt! Sie sind bestimmt ein Russe?«

»Regen Sie sich nur nicht auf, Alter«, sagte ich, »alles geht in Ordnung, und guten Appetit«, und trotz der Gefahr, in der ich mich befand, brach ich in lautes Lachen aus. Niemand hätte sich wohl beim Anblick der Glotzaugen und des angstverzerrten Gesichts des alten Deutschen das Lachen verkneifen können.

Ich fragte ihn, ob es aus dem Gebäude einen Ausgang in den Park gebe. Er sagte Ja und nickte in die Richtung der zweiten Tür. Auf dem Tisch des alten Mannes sah ich ein Telefon. Da ging es mir durch den Kopf: »Warum soll ich nicht die deutsche Polizei anrufen und mit ihrer Hilfe weiterkommen? – Natürlich – das ist die einzige Möglichkeit.« Ich ersuchte den Deutschen, die Polizei anzurufen, ihr zu erklären, daß hier ein Sowjetoffizier sei, der um politisches Asyl ersuche. Sie sollte so schnell wie möglich ein Auto an den Hinterausgang des Charlottenburger Schlosses schicken. Der Alte folgte meiner Aufforderung sofort; dann wollte er das Zimmer verlassen. Das gefiel mir gar nicht, denn es war nicht ausgeschlossen, daß er mich an die Sowjetoffiziere verraten würde. Darum erklärte ich ihm höflich, aber bestimmt: »Schlagen Sie sich das Herausgehen aus dem Kopf, bis die Polizei kommt. Sitzen Sie still hier hin und machen Sie keinen Lärm!« Ich sagte ihm, daß ich die Tür des Zimmers abgeschlossen und den Schlüssel in der Tasche hätte. Der Alte fügte sich ohne Protest; er erklärte sogar, er wünsche mich gar nicht allein zu lassen und bleibe mit Vergnügen da. Ich war froh, einen Verbündeten gefunden zu haben, und lobte ihn für seinen Mut.

Ich mußte mich jetzt auf den nächsten Schritt vorbereiten. Ich legte meinen Uniformmantel und meine Militärmütze ab und versteckte sie hinter einem Bild. Dann zog ich meinen Zivil-Regenumhang an, der meine Uniform zudeckte. Ich ging zum Fenster, vor dem ein Vorhang hing, und schaute aufmerksam auf die Straße hinunter. Ich konnte den Bus und die Offiziere sehen, die aufgeregt miteinander redeten. Einige zeigten auf das Gebäude, in dem ich mich verborgen hielt.

Ich sah auf meine Uhr. Es war genau zwölf. Es bestand kein Zweifel, daß der rangälteste Sowjetoffizier durch Funk Berlin-Karlshorst über den Vorfall verständigt hatte und daß binnen einer halben Stunde KGB-Gruppen in Westberlin die Suche nach mir aufnehmen würden. Wenn es mir nicht gelang, innerhalb dieser kritischen halben Stunde zur Polizei zu kommen, war meine Lage äußerst gefährlich. Irgendetwas mußte ich tun, aber was? Ich wandte meine Aufmerksamkeit wieder der zweiten Tür zu und drückte auf die Klinke. Die Tür war verschlossen. Ich wühlte in meinen Taschen nach irgendetwas, womit ich das Schloß aufbringen könnte, und fand den Schlüssel zur ersten Tür. Wird er ins zweite Schloß passen? Er paßte hinein. Ich öffnete die Tür, sah auf einen Korridor hinaus und sagte dem alten Mann, daß ich bald zurückkommen würde. Ich schloß die Tür hinter mir zu und ging den Gang entlang. Am Ende des Korridors sah ich eine Treppe und stieg zum Erdgeschoß hinunter. Unten stand ich vor einer schweren Tür; ich öffnete sie und – stand vor der Hinterfront des Gebäudes. Froh über meine Entdeckung, kehrte ich in das Zimmer zurück.

Wo blieb die Polizei? Warum läßt sie sich so viel Zeit? Ich bat den alten Mann, noch einmal zu telefonieren und die Polizei zu drängen. Er rief an und sagte, die Polizei würde bald kommen.

Ich sah wieder nach der Uhr: jetzt war es schon 12.30. Die Polizei war für mich jetzt die einzige Hoffnung. Ich konnte mich nicht mehr auf der Straße sehen lassen, denn die nach mir suchenden KGB-Leute mußten irgendwo in der Nachbarschaft sein. Aus tiefstem Herzen verfluchte ich die Polizei für ihre Langsamkeit. Der alte Deutsche blickte mich aus mitfühlenden Augen an; ich dankte ihm für sein Verständnis.

Es war schon 13 Uhr. Ich beschloß, durch den Park in die Stadt zu gehen, ein Taxi anzuhalten und zu den Amerikanern zu fahren. In diesem Augenblick hörte ich Schritte den Korridor entlangkommen. Durch meinen Kopf schoß der Gedanke: vielleicht waren das die vom KGB? Ich zog meinen Revolver, entsicherte ihn und riß die Tür schnell auf. Draußen auf dem Gang sah ich zwei Männer in Zivil, die plötzlich erschreckt stehen blieben. Einer von ihnen schrie: »Polizei«, zeigte mir seinen Ausweis und forderte mich auf, meine Waffe wegzustecken. Erleichtert steckte ich den Revolver ein, ging in das Zimmer zurück, verabschiedete mich von dem alten Deutschen, hob meinen Uniformmantel und meine Militärmütze auf und verließ das Gebäude mit den Polizisten durch den Hinterausgang. Ich setzte mich zu ihnen in ihren Wagen, und schon nach ungefähr drei Minuten waren wir auf einer Polizeiwache.

Es stellte sich heraus, daß die Polizeiwache direkt gegenüber dem Charlottenburger Schloß lag. Ich beklagte mich, daß man mit einer »so wichtigen und komplizierten« Operation wie dem Überqueren einer Straße so viel wertvolle Zeit vergeudet hatte. Die Polizisten antworteten, das sei nicht ihre Schuld; da Charlottenburg im britischen Sektor liegt, hätten sie sich erst mit den britischen Stellen in Verbindung setzen müssen. Erst nachdem die ihre Erlaubnis gegeben hatten, konnten sie mich abholen.

Auf der Polizeiwache verspürte ich wieder einiges Selbstvertrauen. Solange ich dort war, konnte das KGB nichts gegen mich unternehmen. Zum Jubel bestand aber noch keine Veranlassung, denn jetzt mußte ich noch von der Polizeiwache zu einer britischen Militäreinheit gelangen, und das war nicht ohne Gefahr.

Die Polizisten zeigten sich recht gastfreundlich. Sie boten mir Kaffee an und erklärten mir, ich müßte jetzt wieder warten, bis die britische Militärpolizei käme. Das dauerte eine ganze Stunde – bis 14 Uhr. Das alles machte meine Lage bedeutend gefährlicher, denn von Minute zu Minute mußten mehr KGB-Leute in Westberlin auftauchen. Es blieb mir aber nichts anderes übrig, als zu warten. Aus dem Fenster der Polizeiwache konnte man das Schloß Charlottenburg und den Bus mit den Sowjet-Offizieren sehen. Die Türen des Fahrzeugs waren geschlossen, und die Offiziere saßen darin auf ihren Plätzen. Daneben stand ein »Wolga«-Auto mit einer Sowjet-Kenn-Nummer. Das war ein weiterer Beweis, daß die Suche nach mir im Gange war.

Die Polizisten suchten mich von meinen angstvollen Gedanken abzubringen. Sie fragten mich über Rußland aus, wie das Wetter dort sei und so fort. Sie betrachteten neugierig meine Uniform; einige baten mich um ein Andenken. Ich konnte nichts anderes tun, als von meinem Militärmantel zwei Knöpfe abzuschneiden und sie ihnen zu geben. Auch später mußte ich mehr als einmal solche Wünsche erfüllen.

Endlich tauchte ein Sergeant der britischen Armee mit zwei Soldaten auf. Er war etwa 40 und klein und machte nicht gerade einen militärischen, eher einen gemütlichen Eindruck. Sein Gesicht wirkte freundlich und aus irgendeinem Grunde wie entschuldigend. Außerdem steckte sein rechter Fuß in einem Gipsverband. Er humpelte auf mich zu und fragte mich in gebrochenem Russisch, ob ich wirklich im Westen bleiben wollte. Ich bejahte die Frage und fügte hinzu, daß man mit solchen Dingen keine Spielereien treibe, denn das könnte mich Kopf und Kragen kosten.

Der Sergeant fragte mich, ob ich bewaffnet sei. Ich begann, meine Uniform aufzuknöpfen, und griff nach meinem Revolver, der in meiner linken Achselhöhle hing. Als der Sergeant meine Bewegung sah, sprang er zur Seite, fuchtelte aufgeregt mit den Armen und rief, ich sollte meine Waffe nicht anrühren. Ich begriff, wovor er sich fürchtete, und forderte ihn lachend auf, meinen Revolver selber herauszuziehen. Dabei machte ich die Bemerkung, vielleicht glaube er, ich gehöre zu einer Terroristenorganisation wie dem »Schwarzen September« und wolle einen Privatkrieg gegen den Westen eröffnen. Darauf antwortete der Sergeant nicht, aber man konnte sehen, daß er sich verlegen fühlte.

Danach gingen wir alle vier, der Sergeant, die beiden Soldaten und ich, zum Ausgang. Im Hof der Polizeiwache machte ich eine unangenehme Entdeckung: meine Retter waren in einem grün angestrichenen Militärauto mit militärischen Abzeichen und militärischer Kenn-Nummer und mit einem Warn-Scheinwerfer gekommen. Nur ein Spritzenwagen der Feuerwehr hätte auffälliger sein können. Für die auf der Suche befindlichen KGB-Leute war es nicht schwer, ein solches Auto zu erkennen und sich auszurechnen, wo ich war.

Mir blieb aber keine Wahl; wir stiegen ein und fuhren ab. Schon nach fünf Minuten bemerkten wir, daß uns jemand folgte. Ohne den Versuch zu machen, ihre Absichten zu verheimlichen, fuhren die Autos der KGB-Agenten hinter uns her und hielten hinter uns direkt vor dem Eingang zu dem Gebäude der britischen Militärbehörde.

Man begleitete mich in das Haus der Militärpolizei und führte mich in ein kleines Zimmer, das mit einem Bett, einem Tisch und drei Stühlen spärlich möbliert war. Das Fenster war mit einem Metallgitter verschlossen.

Einer der Soldaten blieb die ganze Zeit bei mir in dem Zimmer. Ich durfte nicht einmal ohne Begleitung auf die Toilette gehen. Um 16 Uhr erschien ein Beamter und erklärte mir, London sei über meinen Fall informiert, und man werde mich bald weiter nach Westen bringen. Ich erkundigte mich, warum um meinen Fall eine solche Spannung herrsche. Er erklärte mir, meine Anwesenheit bei der Militäreinheit sei nur mit der einer Atombombe zu vergleichen, die jeden Augenblick explodieren könnte, und fügte hinzu: »Die Russen sind in der Nähe, das KGB ist überall. Wir müssen jede Art von Provokation erwarten, und darum wird es das Beste für alle Beteiligten sein, wenn wir Sie so schnell wie möglich von hier wegschaffen.«

Er ging dann wieder weg, und an seiner Stelle erschien ein freundlich wirkender Hauptmann, der erklärte, er würde jetzt bei mir bleiben. Ein Soldat brachte mir ein Handtuch und ein Rasierzeug.

Der Hauptmann teilte mir mit, gegen 22 oder 23 Uhr werde man uns nach dem Westen ausfliegen, und bis dahin müßten wir bleiben, wo wir jetzt einmal wären. Er sagte, das KGB habe rund um die britische Einheit Beobachtungsposten, und darum könnten wir auch nur mittels Hubschrauber zum Flugplatz gelangen, denn die Fahrt mit einem Auto sei zu gefährlich.

Wir unterhielten uns über alle möglichen belanglosen Dinge. Dann zeigte ich auf das Päckchen mit den Klingen für den Rasierapparat und sagte im Scherz: »Sie bewachen mich so sorgfältig, und doch lassen Sie selber mir Rasierklingen bringen. Was geschieht, wenn ich mir mit einer dieser Klingen die Pulsadern aufschneide?« Meine Witzelei gefiel aber dem Hauptmann ganz und gar nicht. Er blickte mich neugierig an, dann rief er einen Soldaten und befahl ihm, die Rasierklingen wegzunehmen. Etwa um 22.30 Uhr wurden für den Hauptmann und mich zwei Bündel Zivilkleider gebracht, und wir wurden aufgefordert, uns umzuziehen. Dann wurde mir erklärt, was als nächstes geschehen würde. Um 23 Uhr würden wir das Gebäude verlassen und in ein Auto einsteigen, in dem ich zwischen zwei Wachen sitzen würde. Das Auto würde uns zu dem Helikopter bringen, in dem ich mit einer meiner Wachen zum Flugplatz fliegen würde, wo ein Flugzeug auf uns wartete.

Diese Vorsichtsmaßnahmen dienten dem Schutz vor der Gefahr eines Überfalls durch Sowjetagenten, die versuchen könnten, mich zu entführen. Die Briten hatten eine ihrer Truppeneinheiten alarmiert, um die Sicherheit während meiner Überführung zu verstärken.

Wir verließen das Haus, stiegen in das Auto ein, fuhren nur 50 Meter weit und hielten vor dem Hubschrauber, der mit bereits laufendem Motor wartete. Rund um uns standen britische Soldaten in voller Kriegsausrüstung mit Maschinenpistolen in den Händen und nervösen Gesichtern. Wir stiegen mit dem Hauptmann schnell in den Helikopter ein, und die Maschine startete sofort.

Nach vielleicht zehn Minuten landeten wir neben einem Flugzeug, und wieder verloren wir keine Zeit, dort unsere Sitze einzunehmen. Binnen fünf Minuten hob sich die Maschine zum Flug gen Westen.

In dem Flugzeug saßen mit mir zwei Wachpersonen und zwei Piloten. Spannung stand in ihren Gesichtern, und auch ich fühlte mich nicht gerade entspannt. Die Maschine, in der wir flogen, war eine alte Kiste aus dem Zweiten Weltkrieg, deren Höchstgeschwindigkeit nicht mehr als 280 km/h war. Wir überflogen das Gebiet der DDR, und trotz der Begleitung durch zwei Jagdflugzeuge lag es durchaus im Bereich der Möglichkeit, daß uns eine Sowjetrakete »aus Versehen« abschießen würde. Endlich war die lange Reise über ostdeutsches Gebiet vorüber, und als wir die Grenze des westdeutschen Luftraumes überquerten, wurde die Stimmung in unserem Flugzeug merklich entspannter. Alle lächelten, und der Hauptmann beglückwünschte mich zu meiner sicheren Ankunft im Westen.

Es war schon fast vier Uhr früh am Morgen, als wir unseren Bestimmungsort erreichten. Er lag unweit Düsseldorf. Dort empfingen mich die Briten sehr herzlich; es war klar, daß sie Verständnis für meine Aufregung hatten. Wir waren alle froh, daß die größte Gefahr vorüber war, obwohl noch nicht alle Probleme gelöst waren.

Am Tage nach meiner Ankunft im Westen – ich floh am 2. Februar 1974 – brach ein diplomatischer Krieg um mich aus. Die Sowjetdiplomaten führten ihn mit allen Mitteln, die zu ihrer Verfügung standen.

Am ersten Tage verlangten die Sowjetvertreter kategorisch und mehrere Male, mich persönlich sprechen zu können. Und jedes Mal wurden sie von den Briten über meine Weigerung informiert, einem solchen Treffen zuzustimmen – nicht weil ich Angst hatte, sondern weil ich es einfach für zwecklos hielt. Ich hatte nicht die geringste Lust zurückzukehren, und natürlich auch nicht den Wunsch, mir Drohungen und Lügen anzuhören. So ging der erste Tag vorüber.

Der zweite Tag brach an. Bis gegen zwölf Uhr mittags störte mich niemand außer zwei netten Kindern, dem Sohn und der Tochter des Ehepaares, in deren Wohnung ich untergebracht war. Das Mädchen war etwa sieben Jahre alt, der Junge ein Jahr jünger. Es amüsierte sie, daß da ein fremder Onkel war, der in einer seltsamen Sprache sprach. Sie wichen nicht von meiner Seite, was mir half, unangenehme Gedanken zu zerstreuen.

Um zwölf Uhr brachten mir die Briten ein neues Angebot von sowjetischer Seite: Falls ich zurückkehrte, so hieß es, würde man mir verzeihen – eine seltsame Offerte. Erstens hatte ich nicht die Absicht, in ein ungerechtes System zurückzukehren, dem ich gerade erst entflohen war. Zweitens wußte ich nur zu gut, was »Verzeihung« für das KGB und das ganze Sowjetsystem bedeutet: genau genommen, bedeutet es Gefängnis, Sibirien, und am Ende das übliche Resultat: Hinrichtung. Natürlich war meine Antwort wieder »Nein«.

Der dritte Tag begann mit einer anderen Neuigkeit. Diesmal erschienen drei britische Vertreter und erklärten mir: »Die Sowjetseite beschuldigt Sie verbrecherischer Taten. Wir erwarten Ihre offizielle Antwort.«

Meine Antwort war: »Ich habe keinerlei Verbrechen begangen.« Ich fügte hinzu: »Im übrigen hat mich die Sowjetseite erst gestern in keiner Weise verbrecherischer Taten beschuldigt. Man machte mir ein Angebot der Rückkehr und der ›Verzeihung‹, was nur bestätigt, daß ich nicht kriminell bin.« Den Briten genügte diese Antwort, und damit war der diplomatische Krieg mit der Sowjetunion zu Ende. Ein neues Leben im Westen hatte für mich begonnen. Es ist noch zu früh, darüber zu schreiben. Hier will ich erst mal berichten, welche Kräfte mich, einen Offizier der russischen Gegenspionage, dazu getrieben haben, mein Heimatland zu verlassen und Emigrant zu werden.

Indoktrinierung und Entäuschung

Ich wurde 1945 in einem kleinen Dorf Zentralrußlands geboren. Meine Eltern waren einfache Bauern. Die Familie war
ziemlich groß; wir waren sechs Geschwister, drei Mädchen
und drei Jungens, und ich war der älteste. Kurz nach meiner
Geburt zog meine Familie in die Kleinstadt Lebedjan um, wo
ich meine Kindheit verbrachte. Die Stadt hatte etwa 30 000
Einwohner.

Lebedjan ist eine altrussische Stadtgründung, die noch vor
die Zeit der Unterjochung Rußlands durch die Tartaren zurückreicht. Das Stadtzentrum liegt auf einem Hügel, der früher zur Verteidigung gegen die Tartaren befestigt war. Später, als die Russen das Tartarenjoch abgeworfen hatten,
wuchs die Bevölkerung, und vom Zentrum aus wurden neue
Straßen in die Ebene hinein gebaut. Die alten Straßennamen
(die der Bogenschützen, Büchsenschützen, Kosaken) verrieten
den militärischen Charakter der Stadtanlage als Garnisonsort
zur Verteidigung des Landes. Sie wurden inzwischen in
Uliza Lenina (Leninstraße), Karl-Marx-Straße usw. umbe-
nannt. In der Stadt haben sich viele alte Bräuche erhalten,
die von einer Generation zur nächsten überliefert werden.

Die männliche Bevölkerung der Stadt legt noch immer
großen Wert auf kämpferische Tugenden wie Tapferkeit,
Körperkraft und Wagemut. Die Stadt ist traditionell in
Stadtviertel eingeteilt, die miteinander in Wettbewerb treten,
wobei jedes Viertel zu beweisen sucht, daß seine Männer sich
in den genannten Tugenden auszeichnen können. Man veranstaltet sportliche Wettkämpfe, z. B. Tauziehen und Ge-
wichtheben. Der Höhepunkt dieser Ereignisse sind »Faustkämpfe«, die nach alter Überlieferung einmal im Jahr in der
»Butterwoche« (Fastenzeit) stattfinden.

Die Männer von zwei Stadtvierteln, 18 Jahre alt und älter, versammeln sich auf einer Wiese und stellen sich in zwei
Reihen einander gegenüber zum Kampfe auf. Nach ungeschriebenen Regeln ist es streng verboten, im Kampf Holz-

stücke, Steine usw. zu benützen, aber auch Handschuhe an-
zuziehen. Der Tradition gemäß beginnt der Kampf zwischen
zwei Burschen unter zwanzig Jahren. Solange diese kämpfen,
warten die Erwachsenen auf ihre eigene Rauferei, denn jede
Seite will zuerst wissen, welcher von den Jünglingen Sieger
sein wird.

Nachdem die Einzelkämpfe zwischen den Jungen vorüber
sind, rücken die Reihen der erwachsenen Männer gegeneinander vor, und die Faustkämpfe zwischen ihnen beginnen.
Wer zuerst zu Boden fällt, gilt als Verlierer und zieht sich,
wenn er noch gehen kann, vom Schlachtfeld zurück. Einige
fallen in die Arme der weiblichen Zuschauer, die ihnen »erste Hilfe« leisten. Gewonnen hat am Ende das Stadtviertel,
das die wenigsten Kämpfer verliert und den »Feind« zwingt,
sich zu »ergeben«. Nach der Schlacht ziehen die ehemaligen
Gegner, mit blauen Flecken um die Augen, eng umschlungen
langsam in die Stadt zurück.

Diese Traditionen machten natürlich auf uns Jungen einen
großen Eindruck. Die Fähigkeiten, die wir am höchsten
schätzten, waren also Geschicklichkeit, Mut und Kraft. Wir
erprobten sie auf verschiedene Weise, z. B. durch furchtlose
Steilabfahrten auf Skiern vom höchsten und steilsten Hügel,
durch schnelleres Schwimmen als alle anderen durch einen
Fluß und durch den Sieg in einer Rauferei. Mir gelang es
ziemlich oft, als Sieger aus solchen Kämpfen und anderen
Arten der Selbstverteidigung hervorzugehen, so daß ich unter den Jugendlichen meines Bezirks einen guten Ruf hatte,
obgleich das oft die Folge hatte, daß ich mit einem »blauen
Auge« nach Hause kam. Zu Hause verwöhnte man mich
nicht mit Mitleid. Mein Vater pflegte nur zu fragen: »Na,
mein stolzer Held – ist dein Gegner nach dem Kampf auch
mit grünen und blauen Flecken nach Haus gegangen?« Wenn
ich das bejahte, sagte er: »Das wichtigste nach diesen Raufereien ist, daß keiner dem anderen nachher noch grollt und
daß ihr fair und anständig bleibt.«

Sich zu Hause über irgendjemanden zu beklagen, mit dem
man einen Streit gehabt hatte, galt unter uns Jungen als das
schlimmste Verbrechen; und wer diese Regel – auch nur einmal – brach, erwarb sich für immer die Verachtung seiner

Kameraden. So also verbrachte ich wie die meisten meiner Zeitgenossen einen großen Teil meiner Zeit im Freien im Kreise von Freunden.

Meine Kindheit hatte auch noch eine andere Seite: den Konflikt zwischen der Schule und der Erziehung zu Hause. Der Kernpunkt lag darin: durch Jahrhunderte war das russische Volk religiös erzogen worden, und bis zur Oktoberrevolution spielte die orthodoxe Kirche eine große Rolle in seinem Leben. Nach der Revolution und der Machtergreifung der Kommunisten begann der Feldzug gegen die Kirchengläubigen, die allen Arten von Verfolgungen ausgesetzt wurden. Aber trotz aller ihrer Anstrengungen ist es den Kommunisten nicht gelungen, die Religion und das Christentum in Rußland auszurotten.

Bis zur Zeit der Revolution gab es in unserer Stadt viele Kirchen; aber als ich ein Kind war, war für unsere Stadt und den umliegenden Bezirk nur eine einzige Kirche geöffnet geblieben. Die übrigen wurden in Lagerhäuser, Läden und Klubs umgewandelt. Wer die einzige noch offene Kirche besuchte, wurde bespitzelt und von den Parteifunktionären als rückständig und »irregeführt« beschimpft. Trotz alledem gab es in unserer Stadt noch viele gläubige Christen. Aus diesem Grunde wurden viele meiner Altersgenossen und auch ich selber in der Kirche getauft. Unsere Eltern suchten den Gottesglauben in uns wachzuhalten.

In der Schule bemühten sich die Lehrer dahingegen, uns jeden solchen Glauben auszutreiben. Jeder Jugendliche mußte in die Organisation der »Jungpioniere« und später in den »glorreichen« leninistischen Komsomol oder Kommunistischen Jugendverband eintreten. Die Pioniere und die Komsomol-Mitglieder wurden im Geist der Hingabe an die Kommunistische Partei der Sowjetunion erzogen. Religion und der Glaube an Gott werden rundweg abgelehnt. Den Schülern ist es streng verboten, eine Kirche zu besuchen, und wehe dem, der in eine Kirche ging, wenn das in der Schule bekannt wurde. Er wurde öffentlich verspottet. Die Lehrer suchten ihn auf jede nur denkbare Weise zu demütigen, und das Leben wurde ihm unerträglich gemacht. In den Schulversammlungen wurde er herausgerufen und mußte vor allen anderen dastehen, während man ihn als den schlechtesten Schüler beschimpfte. Und keiner von uns wagte, irgendetwas zu seiner Verteidigung zu sagen. Wir alle verharrten in feigem Schweigen, einige meldeten sich auch und hielten Reden gegen ihn. Es war nicht viel anders als die Lynchjustiz gegen Neger.

Das war der Beginn der »humanen« kommunistischen Erziehung; sie fing mit Angst und Feigheit in Gegenwart eines Freundes an. Wenn irgendeiner von uns an Gott glaubte, redete er niemals mit einem anderen davon, weil er Angst davor hatte, geschmäht und ausgelacht zu werden. Das galt auch für mich: auch ich hatte Angst. Ich war ein »Pionier«, und bevor ich von der Schule abging, wurde ich Mitglied des Kommunistischen Jugendverbandes. Wenn ich das nicht geworden wäre, wären mir alle Pforten zu einer höheren Erziehung verschlossen geblieben.

Nach dem Schulabschluß hätten es meine Eltern gern gesehen, wenn ich auf einer Hochschule studiert hätte, aber ich hatte andere Pläne. Ich beschloß, auf eine Offiziersschule zu gehen. Ich hielt das militärische Leben für romantisch. Ich war 17 Jahre alt und glaubte, daß der Offiziersberuf wirklich mannhaft, voller Gefahren und Abenteuer sei.

Nach Bestehen der Zulassungsprüfungen trat ich also 1962 als Kadett in die Offiziersschule in Rjasan ein, wo Offiziere für die Fallschirmjägertruppen ausgebildet werden. Außer höherer Mathematik, fremden Sprachen und Physik studierten wir die verschiedensten einheimischen und ausländischen Waffen, Scharfschießen, Fallschirmspringen, Topographie, das Sprengen von Gebäuden, Sabotagetechnik und viele andere Fächer. Besonderer Wert wurde auch auf die körperliche Ertüchtigung gelegt.

Wir wurden intensiv im Geiste der Treue zum Kommunismus und der Feindschaft gegen seine Feinde indoktriniert. Der Wahlspruch unserer Erziehung lautete: »Fallschirmjäger (Desantnik), sei bereit, dich für dein Mutterland aufzuopfern!« Dieser Spruch stand in mehr als meterhohen Lettern auf der Wand des Klubs der Offiziersschule. Man wollte uns zu Selbstmordkämpfern von der Art der japanischen »Kamikaze«-Flieger erziehen. Wir sollten bereit sein, buchstäblich alles zu riskieren. In Operationen hinter den feindlichen Linien sollten wir entschlußkräftig und rücksichtslos handeln. Ohne zu zögern, sollten wir zum Terror, zur Sabotage und zum Umbringen von friedlichen Zivilisten bereit sein. Alles war erlaubt. Unsere Lehrer, die darauf aus waren, in uns das Bewußtsein der Überlegenheit über andere Sterbliche zu züchten, erklärten uns: »Nur auf diese Weise kann ein ›Desantnik‹ seine Aufgabe erfüllen und Erfolge erzielen.«

Um uns zu dieser Härte zu erziehen, wurden wir unter strengster Disziplin gehalten. Für die kleinsten Übertretungen gab es schwere Strafen. Es genügte, sich zur unrechten Zeit eine Zigarette anzuzünden oder ohne Uniformmantel auf der Straße zu erscheinen, um drei Tage strengen Arrest verpaßt zu bekommen. Ich erinnere mich an einen Fall, als wir Ausrüstungen verluden, um in ein besonders ausgestattetes Feldlager für Schießübungen und Sabotage-Ausbildung abzurücken. Das Lager lag in einem Wald 60 km von Rjasan entfernt, und wir zogen dort regelmäßig mehrmals im Jahre für einige Wochen hin. Unsere Schlafquartiere lagen im dritten Stock der Offiziersschule. Sechs Kadetten waren abkommandiert, Matratzen in zusammengebundenen Bündeln von fünf Stück die Treppen hinunterzutragen und sie auf ein Lastauto zu verladen. Statt die Matratzen hinunterzutragen, begannen sie, die Bündel aus den Fenstern zu werfen. Unser Zugführer, Leutnant Wilkow, stand unten, und nachdem das erste Bündel aus dem Fenster gefallen war, brüllte er: »Schluß mit dieser Schweinerei!« Entweder hatten die Kadetten ihn nicht gehört, oder sie taten so, als ob sie ihn nicht hörten, und weitere Matratzen flogen aus dem Fenster. Wilkow gebärdete sich daraufhin wie wahnsinnig und schrie noch lauter. Ich stand in der Nähe und lachte aus vollem Halse. Plötzlich drehte er sich zu mir um, zeigte mit dem Finger auf mich und rief: »Fünf Tage Arrest für dich.« – »Wofür?«, fragte ich. – »Für böswilliges Lachen.«

Auf der Schule paukte ich nicht nur eifrig die verschiedenen Fächer; ich lernte auch etwas vom Leben. Einerseits war ich der ständigen Eintrichterung kommunistischer Gedanken unterworfen, andererseits bewies mir das tägliche Leben oft die Ungerechtigkeit der Sowjetgesellschaft. Meine Kadettenzeit auf dieser Schule spielte sich während der Zeit ab, als Chruschtschow die Macht hatte, genauer gesagt, während der letzten Jahre seiner Herrschaft. In dieser Zeit führte die »weise« Politik Chruschtschows zur Lebensmittelknappheit in der Sowjetunion. Es gab praktisch kein Fleisch, keine Butter und kein Weißbrot, und die Menschen mußten sich stundenlang in Schlangen anstellen, um auch nur Schwarzbrot zu erhalten.

Wir künftigen Offiziere bekamen diese Knappheit kaum zu spüren und wurden, wie üblich, ausgezeichnet ernährt. Aber die Bevölkerung, die Arbeiter, hatten schwer zu leiden. Wir hörten Gerüchte über Proteste der Arbeiter, aber das war so fern von unserem Leben als Kadetten, daß keiner von uns sich ernsthafte Gedanken darüber machte, bis eines Abends für uns Alarmbereitschaft befohlen wurde. Wir mußten mit Maschinenpistolen antreten, faßten 60 Schuß Munition, und man erklärte uns: »In einer Fabrik in der Stadt Rjasan hat sich eine große Menge Hooligans (Strolche) zusammengerottet und stört Ruhe und Ordnung. Wenn die Miliz (zivile Polizei) nicht mit ihnen fertig wird, müssen wir an den Ort der Unruhen ausrücken und die Ordnung wiederherstellen.«

Man befahl uns, in der Kaserne zu bleiben und weitere Anordnungen abzuwarten. Nach zwei Stunden wurde der Alarm abgeblasen, und unser Ausbildungsbetrieb ging in der üblichen Weise weiter. Erst später erfuhren wir durch Kadetten, deren Eltern in Rjasan wohnten, daß von einer Zusammenrottung von Strolchen in der Fabrik keine Rede sein konnte: die Arbeiter hatten gestreikt und Brot verlangt. Gegen diese Arbeiter hätten wir mit der Waffe in der Hand vorgehen sollen.

Da begann ich mir zum ersten Mal zu überlegen: »Wie und warum kommt es nur, daß wir in einem Arbeiter- und Bauernstaat, wo nach der Lehre der Kommunisten alle Macht dem Volke gehört, zum Kampf gegen das Volk ausgesandt werden?« Ich war wahrscheinlich nicht der einzige, dem solche Gedanken im Kopf herumgingen, aber wir alle blieben stumm, einige aus Angst, andere, weil sie sich um so was nicht kümmern wollten – alle, mit einer Ausnahme.

Kurz nach diesem Vorfall kam es in einer der Aufklärungssitzungen über die Geschichte der Kommunistischen Partei der Sowjetunion (KPdSU) zu einem bezeichnenden Ereignis. Der Dozent, Major Jakuschenko, erläuterte uns die gewaltigen Verdienste der Kommunistischen Partei um die Sowjetbevölkerung; er sprach darüber, wie gut es dem Volk gehe, und wie glücklich es lebe. Nach seinem Vortrag fragte er uns, wie üblich, ob irgendjemand noch einige Zweifelsfragen habe, oder ob ihm etwas unklar geblieben sei. In der Regel stellte niemand von uns irgendeine Frage über dieses »sehr interessante Thema«. Wir alle waren in größter Eile, den Hörsaal zu verlassen, um die Pause zwischen dieser und der nächsten Vorlesung so gut wie möglich zu nutzen. Aber diesmal kam es anders.

Einer unserer Kameraden, Anatolij Sinitzkij, überraschte uns alle. Er war ein junger Mann von kleinem, aber kräftigem Wuchs, der aus einem entlegenen Dorf in Weißrußland auf die Offiziersschule gekommen war. Er hatte den gesunden Menschenverstand eines Bauern, aber gewöhnlich war er schweigsam. Und nun geschah das Unwahrscheinliche: dieser junge Bauer stand mitten im totenstillen Hörsaal auf und fragte den Dozenten: »Sie haben uns erklärt, wie gut es unserem Volke geht, aber warum streiken dann die Arbeiter?«

Wahrscheinlich hatte seine Frage den Dozenten mehr als uns überrascht. Eine Weile stand auch der Dozent stumm da; offensichtlich überlegte er sich, wie er auf eine so eindeutig unsowjetische Frage antworten sollte. Auch wir blieben stumm; wir waren durch die Kühnheit unseres Kollegen erschreckt, denn die Infragestellung der offiziellen Linie konnte für ihn nur die Folge der Ausstoßung aus der Schule und der Überführung in die Armee als gewöhnlicher Soldat mit dreijähriger Dienstzeit haben.

Sinitzkij erschien nicht in der nächsten Vorlesung, und wir sahen ihn erst beim Abendessen in der Kadetten-Kantine wieder. Er machte ein düsteres Gesicht und wollte mit niemandem reden.

Nach dem Essen wurde unsere Kompanie, zu der auch Sinitzkij gehörte, in einem der Hörsäle versammelt, und der Sekretär des Parteikomitees der Schule erschien. Er hielt eine sehr kurze Ansprache etwa folgenden Inhalts: »Genossen Kadetten. Es ist für mich sehr unangenehm, dies sagen zu müssen, aber unter euch befindet sich einer, der unrichtige, komsomolwidrige Auffassungen vom Leben hat. Ihr wißt alle, von wem ich rede. Ich bin der Ansicht, daß er nicht in den Komsomol hineingehört. Aus diesem Grunde müßt ihr auf der dieswöchigen Komsomol-Sitzung Sinitzkij aus dem Jugendverband ausschließen.«

So wäre es wohl Sinitzkij ergangen: man hätte ihn aus dem Komsomol und dann aus der Schule hinausgeworfen, wenn nicht inzwischen andere Ereignisse eingetreten wären. Am Tage nach dem Zwischenfall, am 4. Oktober 1964, ging eine amtliche Bekanntmachung über alle Sender und durch alle Zeitungen der Sowjetunion, nach welcher Chruschtschow von allen seinen Posten abgesetzt worden war. Man zählte seine Irrtümer in der Staatsführung auf, und natürlich wurden ihm alle Fehlschläge der Sowjetpolitik, vor allem die Schwierigkeiten der Lebensmittelversorgung, zur Last gelegt. Die Partei selber hatte sich, wie immer, nichts vorzuwerfen. Sein Nachfolger, Breschnew, war ebenfalls frei von Schuld und Fehle, obwohl er der Vorsitzende des Präsidiums des Obersten Sowjets der USSR war und lange Zeit Chruschtschow in den höchsten Tönen gelobt hatte.

Nach dieser »Revolution im Kreml« begann man, uns die Fehler Chruschtschows mit größtem Eifer zu erklären; man bezeichnete ihn als einen Mann, dem die Eigenschaften zur Führung des Staates mangelten. Die Affäre Sinitzkij wurde vergessen, denn es hatte sich herausgestellt, daß Sinitzkij die Wahrheit gesprochen hatte. Sinitzkij war gerettet. Für uns war das der Beweis für die Heuchelei unserer Lehrer und vielleicht für manche von uns ein Beweis für die Verlogenheit des ganzen Sowjetsystems.

An seiner Heuchelei bestand kein Zweifel. Denn welche andere Bezeichnung konnte es für die scharfe Wendung geben, die in einem einzigen Tage die ganze Linie der Propagandamaschine völlig umkehrte? Erst gestern hatte man uns Kadetten noch eingetrichtert, daß Chruschtschow eine hervorragende Persönlichkeit sei, und heute stellte es sich heraus, daß er für Staatsführung vollständig untauglich war und die Probleme des Aufbaus des Kommunismus überhaupt nicht verstand.

Die Periode, in der sich Chruschtschow an der Macht befand, war im allgemeinen recht ungewöhnlich. Er liebte es, sich über Rundfunk und Fernsehen in langen Ansprachen an sein Volk zu wenden. Er sprach von den erstaunlichen Erfolgen in der Entwicklung des Landes, von dem Bevorstehen des großen Zeitalters des vollendeten Kommunismus, in welchem die Sowjetunion die USA bald überholen würde: die Lebensverhältnisse würden dann für die Bevölkerung weit besser als in Amerika werden.

Auf diese Voraussagen antwortete die Bevölkerung auf ihre eigene Art. Über den Vergleich zwischen den Verhältnissen in der USSR mit denen in den USA waren viele Witze im Umlauf. Hier zitiere ich nur eine von diesen Anekdoten: Eine Arbeiterdelegation aus der Sowjetunion besucht die USA. Der amerikanische Arbeiter John lädt den Sowjet-Arbeiter Iwan zu sich nach Hause ein, um ihm zu zeigen, wie er lebt. John sagt zu Iwan: »Hier ist mein Häuschen. Da ist das Wohnzimmer, wo wir Gäste empfangen, daneben ist das Kinderzimmer, dort mein Schlafzimmer, wo ich manchmal mein girl-friend empfange, und da das Schlafzimmer meiner Frau, wo sie sich vielleicht zuweilen mit ihrem Verehrer vergnügt, wenn ich nicht zu Hause bin. – Und nun sage mir, Iwan, wie lebst du bei dir zu Hause in Rußland?« – Iwan überlegt sich die Antwort nicht lange; er denkt an das eine Zimmer in der Gemeinschaftswohnung, das er mit seiner Frau und seinen zwei Kindern zusammen bewohnt. Er erklärt: »Weißt du, John, bei mir zu Hause ist das alles genau so; nur fehlen bei mir die Zwischenwände.«

Auf diese Weise zeigte mir das tägliche Leben allmählich die krassen Unterschiede zwischen der prahlerischen Propaganda des Kommunismus und der Wirklichkeit. In mir begannen sich Zweifel an der Gerechtigkeit des Kommunismus festzusetzen. Aber wenn man jung ist, fehlt einem oft die Zeit, tief über das Leben nachzudenken. Man will vorwärtskommen. Das wollte auch ich. Nach vierjährigem Studium legte ich mit Erfolg die Abschlußprüfungen ab, und in meinem 21. Jahr erhielt ich die goldenen Achselstücke eines

Leutnants. Natürlich freute mich das – und warum nicht? Schon mit 21 Jahren war ich ein Offizier. Ich wurde nach Kaunas (Kowno, Hauptstadt der Litauischen Sowjetrepublik) zum Dienst in einer Nachrichten-Unterabteilung einer Luftlande-Division abkommandiert. Mein unabhängiges Leben hatte begonnen.

In den Streitkräften sah ich zum ersten Male mit eigenen Augen, wie erbärmlich der einfache Soldat in der Sowjetarmee lebt. Die allgemeine Disziplin und die Lebensumstände für den gemeinen Mann stehen in scharfem Kontrast zu denen eines einfachen Soldaten in den westlichen Armeen. Während ihrer Dienstzeit leben die einfachen Sowjetsoldaten ohne Unterbrechung in der Kaserne. Es ist ihnen streng verboten, den Standort ihrer Einheit zu verlassen. In den Schlafquartieren sind stets 60 bis 80 Mann zusammengepfercht. Der ganze Tag des »gemeinen Manns« ist bis zur letzten Minute mit Dienst angefüllt. Fast die ganze Zeit ist er im Drill. Sofort nach dem Wecken marschieren die Soldaten zu Freiübungen, dann kommt das Waschen, danach marschieren sie in geschlossener Formation zur Kantine und von dort zurück zum Exerzieren und Drillen, das ohne Unterbrechung sechs Stunden dauert. Dann wieder in Marschkolonne zum Mittagessen und danach in geschlossener Formation wieder zur Ausbildung. Am Abend Marsch in geschlossener Kolonne zum Essen und zurück. Vor dem Schlafengehen ist noch Antreten zum Abendappell. Sonntage und andere freie Tage unterscheiden sich vom gewöhnlichen Tagesablauf nur dadurch, daß statt des Exerzierens Sportwettkämpfe abgehalten und am Abend Spielfilme gezeigt werden.

An Samstagen oder Sonntagen erhalten nur etwa 15 Prozent der Gemeinen die Erlaubnis zu einigen Stunden gemeinsamem Ausgang in die Stadt oder in das Dorf, wo ihre Einheit stationiert ist. Nur ganz wenige – die besten der Besten – erhalten gelegentlich Heimaturlaub zu ihren Familien, zuweilen natürlich auch, wenn ihren Familien ein Unglück zugestoßen ist. Die übrigen Soldaten haben vom Beginn bis zum Ende ihrer Dienstzeit keinerlei Möglichkeit zum Besuch bei Verwandten.

Der Monatssold des einfachen Soldaten beträgt 3,80 Rubel

(damalige Kaufkraft ca. DM 8,–). Davon muß er sich Stiefelwichse, eine Zahnbürste und Zahnpasta, das Rasierzeug, und falls er raucht, Zigaretten kaufen. Den Soldaten ist jeglicher Alkoholgenuß, selbst der von Bier, strengstens untersagt.

Trotz alledem wird dem Soldaten ständig eingedrillt, daß seine Dienstbedingungen zu den besten in der ganzen Welt gehören, und wenn er mit Schwierigkeiten zu kämpfen habe, sei das alles die Schuld der Kapitalisten, die ständig zum Krieg gegen die Sowjetunion rüsten.

Auf mich als jugendlichen Offizier machte das alles einen düsteren Eindruck. »Wieder nur Ungerechtigkeiten und Lügen«, ging es mir im Kopf herum. Das bezog sich nicht nur auf das Leben der Gemeinen, sondern auch auf das der Offiziere. Denn auch wir wurden im Geist der Feindschaft gegen die westlichen Nationen erzogen, die stets als Anstifter eines neuen Weltkrieges dargestellt wurden. Aber die Ungerechtigkeiten des Systems waren unter den Bedingungen, die in der Armee herrschten, viel auffallender.

Alles, was von der Regierung, vom Politbüro, vom Oberkommando, von den Politoffizieren gesagt wurde, war richtig und gerecht; alles andere, was dem Sowjetregime nicht paßte, waren Lügen, war Schuld des Kapitalismus und der ideologischen Abweichungen. Gegen Ende meines ersten Dienstjahres als Offizier war von meinen jugendlichen Träumen von der Ehrenhaftigkeit und Mannhaftigkeit des Berufes als Armeeoffizier nichts übriggeblieben. Man mußte allzu oft entgegen den eigenen Überzeugungen und gegen das eigene Gewissen handeln. Der tägliche Befehl lautete: »Weniger Nachdenken, mehr Disziplin.« Der Befehl ging über alles; wer mehr Sterne auf seinen Epauletten trug, hatte immer recht.

Dieser Stil des Lebens gefiel mir nicht; ich beschloß, die Armee zu verlassen. Aber wie sollte ich das zuwege bringen? Kein Sowjetoffizier kann einfach seinen Abschied nehmen; die Zeit seiner Dienstpflicht dauert 25 Jahre. Für einen jungen Offizier kannte ich nur zwei Wege, auf denen er aus dem Dienstpflicht herauskommen kann. Der erste ist eine so schwere Erkrankung, daß man ihn für den weiteren Dienst für untauglich hält.

Der zweite Weg ist komplizierter. Der Offizier beginnt systematisch, die Disziplin zu verletzen. Er kommt zu spät zum Dienst und trinkt zu viel. Nachdem sich die vorgesetzten Stellen voll davon überzeugt haben, daß er besserungsunfähig ist, wird er öffentlich mit einem schlechten Abgangszeugnis aus der Armee ausgestoßen, was es ihm natürlich erschwert, ein normales Leben als Zivilist zu beginnen.

Beide Möglichkeiten erschienen mir als unannehmbar, die erste, weil ich nicht krank war, die zweite, weil sie langwierig war (manchmal dauerte es Jahre) und viele Unannehmlichkeiten mit sich brachte. Ich kann heute nicht sagen, was ich wohl getan hätte, um aus der Armee herauszukommen, wenn mir nicht ein Zufall zu Hilfe gekommen wäre. Eines Tages saßen mehrere von uns jungen Offizieren zum Essen in einem der Kaffeehäuser der Stadt Kaunas. Wir redeten vom Dienst in der Armee, von gemeinsamen Bekannten und von anderen unwichtigen Dingen.

Plötzlich kam das Gespräch auf eine Sache, die sich für mich als sehr bedeutsam erwies und am Ende für mein weiteres Leben eine wichtige Rolle spielen sollte. Einer der Offiziere, Wladimir Guschtschin, erzählte, wie es einem Freund ergangen war, den er vor kurzem wiedergetroffen hatte. »Wißt ihr, wo der jetzt arbeitet?« fragte er uns mit geheimnisvoller Stimme und gab sofort die Antwort: »Er ist jetzt ein KGB-Offizier.« – Jemand fragte ihn: »Wie hat er das fertiggebracht?«, und weiter: »So einfach ist es doch nicht, aus der Armee zu verschwinden.« Guschtschin erwiderte: »Mit dem KGB ist das alles ganz anders; das KGB kann alles arrangieren.« Das Gespräch der Offiziere ging darüber hinweg, aber ich saß da und dachte mir: »Warum soll ich nicht versuchen, beim KGB einen Posten zu bekommen? Das würde mir aus der Armee heraushelfen.« Dieser Gedanke beschäftigte und quälte mich von nun an für eine lange Zeit.

Damals wußte ich vom KGB noch sehr wenig. Ich hatte gehört, daß es ein Nachrichtendienst sei, der gegen die Feinde des Staates kämpfte. Viel weiter reichten meine Kenntnisse nicht. In der Sowjetunion wird über diese Organisation fast überhaupt nicht geredet, und wer von ihr redet, tut das voller Angst. Das gilt auch für die Armeeoffiziere, denn die

Macht des KGB erstreckt sich nicht nur auf die Zivilbevölkerung, sondern auch auf die Armee.

Ja, ich hatte Grund zum Nachdenken. Zu jener Zeit war bei mir der Glaube an mein Land, an »den gerechtesten und glücklichsten Staat der Welt«, bereits etwas erschüttert. Mich beunruhigten die vielen Lügen und anderen abstoßenden Seiten des kommunistischen Regimes. Das KGB war eine Organisation, die dieses Regime verteidigte und schützte, und ich stand vor der Frage, ob ich mich entschließen sollte, in den KGB-Dienst einzutreten. Dabei spielten verschiedene Dinge eine Rolle. Die Hauptsache war, daß ich noch nicht vollständig alle Illusionen über das Regime verloren hatte. Ich glaubte noch irgendwie an das Ideal des Kommunismus. Natürlich zog mich auch der Nachrichtendienst durch seinen geheimen Charakter an. Außerdem würde mich das KGB vom Armeedienst befreien. So entschloß ich mich zum Eintritt in diesen Dienst.

Die nächste Frage war, wie ich dieses Ziel erreichen sollte. Das KGB ist aufs höchste an der Zuverlässigkeit seines Personals interessiert. Nur die verläßlichsten und überzeugtesten Sowjetbürger – die zugleich Kommunisten sein müssen – bringen es fertig, aufgenommen zu werden. Außerdem sucht sich das KGB selber die Personen aus, die es in Dienst nehmen will. Niemand hatte von meinen Zweifeln an der Gerechtigkeit des Kommunismus eine Ahnung, also konnte meine Zuverlässigkeit jeder Nachprüfung standhalten. Zwar war ich noch nicht kommunistisches Parteimitglied, aber dieses Problem ließ sich lösen. Ich konnte zu jeder Zeit in die KPdSU eintreten, um so leichter, als der Sekretär der Parteiorganisation bei meiner Militäreinheit mir wiederholt nahegelegt hatte, Parteimitglied zu werden. Bisher hatte ich das immer mit dem Hinweis auf meine jugendliche Unreife abgelehnt. Meiner Ansicht nach war ich also ein geeigneter Kandidat, aber es konnten noch Jahre vergehen, ehe das KGB, wenn überhaupt, auf mich aufmerksam wurde.

Ich beschloß, selber die Initiative zu ergreifen, nach dem Motto: »Wenn der Berg nicht zu Mohammed kommen will, muß Mohammed zum Berge gehen.« Ich ließ mich bei der KGB-Spezialabteilung für die Luftlande-Gardedivision, in der ich diente, melden und verlangte, den Abteilungsleiter, Oberstleutnant Bloschtschup, zu sprechen. Er empfing mich höflich und zeigte Interesse an dem Grund für mein Kommen. Ich teilte ihm sofort meinen Wunsch mit, in einer Organisation zu arbeiten, die für die Sicherheit des Staates sorgte, und bemühte mich sehr, die Gründe für diesen Wunsch so überzeugend wie möglich darzustellen. Ich schwärmte, die Tätigkeit im Nachrichtendienst und in der Spionageabwehr sei immer schon mein Traum gewesen. Ich betonte die Notwendigkeit und die große Bedeutung dieser Arbeit für den Staat, usw.

Augenscheinlich machte ich einen guten Eindruck. Das Mienenspiel des Oberstleutnants verriet Befriedigung, fast schon Stolz. Es schien, als hätte er schon lange nicht ein derartiges Lob des KGB gehört. Er fragte mich ausführlich nach meiner Familie und Verwandtschaft und nach mir selber aus, schrieb etwas in ein Notizbuch ein und sagte, in einer Woche würde ich Bestimmteres erfahren.

Genau eine Woche später saß ich wieder in demselben Zimmer. Diesmal war es der Oberstleutnant, der in der Hauptsache das Wort führte. Er teilte mir mit, während der Woche habe das KGB ausführliche Zeugnisse und andere Empfehlungen über mich gesammelt, die alle zufriedenstellend ausgefallen seien. Es sei also nicht ausgeschlossen, daß man mir den Eintritt in den Dienst erlauben würde. Das sei aber erst nach einer sorgfältigen Nachprüfung meines Vorlebens und meiner Verwandtschaft möglich.

Die Unterredung steigerte meine Hoffnungen; alles, was jetzt noch notwendig war, war der günstige Ausfall der Überprüfung meiner Familienverhältnisse. Das dauerte etwa drei Monate. Während dieser Zeit hatte ich Gelegenheit, mit mehreren KGB-Männern zusammenzutreffen und mit ihnen zu reden und tausende von verschiedenen Fragen zu beantworten. Meine Fähigkeiten und Charaktereigenschaften, der Stand meiner allgemeinen Ausbildung und natürlich meine Kenntnisse des Marxismus-Leninismus wurden geprüft. Außerdem mußte ich mich einer strengen ärztlichen Untersuchung durch eine Kommission unterziehen.

Endlich schien das alles erledigt zu sein. Anfang Dezember

1967 ließ mich Oberstleutnant Bloschtschup rufen, der mich dazu beglückwünschte, daß ich alle Prüfungen und Untersuchungen bestanden hatte. Aber es sei noch voreilig, sich zu freuen. Mir stünde noch eine Unterredung mit Generalmajor Dejew, dem Chef der Spezialabteilung des KGB im Baltischen Militärbezirk, bevor, der mir die endgültige Entscheidung mitteilen würde.

Dieses Gespräch fand ungefähr am 10. Dezember statt. General Dejew war mittelgroß, untersetzt und ungefähr 50 Jahre alt. Er hatte stechende Augen, mit denen er mich aufmerksam anblickte. Meine Unterredung war kurz und allgemein gehalten. Ich machte stramm Meldung: »Genosse General, Leutnant Myagkov meldet sich gemäß Ihrem Befehl.«

»Hinsetzen«, bellte er. Ich nahm schüchtern auf der Stuhlkante Platz. Der General schwieg etwa drei Minuten lang und schien mich nur mit seinen Blicken abzuschätzen. Plötzlich unterbrach er die Stille mit lauter Stimme: »Was halten Sie von sich selber?«

Was für eine schwierige Frage, dachte ich mir, aber ich antwortete sofort: »Viel, Genosse General.« — »Ihr habt alle eine hohe Meinung von euch, und wenn's darauf ankommt, liefert ihr schlechte Arbeit«, grollte er. »Trinken Sie Wodka?« — »Nein, aber nein«, rief ich aus.

»Zuerst beteuern sie alle, daß sie nicht trinken, aber später stellt sich dann doch irgendwann heraus, daß sie Alkoholiker sind. Lesen Sie Bücher, haben Sie Literaturkenntnisse?« — »Ja, gewiß doch, Genosse General.«

»Dann nennen Sie mir den diesjährigen Leninpreisträger für Literatur«, befahl der General.

»Wer zum Teufel soll das wissen?«, dachte ich mir. Jetzt war ich verloren. Aber auf gut Glück nannte ich irgendeinen Namen, der mir einfiel. Offensichtlich wußte der General die Antwort auf seine Frage selber nicht, denn er war mit meiner Auskunft zufrieden und lobte sogar die Vielseitigkeit meiner Kenntnisse.

Zum Schluß belehrte er mich, daß die Frage meiner Aufnahme in das KGB zu meinen Gunsten entschieden sei; er gratulierte mir zu diesem wichtigen Ereignis und sagte: »Erwarten Sie den Befehl von Andropow über Ihre Aufnahme in den Dienst der KGB-Agenturen!«

Was für eine Unterredung, dachte ich mir später: ein paar kitzlige Fragen, und alles ist erledigt. Auf diese Weise begann meine Arbeit im KGB.

Das Spionenheer
des Politbüros

Es gibt bereits zahlreiche Bücher und Aufsätze mit ins Einzelne gehenden Schilderungen der Struktur des Komitees für Staatssicherheit, seine Bestandteile, seine wichtigsten Hauptabteilungen und Abteilungen. Ich will mich mit seinen Verzweigungen und Verästelungen vom Standpunkt seiner Schöpfer und seiner Dienstherren, dem des Politbüros und der Sowjetregierung, befassen. Die Rolle, die das KGB nicht nur in der Spionage, sondern in der Beobachtung sämtlicher Ereignisse im ganzen Sowjetblock und in der Durchdringung und Beeinflussung westlicher Organisationen – und selbst der Außenpolitik – spielt, geht klar aus dem Text der streng geheimen Dokumente hervor, die ich mit mir in den Westen gebracht habe (siehe Anhang I, II und III).

Was ist das KGB? Ich will versuchen, es von innen her zu beschreiben.

In der Oktoberrevolution kam die bolschewistische Fraktion der ehemaligen Sozialdemokratischen Partei (später Kommunisten genannt) unter der Führung von Lenin an die Macht. Damit war aber der Machtkampf in Rußland noch nicht zu Ende; im Gegenteil, er wurde noch erbitterter, und ein blutiger und brudermörderischer Bürgerkrieg brach aus.

In dieser Periode ging es um das Überleben der kommunistisch-bolschewistischen Sache. Das trieb die Partei zur erbarmungs- und skrupellosen Kriegführung. Sie setzte dazu bewaffnete Abteilungen von Arbeitern und Soldaten ein (aus denen später die Rote Armee aufgebaut wurde). Diese vernichteten die Gegner der Sowjetmacht physisch. Agitatoren der Partei und die Presse dienten der Gewinnung der Stimmung der Volksmassen.

Am 20. Dezember 1917 gründeten die Bolschewiken die sogenannte »Tscheka« (Außerordentliche Kommission) zur Bekämpfung »konterrevolutionärer und anderer verbrecherischer Elemente«. Leiter der Tscheka war Dsershinskij (der »eiserne Felix«). Sie entwickelte sich zur Geheimpolizei des

bolschewistischen Regimes. Ihre Mitglieder, die »Tschekisten«, erhielten ausgedehnte Vollmachten zur Niederringung
gegenrevolutionärer Elemente, und sie nützten diese gründlich aus. Menschenleben waren für sie nur von geringer Bedeutung, insbesondere in der Periode des sogenannten »Roten
Terrors«, als die Feinde der Sowjetregierung, unter ihnen
viele kleine Händler, die auf den Straßen Zündhölzer oder
Zigaretten feilboten, an Ort und Stelle ihrer »Verbrechen«
hingerichtet wurden.

Der Blutdurst der Tscheka wurde bald im ganzen Land
bekannt, und der bloße Name der »Tschekisten« genügte, um
die Herzen vieler mit Schrecken zu erfüllen.

Der Bürgerkrieg endete mit dem Sieg der Bolschewiken,
und für jedermann im Lande wurde der Frieden wiederher-
gestellt – außer für die Tscheka, die ihren inneren Krieg gegen die Feinde des Kommunismus fortsetzte. In den Jahren
seit der bolschewistischen Machtergreifung hat sich die Tscheka aus einer kleinen Organisation in den riesigen Geheimdienst der Sowjetregierung verwandelt, der im Laufe der
Zeit in seinen Gefängnissen und Zwangsarbeitslagern ungefähr 20 Millionen unschuldige Sowjetbürger vernichtet hat.

Dieser Geheimdienst hat seit seiner Gründung verschiedene Namen angenommen: Tscheka, GPU, NKWD, MGB.
Heute heißt er KGB, Komitee für Staatssicherheit. Was ist
das KGB heute?

In dem streng geheimen Handbuch für die Ausbildung von
KGB-Mitarbeitern, dem »Gesetzlichen Statut der Organe des
USSR-KGB« (als Verfasser firmiert ein gewisser Lunjew),
heißt es: »... das KGB ist eine politische Arbeitsorganisation
der KPdSU. Das KGB und seine lokalen Organe führen ihre
Arbeit auf der Grundlage der Erfüllung von Partei-Direkti-
ven und der Gesetze, Verordnungen und Instruktionen der
Regierung aus... Über alle wichtigen, das KGB betreffenden
Fragen entscheidet das Zentralkomitee der KPdSU im vor-
aus, und die Durchführung erfolgt durch KGB-Befehle...«

Mit anderen Worten, das KGB ist eine Gliederung der sowjetischen kommunistischen Partei, es ist ihre bewaffnete
Kampftruppe. Seine Riesenorganisation beschäftigt annä-
hernd 110 000 Beamte; sie erfüllt zu gleicher Zeit die Funk-

tionen der Spionage, der Spionage-Abwehr und die einer politischen Geheimpolizei. Für diese Tätigkeit sind ihr umfassende Vollmachten verliehen, die sich nicht nur auf sämtliche Sowjetbürger, sondern in gewissem Maße auch auf die Bürger anderer kommunistischer Staaten erstrecken. Bei der Durchführung des Willens des Politbüros und der Sowjetregierung übt das KGB einen Einfluß auf viele wichtige Ereignisse der Weltpolitik aus.

Das Gesetz, das seine grundlegenden Aufgaben beschreibt, ist das »Statut des dem Ministerrat der UdSSR unterstellten Komitees für Staatssicherheit«. Dieses Gesetz ist streng geheim; es bildet bis heute die Grundlage der ganzen Organisation, wie folgt:

Pflichten der KGB-Organe

1. Durchführung von Spionagearbeiten in kapitalistischen Ländern
- durch Eindringen von Agenten in die staatlichen, politischen, wissenschaftlichen, technischen und Spionagezentren der imperialistischen Staaten;
- durch Infiltration der Leitungskörperschaften der internationalen kapitalistischen Organisationen mit dem Ziel der Verschärfung der Widersprüche und der Schwierigkeiten in ihrer Tätigkeit;
- durch Beschaffung zuverlässiger Informationen über die politischen und militärstrategischen Pläne des Feindes und seiner Spionageagenturen;
- durch Beschaffung dokumentarischer Informationen über die neuesten wissenschaftlich-technischen Errungenschaften;
- durch Eindringen von Agenten in ausländische Emigrantenorganisationen, durch Arbeit für ihren Zerfall und für ihre ideologische Zerstörung;
- durch Desinformation des Feindes für politische und operative Zwecke.

2. Aktive und aggressive Gegenspionage-Arbeit bei gleichzeitigem Eindringen in die Spionageorgane des Feindes
- durch Auffindung und Bearbeitung von Personen, die der

Zugehörigkeit zu imperialistischen Spionageagenturen verdächtig sind; durch Verhinderung der Tätigkeit ausländischer Spionagebeamter und ihrer Agenten;

- KGB-Organe arbeiten unter der eigenen Bevölkerung, in der Sowjetarmee und Sowjetflotte, in den Einheiten der Grenz- und inneren Sicherheitstruppen und an anderen besonderen und sehr wichtigen Standorten;
- sie gewährleisten die Sicherheit staatlicher und militärischer Geheimnisse und organisieren Maßnahmen der Spionageabwehr zum Schutz von Sowjetbürgern im Ausland vor den Bemühungen der imperialistischen Spionageagenturen und zur Verhinderung jeglichen Verrats am Mutterland;
- sie führen gegen die Botschaften der imperialistischen Staaten Spionage und Gegenspionage durch.

3. Sie sind verpflichtet, den Kampf gegen sowjetfeindliche und nationalistische Elemente zu führen;
- sie betreiben die Suche nach Staatsverbrechern, nach Verfassern und Verbreitern sowjetfeindlicher Schriften;
- sie arbeiten gegen Amtsträger der Kirche und gegen die Mitglieder religiöser Sekten;
- sie verhindern unerwünschte Beziehungen zwischen der Katholischen Kirche im eigenen Machtbereich und dem Vatikan.

4. Sie stellen die Leibwachen der Parteiführer (Mitglieder und Kandidaten des Politbüros des Zentralkomitees der KPdSU) und der führenden Regierungsmitglieder;
- sie sichern und organisieren das Fernmeldewesen der Regierung, sie betreiben Funk-Gegenspionage und beobachten die Tätigkeit sämtlicher im ganzen Lande tätigen Funksender.

5. Sie stellen den Grenzschutz der Sowjetunion (KGB-Grenztruppen).

6. KGB-Organe führen individuelle Sonderaufgaben durch, mit denen sie durch das Zentralkomitee der KPdSU und die Sowjetregierung betraut werden.

Dem KGB sind somit klare, konkrete Aufgaben gestellt, die von der Beeinflussung des Ganges der Weltpolitik bis zur

Verfolgung aller Arbeiter reichen, die mit ihren Lebensverhältnissen unzufrieden sind, sowie bis zur Drangsalierung aller unschuldigen Diener der Kirche.

Wir werden uns auch mit einem strikt geheimen KGB-Reglement zu beschäftigen haben, dessen Titel »Organisation der KGB-Spionageabwehr« lautet, worin erneut betont wird: »... der bestimmende Faktor in der Spionagetätigkeit des KGB ist die Außenpolitik der Sowjetregierung.« Ich werde mich nicht mit den allgemein bekannten Fällen befassen, z.B. nicht mit der Ausweisung von über 100 Sowjetbediensteten aus England, die im Auftrag oder in Verbindung mit der Sowjetbotschaft in London als KGB-Agenten tätig waren; auch nicht mit der Aufdeckung eines Netzes von Sowjetagenten in Belgien. Es wird nützlicher sein, unsensationelle Vorfälle zu behandeln, die der Öffentlichkeit kaum bekannt, aber trotzdem von Bedeutung sind, wobei gezeigt wird, wie die Sicherheitsorgane der Sowjetmacht die Aufgabe erfüllen, die Widersprüche zwischen den Mitgliedern kapitalistischer Organisationen und kapitalistischer Staatenblocks zu verschärfen.

Die NATO war immer und bleibt bis zum heutigen Tag der Hauptfeind der Sowjetmacht. Darum hat sich Moskau stets bemüht, diese Organisation zu schwächen. Eine der diesem Zweck dienlichen Methoden ist die Politik der Herbeiführung einer inneren Spaltung der NATO, wobei in den letzten Jahren Frankreich das Haupt-Angriffsziel war. Bei der Durchführung dieser Politik setzt der Kreml alle seine Kräfte ein und arbeitet dabei gleichzeitig auf zwei Gleisen.

Das eine dieser Gleise ist die offizielle Politik Moskaus. Diese bediente sich z.B. des Abschlusses von Verträgen zwischen der Sowjetunion und Frankreich und des Austausches von Besuchen der beiden Staatsoberhäupter. Es kam auch zu Zusammenkünften von Mitgliedern der Regierungen der Sowjetunion und Frankreichs. So hielt sich Sowjet-Außenminister Gromyko vom 25. bis 30. April 1965 in Paris auf. Er führte mit französischen Regierungsspitzen Besprechungen über Vietnam, Kambodscha, Atomwaffen und Sicherheitsfragen.

Am 15. Mai desselben Jahres trafen sich Gromyko und der

damalige französische Außenminister Couve de Murville in Wien, und Couve de Murville besuchte vom 28. Oktober bis 2. November 1965 die Sowjetunion. Zu den Problemen, die sie besprachen, gehörten die Verbesserung der Beziehungen zwischen den beiden Ländern, europäische Fragen und das Deutschland-Problem. In Paris wurde zwischen der Sowjetunion und Frankreich 1965 ein Abkommen über die Benutzung des französischen Farb-Fernsehsystems durch die Sowjetunion abgeschlossen. Im November 1965 bereiste eine Delegation von Sowjetforschern unter Professor Sedow Frankreich zur Besprechung des Abschusses von französischen Erdsatelliten zur Umkreisung der Erde mit Hilfe von sowjetischen Raketen.

Auch 1966 war ein Jahr aktiver Verhandlungen zwischen der Sowjetunion und Frankreich. General de Gaulle stattete der Sowjetunion vom 20. Juni bis zum 1. Juli einen Staatsbesuch ab. Alain Peyrefitte war vom 28. September bis zum 11. Oktober in der Sowjetunion. Am 15. Oktober begann ein Sowjet-Kriegschiff einen Freundschaftsbesuch in Toulon von einer Woche Dauer, und der französische Finanz- und Wirtschaftsminister Debré war vom 16. bis 20. November zur Besprechung der langfristigen wirtschaftlichen und technischen Zusammenarbeit beider Länder in der Sowjetunion.

Die Sowjetunion und Frankreich schlossen 1966 eine Reihe von Verträgen ab. Am 5. Mai kam es zur Verständigung zwischen dem Sowjetkomitee für die Nutzung der Atomenergie und der französischen Atomenergie-Kommission über einen umfangreichen Austausch von Forschungsergebnissen auf dem Gebiet der Atomtechnik. Am 29. September wurde in Paris ein Protokoll über die Errichtung einer franko-sowjetischen Handelskammer unterzeichnet, und am 10. Oktober kam es zum Abschluß einer Vereinbarung über technische Zusammenarbeit zwischen Renault-Peugeot und der Sowjetregierung. Parallel dazu führten Sowjetpresse und Sowjetfunk einen Feldzug, um die unzerstörbare Freundschaft zwischen der Sowjetunion und Frankreich zu beweisen. Zeitungen und Zeitschriften veröffentlichten ganze Serien von Artikeln, die dem Bestehen einer viele Jahre alten historischen Freundschaft zwischen den beiden Ländern gewidmet waren. Gleichzeitig gab man sich alle Mühe, dem französischen Nationalstolz zu schmeicheln, indem man die Bedeutung Frankreichs als Weltmacht und seine führende Rolle in Europa herausstrich.

Das zweite, geheime Gleis dieser Politik war die KGB-Tätigkeit. Das KGB setzte seine Agenten unter den Sowjetjournalisten und in seinen verschiedenen Dienststellen in Frankreich, sowie unter den Mitgliedern der Franko-Sowjetischen Freundschaftsgesellschaft ein, um unter den französischen Politikern die Auffassung populär zu machen, daß die Unabhängigkeit Frankreichs unter seiner NATO-Mitgliedschaft und unter der Tatsache leide, daß fremde, insbesondere amerikanische Truppen auf französischem Gebiet stationiert seien. Dieselben Gedankengänge wurden durch KGB-Agenten französischer Nationalität herumgetragen, die in politisch interessierten Kreisen angeworben worden waren.

Am 11. März 1966 richtete Präsident de Gaulle an die Mitgliedsstaaten der NATO eine offizielle Note, in der er den Austritt Frankreichs aus der Nordatlantik-Vertragsorganisation ankündigte. Gemäß Artikel 9 des Nordatlantik-Vertrages wurde das Ausscheiden Frankreichs am 1. Juli 1967 formell und endgültig bestätigt. Diese Maßnahmen wurden in Moskau mit größter Befriedigung zur Kenntnis genommen. Die Zeitungen waren voll des Lobes für die weitsichtigen und friedliebenden Schritte der französischen Regierung. Der Kreml begrüßte diese echte Schwächung der NATO, umso mehr als Moskau hoffte, daß andere Mitgliedsländer dem französischen Beispiel Folge leisten würden. Auch die KGB-Führung verbarg ihre Freude darüber nicht, daß sie zur Herbeiführung dieser Entwicklung beigetragen hatte.

Der Auszug Frankreichs aus der NATO wurde in den Offiziers-Lehrgängen des KGB als Schul- und Paradebeispiel behandelt. Der Leiter der KGB-Schule Nr. 311 hielt 1968 vor künftigen KGB-Offizieren eine Vorlesung über die Tätigkeit der Organisation im Ausland, in der er klar feststellte, es sei die Meinung des Politbüros, daß die Entwicklung in Frankreich ein positives Ergebnis der Bemühungen der Sowjetregierung und ein Erfolg des KGB sei.

Viele mögen der Auffassung sein, daß andere Einflüsse bei der Herbeiführung der Pariser Entschlüsse zum Austritt aus der NATO und zum Verbot der Stationierung fremder Truppen auf französischem Gebiet eine Rolle gespielt haben. Wie dem auch sei, es bleibt doch eine Tatsache: in seinen Geheimberatungen bestätigte der Kreml, daß die französischen Schritte die Richtigkeit der Politik des Politbüros und der Sowjetregierung bewiesen hatten und daß ihnen das KGB dabei wirksame Hilfe leistete.

Moskau betrachtet auch die Europäische Wirtschaftsgemeinschaft (EWG) mit Mißfallen; es zieht ein uneiniges und schwaches Europa vor, und die Politik der Kreml-Führung zielt auf die Störung aller Bemühungen um die europäische Einigung. In dem Versuch, die Gemeinschaft zu spalten, bemüht sich Moskau ständig um den Abschluß bilateraler Abkommen mit einzelnen EWG-Mitgliedern. Ein solcher Versuch wurde speziell 1974 mit der Bundesrepublik Deutschland unternommen.

Das KGB hat zur Unterstützung dieser Politik schwache Glieder in der EWG wie Italien und Frankreich ausgesucht, wo der kommunistische Einfluß stark ist. Der Sowjetfunk und die Sowjetpresse werden vom Politbüro und von der Sowjetregierung schon lange als Waffen in diesem Kampf eingesetzt. Sie kritisieren immer wieder die Schwächen der EWG und heben hervor, wie unrealistisch der Traum von einer Europäischen Union sei.

Das KGB arbeitet nicht nur gegen Europa; es ist auch eifrig an der Mobilisierung gegen China beteiligt. Seit etwa 1971 gibt es in der Schule der Ersten Hauptabteilung des KGB eine Sonderabteilung für China. Dort werden Offiziere ausgebildet, deren Arbeit ausschließlich gegen China gerichtet ist, und die Chinesische Abteilung ist in allen KGB-»Residenturen« im Fernen Osten vertreten.

Im KGB-Direktorat in Chabarowsk, einer Stadt an der chinesischen Grenze nördlich von Wladiwostok, existiert eine stark besetzte Dritte Abteilung, die gegen China arbeitet. Die Zweite Hauptabteilung des KGB unterhält in den provinziellen KGB-Direktoraten Kader, deren einzige Aufgabe die Tätigkeit gegen China ist.

Seit 1971 gibt sich das KGB auf diesem Gebiet große Mühe. China ist auf einer sehr langen Grenze ein direkter Anrainer der Sowjetunion, und das KGB beurteilt die Lage dort als äußerst bedrohlich. Als sich die Beziehungen zwischen der Sowjetunion und China 1962 verschlechterten, machte die Regierung dem KGB Vorwürfe, weil es nicht in der Lage war, zu erklären, was sich in China geändert hatte, was dort vorging, und wie sich die Lage weiter verändern könnte. Seitdem ist es eines der Hauptziele des KGB, in China ein wirksames Spionagenetz aufzubauen, um politische und militärische Informationen zu sammeln, weil es dem KGB dort im Augenblick nicht möglich ist, direkten politischen Einfluß auszuüben. Sein Endziel ist natürlich die Schaffung eines solchen Einflusses, und das Politbüro hält es nicht für ausgeschlossen, daß die Sowjetunion und China später wieder einmal Freundschaft schließen werden.

Aller Voraussicht nach wird es dem KGB zunächst nicht möglich sein, in China eigene Agenten anzuwerben, und es ist daher auf die Einschleusung illegaler Helfer angewiesen. In Sibirien lebt eine große Zahl von Chinesen, die dort geboren sind und für das KGB ein Rekrutierungsreservoir bilden. Das KGB betreibt außerdem unter falscher Flagge eifrig die Anwerbung von Agenten in der westlichen und in der Dritten Welt in Ländern, die mit China wirtschaftliche und kulturelle Beziehungen unterhalten.

In Samarkand gibt es eine Schule zur Ausbildung für illegales Personal, die in der Hauptsache Agenten aus der Dritten Welt heranzieht. Zu ihren Zöglingen gehören Afrikaner, Inder, Perser und andere Asiaten. Ihre Ausbildung dauert bis zu zehn Jahren.

Außer mit der Entsendung von Agenten nach China befaßt sich das KGB mit der Planung von Maßnahmen zur Bekämpfung der sogenannten »chinesischen Penetrationsarmee«. Aus der Volksrepublik China wird berichtet, daß dort eine 2 bis 3 Millionen Mann starke Armee für die Guerillatätigkeit gegen Sibirien aufgestellt wurde. Diese soll dazu bestimmt sein, mit Gruppen von etwa 6 Mann Stärke in das sibirische Hinterland einzudringen und dort Sabotageakte durchzuführen. In der echten chinesischen Tradition sollen diese Gruppen ohne mechanisierten Transport und ohne Nachschub operieren; sie sollen sich selbst erhalten, indem sie »aus dem Lande« leben. Das KGB fürchtet, daß dies in einem Krieg zu großen Schwierigkeiten führen wird, da die Bildung einer »Kampffront« in Sibirien unmöglich ist und das unzulängliche sibirische Straßennetz groß angelegte Armee-Operationen verhindert.

Ein besonderer Aspekt der KGB-Tätigkeit im Ausland sind seine Operationen in Deutschland, sowohl in der Bundesrepublik Deutschland als auch in der Deutschen Demokratischen Republik. Da ich fünf Jahre in der DDR stationiert war, kenne ich die dortige Arbeit besonders gut. Ihr widmen sich nicht weniger als etwa 60 KGB-Abteilungen mit mindestens 1500 KGB-Beamten. Die »Operateure« genießen auf ostdeutschem Boden fast die gleichen Rechte wie in der Sowjetunion, mit der einzigen Ausnahme, daß sie keine DDR-Bürger verhaften dürfen. Diese Aufgabe obliegt dem Ministerium für Staatssicherheit (MfS) der DDR. Das KGB hat freiwillig auf dieses Recht verzichtet, um zumindest äußerlich dem angeblich unabhängigen ostdeutschen Staat seinen Respekt zu erweisen. In jeder anderen Hinsicht wird die Souveränität der DDR in keiner Weise geachtet. Das KGB ist berechtigt, DDR-Bürger zum Zweck der politischen Überwachung der DDR-Bevölkerung anzuwerben, sie für Zwecke der Spionage und der Spionageabwehr einzusetzen, ihre politische Zuverlässigkeit zu überprüfen und in vielen Fällen über ihr Schicksal zu entscheiden. Es nutzt die Dienste des MfS und der DDR-Polizei voll aus und erteilt ihnen de facto häufig Befehle. Das alles geschieht mit der Kenntnis und der Billigung der DDR-Regierung, von deren Unabhängigkeit keine Rede sein kann. Untereinander bezeichnen die KGB-Offiziere die DDR als die 16. Teilrepublik der UdSSR.

Die KGB-Beamten, die in die DDR entsandt werden, gehören hauptsächlich zu zwei Direktoraten. Das Erste Hauptdirektorat des KGB beschäftigt etwa 900 Personen, deren Hauptaufgabe die Spionage im Ausland ist. Im Dritten Hauptdirektorat arbeiten rund 600 Leute, die sich im wesentlichen mit dem Schutz der Sicherheit der in Deutschland stationierten Gruppe von Sowjet-Streitkräften und außerdem mit der Gegenspionage gegen Westdeutschland und gegen die amerikanischen, britischen und französischen Nachrichtendienste befassen. Vom Personal des Dritten Direktorats arbeiten an die 150 Mann ausschließlich in der Spionage.

Rund 1200 aller KGB-Agenten in der DDR betreiben Spionage hauptsächlich gegen die Bundesrepublik und gegen die in Westdeutschland und in Westberlin stehenden amerikanischen, britischen und französischen Truppen. Zur Durchführung dieser Tätigkeit und zur Beschaffung von Informationen über den Feind braucht man Agenten im feindlichen Lager. Verschiedene Arten von ihnen werden angeworben.

Eine kleine Zahl von Agenten wird unter denjenigen DDR-Bürgern ausgewählt, die das Recht haben, Westdeutschland regelmäßig zu besuchen. In der Regel handelt es sich um Beobachtungsagenten, d. h. sie sammeln die das KGB interessierenden Fakten durch Sichtobservation. Das Vorgehen ist etwa wie folgt: Der in der DDR ansässige KGB-Agent Schultze erhält die Erlaubnis zu einem Verwandtenbesuch in der Stadt Y in der Bundesrepublik. Das KGB weiß, daß dort eine amerikanische Funkeinheit stationiert ist. Schultze erhält den Auftrag, sich bei seinem Besuch so nahe wie möglich bei der Funkeinheit aufzuhalten, die Kenn-Nummern und Zahl der Militärfahrzeuge zu notieren, eine Planskizze der militärischen Anlagen anzufertigen und diese, wenn möglich, zu photographieren. Nachdem das KGB diese Informationen erhalten hat, werden sie analysiert: Sind Veränderungen in den feindlichen Anlagen eingetreten? Wurden neue Ausrüstungen oder Waffen festgestellt? Hat sich die Zahl der dort stationierten Soldaten vermehrt?

Außerdem werden die KGB-Agenten unter den DDR-Bürgern benutzt, um nützliche Winke zu sammeln, d. h. während sie sich in Westdeutschland aufhalten, sammeln sie Hinweise auf den Charakter von Bundesbürgern und von amerikanischen, britischen und französischen Soldaten, die wichtige Stellungen bekleiden, sei es in staatlichen Behörden, in der Armee und Kreisen der Spionage oder in wichtigen industriellen und anderen Unternehmen, so daß sie geeignet sein könnten, vom KGB später als Agenten angeworben zu werden.

Die KGB-Leute rekrutieren die meisten Agenten, die zur Sammlung von Informationen über den Feind bestimmt sind, unter den westdeutschen Besuchern der DDR. Bei dieser Tätigkeit befindet sich das KGB auf »eigenem Heimatboden«, wo es die volle Macht ausübt, was natürlich günstige Vorbedingungen schafft. Diese Anwerbung wird nie überstürzt ausgeführt, sondern sorgfältig vorbereitet, und am Ende ist sie meistens von Erfolg.

Über alle Bundesbürger, welche die DDR besuchen, wird in den Akten des MfS und der Polizei der DDR sorgfältig Buch geführt, und die Namen von 90 v. H. von ihnen gelangen auch in die KGB-Karteien. Für jeden Besucher aus der Bundesrepublik oder irgendeinem anderen kapitalistischen Land (das KGB bezeichnet sie alle zusammen als »Westler«) legt die eine oder andere Abteilung eine besondere Karteikarte an. Diese Karte verzeichnet sämtliche Verwandten des Besuchers in beiden Teilen Deutschlands, weist nach, wo er und seine Verwandten arbeiten, und ob er oder seine Verwandten Zugang zu Geheimmaterial haben.

Wenn ein Sachbearbeiter des KGB zu dem Schluß kommt, daß ein »Westler« durch seine offizielle Stellung oder wegen seiner persönlichen Eigenschaften für seine Zwecke geeignet ist, bereitet er die Anwerbung vor. Diese spielt sich auf verschiedene Weise ab: Der »Westler« erklärt sich entweder bereit, für Geld mit dem KGB zusammenzuarbeiten, oder seine Mitarbeit wird durch Drohungen oder Erpressungen erzwungen. Manchmal wird zur Anwerbung eine attraktive Frau (oder umgekehrt, ein gutaussehender Mann) eingesetzt. Es gibt natürlich die seltenen Ausnahmen, in denen ein »Westler« aus politischer Überzeugung seine Mitarbeit anbietet. Es ist eine erstaunliche Tatsache, daß die meisten Anwerbungen von Bundesbürgern und anderen »Westlern« auf dem Gebiet der DDR mit Erfolg zu Ende geführt werden. Sehr wahrscheinlich spielt dabei die Tatsache eine wichtige Rolle, daß die Opfer dort keinen Ausweg zu haben glauben.

Wenn beim Versuch einer Anwerbung weder die politische Überzeugung, noch Geldangebote, noch Erpressungsversuche zu wirken scheinen, greift das KGB zu direkten Drohungen. Dem »Westler« wird für den Fall der Weigerung, mitzuarbeiten, angedroht, daß man ihn wegen Spionage gegen die Sowjettruppen oder wegen anderer »umstürzlerischer« Tätigkeit gegen sie oder die DDR unter Anklage stellen und zu Gefängnis verurteilen wird. Das ist unter dem »sozialistischen Gesetz« nicht schwierig, denn Zeugen und »Beweise« lassen sich leicht finden. Manchmal werden auch seine in der DDR lebenden Verwandten bedroht. Unter dieser Art von Druck erklärt sich das Opfer zur Mitarbeit bereit. Manch einer wird glauben, daß der auf diese Art Angeworbene nach seiner Rückkehr in die Bundesrepublik zur dort zuständigen Behörde gehen und ihr seinen Fall melden kann. Auch diese Möglichkeit wird von den KGB-Offizieren nicht übersehen; sie zwingen den neuen Rekruten zur Unterzeichnung einer Erklärung, er habe sich »freiwillig« zur Zusammenarbeit mit dem KGB bereitgefunden; die Erklärung wird um etwa zwei Jahre vor das Datum der Anwerbung zurückdatiert. Dieser Trick und die Drohungen gegen die Verwandten schneiden dem widerwilligen neuen Agenten jeden Ausweg ab. Mit der Zeit gewöhnt er sich an seine Lage, um so mehr, als die Verbindung mit dem KGB ihm Geld einbringt, und darum setzt er seine Mitarbeit fort.

KGB-Offiziere betreiben auch auf Bundesgebiet die direkte Anwerbung; sie reisen dorthin als Journalisten, Handelsvertreter oder in anderer Verkleidung. Sie sind in Westberlin besonders aktiv, wo sie den angeblichen Status einer »freien Stadt« ausnutzen. Dort fühlt sich das KGB ganz zu Hause; es wirbt Agenten an, veranstaltet Treffs mit Agenten in »sicheren« Wohnungen, zapft Telefonverbindungen an und führt Außenobservationen durch. Es war nicht ohne Grund, daß ich die Gefahren meines Aufenthalts in Westberlin während meiner Flucht in den Westen betonte.

Die 400 auf dem Gebiet der DDR für die Spionageabwehr tätigen KGB-Offiziere betätigen sich nicht nur unter den Truppen und anderen dort stationierten Sowjetbürgern, sondern auch unter den Ostdeutschen, unter denen sie Agenten anwerben und Jagd auf Spione, »Antisozialisten« und andere Feinde machen.

Als Ergebnis der Arbeit von 1500 KGB-Offizieren in der DDR ergibt sich u. a. folgendes Bild: rund 2 000 unter Bundesbürgern angeworbene und tätige Agenten; 1500 Agenten, welche DDR-Bürger sind, und rund 4000 Agenten unter den Sowjetsoldaten und anderen Sowjetbürgern. Außer den KGB-Offizieren in der DDR sind KGB-Angehörige auch in der Bundesrepublik tätig, die dort unter dem Deckmantel von Mitgliedern des Personals der Sowjetbotschaft oder anderer Sowjetstellen arbeiten. Es darf auch nicht vergessen werden, daß das MfS eifrig gegen die Bundesrepublik arbeitet, die es als sein Haupt-Angriffsziel ansieht. Spionagedienste anderer osteuropäischer Länder stehen hinter dem nicht weit zurück. Zusammenfassend läßt sich über die Gesamttätigkeit aller östlichen Nachrichtendienste in Westdeutschland sagen, daß die Zahl aller für diese Spionagedienste in der Bundesrepublik arbeitenden Bundesbürger auf rund 8000 geschätzt werden kann.

Mir war es zugefallen, von Anfang 1969 bis Anfang 1974 auf dem Gebiet der DDR zu arbeiten, d. h. gerade zu der Zeit, als es schien, daß sich eine neue Periode der Freundschaft und Zusammenarbeit zwischen der Sowjetunion und der Bundesrepublik anbahnen würde. Damals sah es so aus, als ob dies eine sehr positive Wirkung auf das Verhältnis zwischen den beiden Ländern haben und auch das ganze politische Klima in Europa günstig beeinflussen und die gesamten Ost-West-Beziehungen verbessern könnte.

Die Spitzenpolitiker der Bundesrepublik Deutschland und der Sowjetunion führten 1969 vorbereitende Verhandlungen über einen Vertrag über gegenseitigen Gewaltverzicht und freundschaftliche Zusammenarbeit. Im ersten Halbjahr 1970 erreichten diese Vorbereitungen besondere Intensität. Vom 30. Januar bis zum 22. Mai 1970 waren der westdeutsche Staatssekretär Egon Bahr und der Sowjet-Außenminister Gromyko speziell mit diesen Fragen beschäftigt. Sie trafen häufig zusammen und führten die Vorbereitungen schließlich zum erfolgreichen Ende. Sie fanden die Möglichkeit zum Abschluß eines Vertrages.

Während dieser Zusammenkünfte war viel die Rede von der Möglichkeit der Entspannung zwischen beiden Ländern, von der Verwirklichung freundschaftlicher Absichten und vom gegenseitigen Vertrauen. Gerade zu dieser Zeit erließ der KGB-Vorsitzende Andropow mit Billigung und Zustimmung des Politbüros und der Sowjetregierung den streng geheimen KGB-Befehl Nr. 0039 vom 28. April 1970, der die KGB-Mitarbeiter anwies,

— besondere Bemühungen um die Anwerbung von Agenten in der Bundesrepublik Deutschland zu unternehmen;
— sich aktiver in der Rekrutierung von Doppelagenten unter den Personen zu betätigen, die als Agenten von bundesdeutschen Amtsstellen erkannt worden waren;
— die aktive Tätigkeit unter den deutschen Bundesbürgern zu verstärken, die von operativem Interesse waren.

Der Befehl erging zu einer Zeit, in der Moskau gewiß war, einen Vertrag abschließen zu können. Der Kreml wußte auch von den Absichten der Bonner Regierung, ihre Beziehungen zu Polen, zur DDR und zu anderen kommunistischen Staaten in Europa zu verbessern, und er rechnete mit der Möglichkeit der Verbesserung des politischen Klimas in Europa. Trotzdem hielten das Politbüro und die Sowjetregierung diese ganze Entwicklung für eine vorübergehende Erscheinung und bemühten sich, aus ihr den größtmöglichen Gewinn zu schlagen.

Der Vertrag über Gewaltverzicht und Zusammenarbeit zwischen der Bundesrepublik und der UdSSR wurde am 12. August 1970 unterzeichnet. Im darauffolgenden November schloß die Bundesrepublik mit der Polnischen Volksrepublik (PVR) einen Vertrag über die Anerkennung der Oder-Neiße-Linie als Westgrenze Polens und über bilateralen Gewaltverzicht ab.

Zahlreiche führende Politiker der Welt begannen, von dem guten Willen zu reden, den die Sowjetführung zeigte, und sie sagten eine kommende Verbesserung der Ost-West-Beziehungen voraus. Für das KGB bedeutete jedoch die Entspannung eine Steigerung seiner Tätigkeit in Europa. Denjenigen KGB-Mitarbeitern, die in der Bundesrepublik stationiert waren, wurden besonders anspruchsvolle Aufgaben gestellt. Der zentrale KGB-Apparat gab ihnen den Auftrag, die neuen Möglichkeiten, die sich aus den besseren Beziehungen zwischen den beiden deutschen Staaten ergaben, aktiver und vielseitiger auszubeuten. Er verlangte den Aufbau eines viel ausgedehnteren Agentennetzes in der Bundesrepublik Deutschland.

Ende 1972 kam zwischen der Bundesrepublik und der DDR ein Vertrag zur Regelung ihrer Beziehungen zustande. Eines seiner Ergebnisse war, daß die Besuchsmöglichkeiten für Bundesbürger in der DDR stark ausgeweitet wurden, und das erregte sofort die Aufmerksamkeit der KGB-Führung. Einige Monate nach dem Vertragsabschluß erging vom KGB-Vorsitzenden an seine in der DDR tätigen Untergebenen ein Befehl – Order Nr. 0042 vom 8. Mai 1973 –, der sie darauf aufmerksam machte, daß für sie eine Periode höchster Verantwortung angebrochen war: sie müßten ihre Tätigkeit in allen Richtungen ausbauen. Sie wurden insbesondere angewiesen, die vermehrte Zahl der Besuche von deutschen Bundesbürgern für ihre Zwecke zu nutzen. Diese vom Politbüro und von der Regierung gebilligten Schritte bewiesen, daß der Sowjetführung in Wirklichkeit gar nichts an der Verbesserung der Beziehungen mit dem Westen lag; einige der Konzessionen wurden nur zu dem Zweck gemacht, in Zukunft den größtmöglichen Gewinn an der politischen Front zu erkämpfen.

Die Sowjet-»Mafia«
und ihr Netz der Furcht

Die KGB-Organe spielen die Rolle einer politischen Geheimpolizei zur Bekämpfung sowjetfeindlicher, nationalistischer und anderer gegnerischer Kräfte in dem »gerechtesten und demokratischsten Lande der Welt«. Zu diesem Zwecke erhielten sie Machtvollkommenheiten, welche die vielgepriesene Sowjetverfassung – die im übrigen noch immer in ihrer von Stalin geprägten Form in Geltung war – und andere Gesetze vollkommen wirkungslos machen.

In dem bereits erwähnten, streng geheimen Dokument, dem »Statut des dem Ministerrat der UdSSR unterstellten Komitees für Staatssicherheit«, heißt es dazu:

»... zur Erfüllung der ihnen übertragenen Aufgaben wurden den Organen des KGB allgemeine und besondere Vollmachten verliehen.«

Besondere Vollmachten

Die KGB-Organe haben das Recht,

1. operative Aufgaben mit Hilfe von Agenten durchzuführen; ein Agentennetz zu unterhalten; »sichere« und örtliche Berichterstattungs-Wohnungen einzurichten; Abhöreinrichtungen zu betreiben und Geheimfotos aufzunehmen.

2. Geheimbeobachtungen zu organisieren und durchzuführen und Agenten anzustellen.

3. Sondermaßnahmen zur Verbrechensbekämpfung zu ergreifen; die geheime Kontrolle internationaler und innerer Post- und Fernmeldeverbindungen durchzuführen; operative Druckereien zur Herstellung von »Deck«-Ausweisen und -Schriftstücken zu betreiben.

4. Das Verhalten von Personen zu überwachen, welche Strafen für besonders gefährliche Verbrechen gegen den Staat verbüßt haben.

5. Den Chiffrierdienst, den geheimen Nachrichtenverkehr und die Sicherheit in allen Ministerien und allen anderen Behörden, sowie in den dem KGB selber unterstellten Or-

ganisationen zu überwachen.

6. Die Untersuchung von Staats- und anderen Verbrechen, die in ihre Zuständigkeit fallen, durchzuführen; verdächtige Personen festzuhalten oder zu verhaften; Haussuchungen, Beschlagnahmen u. dgl. vorzunehmen.

7. Die Ausweise von Ausländern und Sowjetbürgern zu prüfen, welche die Sowjetgrenzen überschreiten; alle Drucksachen und den übrigen Inhalt des Hand- und Reisegepäcks zu kontrollieren; dafür zu sorgen, daß alle Ausländer das Gebiet der Sowjetunion zum festgesetzten Zeitpunkt verlassen, und das ausländische Personal zu überwachen, das auf allen Arten von Verkehrsmitteln beschäftigt ist.

Die KGB-Organe sind Bestandteile der staatlichen Verwaltung und haben daher auch folgende allgemeinen Vollmachten:

1. bindende staatliche Vorschriften zu erlassen und ihre Durchführung zu überwachen;

2. Staatsgeheimnisse zu schützen und die Zahl der Personen zu beschränken, die in Geheimdokumente Einsicht nehmen dürfen;

3. die Ein- und Ausreise von Ausländern zu genehmigen;

4. Arbeitsbeziehungen mit anderen Behörden der Staatsverwaltung zu unterhalten und ihnen Hilfe zu leisten;

5. Vorprüfungen zum Zweck der Entscheidung durchzuführen, ob Ein- oder Ausreisegenehmigungen für die UdSSR ausgestellt werden sollen, und diese Entscheidungen zu treffen;

6. über Fragen des Erwerbs der Sowjet-Staatsbürgerschaft, die Entlassung oder Ausstoßung aus ihr zu entscheiden...

Wie aus diesem Dokument hervorgeht, gibt es praktisch nichts, was nicht zu den Zuständigkeiten des KGB auf dem Sowjetgebiet gehört. Andere streng geheime KGB-Schriftstücke verlängern die Liste der Rechte, die den Tschekisten durch das Politbüro und durch die Sowjetregierung gewährt wurden. Wie schon gesagt, gibt das »Statut des dem Ministerrat der UdSSR unterstellten Komitees für Staatssicherheit« das Recht, die internationalen und inneren Post- und Fernmeldeverbindungen zu überwachen (obgleich die Sowjetverfassung das Briefgeheimnis garantiert). Zur Durchführung dieser Kontrolle wurde der PK-Dienst (PK ist die russische Abkürzung von »Perljustrazija Korespondenzij«, d. h. geheime Briefzensur) gegründet, der dem Operativ-Technischen Direktorat (OTU) des KGB angeschlossen ist. PK-Leute arbeiten auf den zentralen Postämtern der »Oblasts« (Regierungsbezirke) und anderer größerer Verwaltungseinheiten. Sie unterscheiden sich äußerlich in nichts von den gewöhnlichen Postbeamten, arbeiten aber in abgesonderten Räumen und bekommen den gesamten täglichen brieflichen und telegraphischen Durchlauf zu sehen. Es ist natürlich unmöglich, die gesamte Post zu zensurieren, aber es werden auf Grund der besonderen Anweisungen der KGB-Leitungen ständig Stichproben gemacht. In dem streng geheimen Handbuch »Grundlagen der Spionageabwehr durch KGB-Organe«, verfaßt von Binnikow, werden die Aufgaben des PK-Dienstes wie folgt beschrieben:

1. gemäß den Anweisungen der operativen KGB-Organe die internationale und inländische Korrespondenz von Personen auszusondern, die für die KGB-Organe von Interesse sind;

2. auf Grund von Handschriftenvergleichen in der Korrespondenz die Agenten ausländischer Spionagedienste, die Staatsverbrecher und die Verfasser anonymer sowjetfeindlicher Schriftstücke zu identifizieren;

3. alles zu kontrollieren, was ins Ausland geschickt wird, und eine Liste aller Personen zu führen, die mit dem kapitalistischen Ausland in Briefwechsel stehen;

4. zu prüfen, ob Postsendungen Anzeichen von Geheimschriften oder anderen Formen konspirativer Verständigung enthalten;

5. die Inlandskorrespondenz von Personen zu überwachen, die in Gebieten arbeiten oder wohnen, für welche besondere Sicherheitsvorschriften in Kraft sind;

6. die Anweisungen der operativen Abteilungen durchzuführen, wenn es sich um die Abholung von Postsendungen aus Postfächern handelt, wenn einzelne Schriftstücke ausgehändigt werden, wenn Korrespondenz, die an Postfachnummern adressiert ist, ausgeliefert wird; sowie Hilfe für

KGB-Organe bei der Ergreifung gesetzlicher Maßnahmen in bezug auf Schriftstücke, die den Verdacht erwecken, daß feindliche Akte begangen werden;

7. Schriftstücke auszusondern, die nur auf Grund äußerer Anzeichen verdächtig erscheinen.

Dieselben Aufgaben wurden in einem 1964 durch den Vorsitzenden des KGB erlassenen Befehl Nr. 00220 noch einmal hervorgehoben; in diesem wurde u. a. angeordnet, daß der PK-Dienst von allen seinen Möglichkeiten noch intensiveren Gebrauch zu machen habe. Das bedeutet, daß praktisch der gesamte private Briefverkehr aller Sowjetbürger durch das KGB insgeheim überprüft werden kann und häufig auch kontrolliert wird. Außer dem Öffnen von Privatbriefen betreibt das Operativ-Technische Direktorat auch das Abhören von Telefongesprächen; es organisiert und praktiziert das Belauschen von Personen, die das KGB interessieren, und es führt geheime Haussuchungen durch.

Zur Durchführung der befohlenen geheimen Observierung oder Beschattung sowohl von Sowjetbürgern als auch von Ausländern ist dem Siebenten Direktorat des KGB der sogenannte »NN-Dienst« (Äußerer Beobachtungsdienst) angegliedert, der praktisch das Recht hat, jedermann zu beschatten.

Das schon erwähnte Handbuch »Grundlagen der Spionageabwehr durch KGB-Organe« erklärt:

»... die Gegenstände der äußeren Überprüfung durch den NN-Dienst sind folgende:

1. Ausländer, die einer feindseligen Tätigkeit verdächtig sind: Diplomaten und Bedienstete anderer Vertretungsorganisationen, Touristen, Handelsmatrosen, Studenten, Korrespondenten der Presse, des Rundfunks und des Fernsehens, Mitglieder von Delegationen und sämtliche ausländischen Besucher, die sich zu Privatzwecken in der USSR aufhalten;

2. alle Personen, die der Überprüfung und Untersuchung durch das KGB unterliegen;

3. Verbrecher, deren Schuld erwiesen ist, die aber noch nicht verhaftet sind;

4. Verwandte und Freunde von Staatsverbrechern, die durch

das KGB gesucht werden;

5. alle anderen Personen, deren Beobachtung durch das KGB im Interesse der Sicherheit des Staates liegt.«

Eine Art der Tätigkeit ist die geheime Observierung von Personen, die das KGB als für den Staat potentiell gefährlich ansieht. Zu ihnen gehören Menschen, die für ein sogenanntes Staatsverbrechen eine Strafe verbüßt haben, sei es nun »die Verleumdung des sowjetischen sozialen und staatlichen Systems« oder »die sowjetfeindliche Propaganda und Agitation«. Das KGB hat die Pflicht, alle diese Personen im Auge zu behalten und auch andere Staatsbürger zu überwachen. Im Sprachgebrauch der Tschekisten heißt diese Kontrolle operative Observierung; sie wird mit Hilfe von KGB-Agenten, der PK- und NN-Dienste und anderer Dienststellen durchgeführt.

Der Befehl Nr. 0080 des KGB-Vorsitzenden von 1965 lautet:

»... Operative Observierung – die geheime Überwachung jener Personen, die Strafen für besonders gefährliche Verbrechen gegen den Staat verbüßt haben, auch die Überwachung aller Personen, die wegen ihrer früheren Tätigkeit eine Gefahr für den Sowjetstaat darstellen. Die Gruppen von Personen, die der operativen Observierung unterliegen:

1. Frühere Agenten oder Beamte kapitalistischer Staaten, welche Strafen verbüßt haben, oder welche, obgleich ihre Schuld erwiesen ist, nicht bestraft wurden, und die wegen der ihnen zur Verfügung stehenden Möglichkeiten für den Feind von Interesse sein mögen.

2. Frühere Führer und aktive Mitglieder sowjetfeindlicher nationalistischer Organisationen während des Großen Vaterländischen Krieges.

3. Frühere Führer und aktive Mitglieder nationalistischer Geheimbewegungen.

4. Frühere Führer sowjetfeindlicher Organisationen in der Nachkriegszeit.

5. Personen, welche in der Russischen Befreiungsarmee (d. h. Wlassow-Armee) Kommandoposten bekleidet haben.

6. Personen, welche für den Verrat ihres Landes oder für

den versuchten Landesverrat in der Nachkriegszeit Strafen verbüßt haben.

7. Überläufer (›Defektoren‹) aus den kapitalistischen Ländern, die in der Sowjetunion wohnen.
8. Frühere Mitglieder bürgerlicher Regierungen.
9. Leiter und führende Mitglieder kirchlicher Organisationen und von Sekten, deren Ideologie sowjetfeindlich ist.
10. Frühere Mitglieder ausländischer sowjetfeindlicher Organisationen, Trotzkisten, Zionisten.«

Am Ende des Befehls heißt es:

»Ziel der operativen Observierung: wenn möglich, Nachweis von Bemühungen der beobachteten Person, ihre feindselige Tätigkeit wiederaufzunehmen. Dauer der durchzuführenden Beobachtung: bis zum Tode des Beobachteten.«

Das KGB führt nicht nur den Kampf gegen sogenannte »innere Feinde«, sondern versucht auch, die ganze Bevölkerung durch Furcht zum Gehorsam zu zwingen. Dazu bedient sie sich einer Methode, die sie »Prophylaxe« nennt. Da mag sich vielleicht ein Sowjetbürger, der Student Iwanow, für das Studium ausländischer Literatur und auch für die Verhältnisse im Ausland interessieren. Manchmal äußert er sich zu anderen Studenten, daß nicht alles in den kapitalistischen Ländern gar so schlecht sei, und daß es dort vielleicht auch etwas Positives gebe, wovon man lernen könnte. Solche Äußerungen werden dem KGB bestimmt durch einen Spitzel zugetragen. Iwanow ist natürlich kein »innerer Feind«, denn er verurteilt die Sowjetmacht nicht. Er kritisiert die Zustände nicht, aber wenn man ihn nicht rechtzeitig an die Kandare nimmt, mag er nach Ansicht des KGB am Ende doch zum Sowjetfeind werden. Darüber hinaus liegt die Hauptgefahr darin, daß Iwanow andere beeinflußt. Der KGB-Beamte, der für das Institut, an dem Iwanow studiert, verantwortlich ist, beschließt, ihn zu einer Unterhaltung vorzuladen. Während des Gesprächs gesteht Iwanow ein (und wer würde das nicht tun?), daß er sich »inkorrekt verhalten« hat, und er verspricht feierlich, daß dies nicht wieder vorkommen wird. Der Beamte gibt ihm herablassend zu verstehen, daß er ihm glaubt. Dann ruft er den Sekretär der Komsomol-Gruppe, zu der Iwanow gehört, zu sich und schlägt vor, daß Iwanow auf der nächsten Versammlung eine Rede halten muß, in der er seine Sünden bekennt. Iwanow stimmt dem Vorschlag natürlich zu, denn er weiß, daß sich das KGB oft schlechte Witze erlaubt und daß er selber aus dem Institut ausgeschlossen werden könnte. So wird also auf der nächsten Komsomol-Versammlung die bestellte Komödie gespielt. Iwanow hält eine Rede, in der er sich an die Brust schlägt und seine Fehler zugibt. Andere Studenten reden und verdammen ihn; sie klagen ihn an, seine Komsomol-Wachsamkeit verloren zu haben, usw. Die Mehrzahl der Teilnehmer weiß ganz genau, daß die schwere Hand des KGB auf ihnen allen liegt. Trotzdem spielen die meisten in der Schau mit. Der Grund ist schiere Angst, was genau das ist, was das KGB will.

Die Regeln dieser Technik, die Fälle, auf die sie anzuwenden ist, und ihre Dokumentation wurden sämtlich in den Befehlen Nr. 0025 von 1959 und Nr. 0017 von 1964 des KGB-Vorsitzenden umrissen:

»Die Prophylaxe ist ein System, das sich der Dienste von Agenten, der operativen Tätigkeit und anderer Maßnahmen bedient, um das Begehen besonders gefährlicher Verbrechen gegen den Staat und politisch schädlicher antisozialer Akte durch Sowjetbürger zu verhüten. Tätigkeiten, auf welche die Prophylaxe anzuwenden ist, sind folgende:

1. Beziehungen zu Ausländern für spekulative und allgemeine Zwecke, die durch Spionagedienste ausgenutzt werden könnten;

2. die Verbreitung von Informationen über die eigene Arbeit oder über Amtspflichten, deren öffentliches Bekanntwerden unerwünscht ist, obgleich es sich dabei nicht um staatliche oder militärische Geheimnisse handelt;

3. die Mitgliedschaft in sittenwidrigen Gruppen;

4. die Mitgliedschaft in Sekten und religiösen Bewegungen, deren Tätigkeit durch das Gesetz verboten ist;

5. die inkorrekte Deutung von Fragen, die sich auf die Politik der Sowjetregierung und der KPdSU beziehen, und zwar in Fällen, in denen diese Deutung nicht in feindlicher Absicht erfolgt;

6. Beziehungen zu Nationalisten in Fällen, in denen diese Beziehungen nicht in verbrecherischer Absicht angeknüpft werden;
7. die Bewunderung bürgerlicher Einflüsse.«

Der Sowjetbürger, der einmal einer solchen Behandlung unterworfen wurde, wird durch das KGB für ein weiteres Jahr insgeheim überwacht, und wenn er seinen Fehltritt wiederholt, mag er vor Gericht schuldig befunden und mit ein oder zwei Jahren Freiheitsentzug bestraft werden. Außerdem nimmt das KGB seinen Namen in eine Sonderkartei der politisch Unzuverlässigen auf, und das schadet ihm dann in seinem ganzen künftigen Leben.

Trotz seiner gewaltigen Machtmittel wäre das KGB ohne Agenten, ohne seine geheimen Spitzel, funktionsunfähig. Es ist darum kein Zufall, wenn das »Statut des dem Ministerrat der UdSSR unterstellten KGB« ganz zu Anfang feststellt, daß die »KGB-Organe das Recht haben, operative Aufgaben mit Hilfe von Agenten durchzuführen und ein Agentennetz zu unterhalten...«

Agenten (der Volksmund nennt sie »*Schpiky*«) produzieren den größten Teil der KGB-Informationen. Die Sowjetgesellschaft ist mit Agenten und Spitzeln durchsetzt. Sie werden in allen Schichten der Gesellschaft angeworben: es gibt unter ihnen Kollektivbauern und Fabrikarbeiter, Studenten und Soldaten, die Leiter von Industriebetrieben und Armeeoffiziere, hohe Würdenträger der Kirche und Wissenschaftler. Die ganze Sowjetunion ist von einem KGB-Netz überzogen, das eine Atmosphäre allgemeinen Mißtrauens und genereller Angst erzeugt. Jeder verdächtigt jeden anderen, ein Schpiky zu sein. Viele trauen nicht einmal ihren nächsten Verwandten. Wenige wagen es, ihre wahren Gedanken auszusprechen. Unter solchen Umständen eine sowjetfeindliche Untergrundorganisation aufzuziehen, ist fast unmöglich. Das Agentennetz ist für die Aufrechterhaltung des Regimes lebenswichtig.

Der Nationalismus ist eine der wunden Stellen der Sowjetgesellschaft. Obgleich die amtliche Propaganda mit aller Macht hinaustrompetet, daß die nationale Frage endgültig gelöst sei, und obgleich Breschnew in einer Festrede aus Anlaß des 50. Gründungstages der UdSSR verkündete, daß in der Sowjetunion eine neue Vielvölkergesellschaft gegründet worden sei, weiß das Volk, daß es sich in Wirklichkeit ganz anders verhält. Das kommunistische Regime hat zahlreiche Völker und nationale Minderheiten durch Zwang zu einem Einheitsstaat zusammengeschlossen. Wie es aber vor Jahrhunderten war, so ist es noch heute: Die Russen bleiben Russen, die Litauer bleiben Litauer, die Usbeken Usbeken und die Esten Esten. Keine einzige Nationalität wünscht spurlos zu verschwinden. Viele, wie die Litauer, Esten und Letten, führen heute einen zähen Kampf gegen ihre Russifizierung. Für einige ist das Problem noch viel schwieriger, denn sie ringen um ihr bares Überleben. Zu ihnen gehören die Krimtartaren, die vor 30 Jahren aus ihrer Heimat ausgewiesen und in die dürre Steppe von Kasachstan verpflanzt wurden, von wo sie bis heute nicht in ihr Heimatland zurückkehren durften. Das ist noch nicht einmal alles, denn die Sowjetführung gibt vor, daß es überhaupt keine Tartaren oder auf sie bezügliche Probleme gebe.

Trotz all des Drucks hört der Kampf um nationale Unabhängigkeit nicht auf. Aus diesem Grunde ist es eine der Hauptaufgaben des KGB, die nationalistischen Kräfte im Inland und im Ausland zu bekämpfen. Es ist sich dessen bewußt, daß es mit einfacher Unterdrückung dabei nicht getan ist, und darum führt das KGB einen energischen Feldzug, in dem es neben der Unterdrückung auch alle anderen ihm zur Verfügung stehenden Methoden anwendet. Sein analytischer Dienst empfiehlt für diesen Kampf besondere Maßnahmen. Aber selbst dem KGB fehlt die Macht, den Nationalismus endgültig auszurotten. Wo nationalistische Gruppen aufgedeckt und zerstört wurden, wachsen neue Gruppen heran.

Das streng geheime Handbuch »Grundlagen der Spionageabwehr durch die KGB-Organe« äußert sich auch zu diesem Thema. Unter der Überschrift »Die Organisation des Spionageabwehr-Apparats des KGB gegen sowjetfeindliche nationalistische Elemente« sagt dieses Handbuch, das KGB habe folgende Maßnahmen durchzuführen:

1. Den Kampf gegen die Umsturztätigkeit ausländischer sowjetfeindlicher nationalistischer Zentren.

2. Den Kampf gegen sowjetfeindliche nationalistische Kräfte auf Sowjetboden und die Anwendung der notwendigen Prophylaxe.

3. Die Teilnahme an der ideologischen Zerstörung sowjetfeindlicher nationalistischer Kräfte und die Demaskierung ihres gesellschaftsfeindlichen Wesens.

Aufgaben im Kampf gegen die ausländischen sowjetfeindlichen nationalistischen Zentren:

1. Arbeit für die Zersetzung der ausländischen sowjetfeindlichen nationalistischen Zentren:

2. Schritte zur Verhinderung von Versuchen ausländischer Organisationen, den nationalistischen Kräften auf Sowjetboden organisatorische und ideologische Hilfe zu leisten.

Zum Kampf gegen die sowjetfeindlichen nationalistischen Kräfte auf Sowjetboden gehören:

1. Aktionen zur Unterbindung aller Versuche von Nationalisten, nationalistische Organisationen aufzubauen.

2. Die ideologische Entwaffnung der Nationalisten, Vorbereitung von Material für ihre öffentliche Entwaffnung.

3. Maßnahmen zur Spaltung und vollständigen Ausrottung von Gruppen und zur Isolierung nationalistischer Aktivisten.

4. Erzieherische und prophylaktische Arbeit an Sowjetbürgern, die nationalistische Äußerungen irgendeiner Art von sich geben.

Maßnahmen und Taktik der Zersetzung nationalistischer Gruppen und ihrer ideologischen Entwaffnung:

1. Anstiftung von Zwistigkeiten und Meinungsverschiedenheiten in nationalistischen Gruppen durch KGB-Agenten.

2. Erfahrene KGB-Agenten sollen sich der Führung in nationalistischen Gruppen bemächtigen.

3. Führende Nationalisten müssen in den Augen ihrer politischen Freunde diskreditiert werden, indem man sie der Zusammenarbeit mit KGB-Agenten verdächtigt.

Die Beschreibung dieser Maßnahmen und der anzuwendenden Taktik erstreckt sich über mehrere weitere Seiten des genannten Handbuches. Der Zweck aller dieser Empfehlungen ist es, den KGB-Agenten klarzumachen, daß es im Fall von Nationalisten nicht genügt, die Leute einfach zu verhaften. Zum Erfolg im Kampf gegen eine nationalistische Bewegung gehört ihre Zerstörung von innen heraus, ohne ihr Zeit zu geben, eine wirksame Organisation aufzubauen. Zu diesem Zweck muß man sie spalten und ihre Führer kompromittieren. Die Anschwärzung ihrer Führer geschieht gewöhnlich mit Hilfe gefälschter, durch das KGB hergestellter Dokumente oder durch verlogene Zeugen, die irgend eine anerkannte Führungspersönlichkeit der nationalistischen Bewegung in einem ungünstigen Licht erscheinen lassen. Diesen Zwecken macht das KGB die schmutzigsten Methoden dienstbar; es richtet sich dabei nach der Maxime: Der Zweck heiligt die Mittel.

Seit einiger Zeit wird den Personen jüdischer Nationalität (in der Sowjetunion gelten die Juden als nationale Minderheit) das Leben besonders schwer gemacht. In der Sowjetunion heute ein Jude zu sein, bedeutet ungefähr dasselbe wie im zaristischen Rußland in der reaktionären Periode Stolypins von 1910 bis 1912, als schon das Wort »Jude« (*Shid*) als Schimpfwort galt. Den Juden sind alle möglichen Beschränkungen auferlegt worden: sie werden nie zur Arbeit ins Ausland geschickt; man gestattet ihnen nicht, an geheimen Arbeiten teilzunehmen; es ist ihnen verboten, an Verteidigungsprojekten mitzuarbeiten, und den jüdischen Jugendlichen werden häufig Studienplätze an den Hochschulen und Lehrinstituten verweigert.

Wer ein Ausreisevisum nach Israel beantragt, wird vom KGB als Feind behandelt. Er wird Tag und Nacht unter Überwachung gestellt, und das KGB sammelt Informationen, um ihn hinter Schloß und Riegel bringen zu können. Das geschieht auf Anordnung des Vorsitzenden des KGB. Der Befehl Nr. 13 SS von 1973 trägt den Titel »Über den Beginn der operativen Observierung von Personen jüdischer Nationalität, denen Ausreisevisen nach Israel verweigert wurden«, und zeigt die Unterschrift Ju. Andropow. Wenn Juden auf Befehl des KGB-Vorsitzenden verfolgt werden, dann bedeutet dies, daß es mit Billigung und Erlaubnis des Politbüros und der Sowjetregierung geschieht.

Das KGB läßt auch Religionsvertreter nicht in Ruhe. Die Orthodoxe und die Katholische Kirche, die Lutheraner, die

Anhänger verschiedener Sekten und einfache Gläubige sämtlicher Konfessionen werden alle als Feinde des Kommunismus klassifiziert und müssen unter dauernder Beobachtung gehalten werden. Wie könnte es auch anders sein? Sie glauben an Gott, ein Glaube, der von den Kommunisten in Grund und Boden verdammt wird. Ihr Glaube bedeutet doch, daß sie die kommunistischen Ideale nicht voll akzeptieren und mit den Lehren des großen Lenin nicht übereinstimmen. Das heißt, sie gelten als gefährlich, und das rächende Schwert der Arbeiterklasse, die Tscheka, trifft sie aufs Haupt. Aber gehört dieses rächende Schwert wirklich der Arbeiterklasse?

Auf diese Weise – unter Mißachtung aller Gesetze und jeglicher Menschenrechte – betätigt sich das KGB im Inland; es nutzt alle seine Vollmachten und heimtückischen Methoden bis zum Äußersten aus. Es kennt keine Grenzen des Handelns und kein Erbarmen. Mann sollte glauben, daß in einer solchen Atmosphäre niemand es wagt, irgendetwas gegen das Regime zu unternehmen.

Aber trotz der Übermacht des KGB, trotz der grausamen Gesetze und des Heeres der Agenten und Spitzel finden sich Menschen, die es wagen, ihre Stimmen gegen die Politik des Politbüros und der Regierung zu erheben. Es treten sogar hie und da Personen auf, die den Versuch zur Gründung von Untergrundorganisationen machen. Wieder andere enthalten sich zwar der Kritik an dem System, äußern sich aber zum Schutz der Kirche, der Menschenrechte oder irgendwelcher nationaler Interessen. Die Mehrheit dieser tapferen Herzen fällt der Rache des KGB zum Opfer. Viele verschwinden auf immer in den zahllosen Straflagern und Gefängnissen oder dämmern bis ans Ende ihrer Tage in den psychiatrischen Krankenhäusern und Irrenanstalten dahin. Sie werden heute noch im Archipel Gulag verheizt. Nur wenige Menschen erfahren etwas von ihrem Schicksal, denn das KGB weiß seine Geheimnisse zu bewahren. Diejenigen, die sich retten konnten, können an den Fingern abgezählt werden. Es sind die Persönlichkeiten, die der Weltöffentlichkeit bekannt wurden, Leute wie Solschenizyn, Maximow, Sacharow, Amalrik, Bukowskij und Litwinow. Sie sind die Ausnahmen, während

Tausende und Abertausende von Unbekannten zwischen den Mühlsteinen des KGB zerrieben werden. Vielleicht werden eines künftigen Tages in Rußland Denkmäler zu ihrer Ehre errichtet werden.

Aber zuweilen behandelt das KGB selbst berühmte Menschen gnadenlos. Gewisse Vorgänge, die zu ihrer Zeit großes Aufsehen erregten, sind bis zum heutigen Tage nicht voll aufgeklärt worden, da die Wahrheit von sowjetischer Seite und vor allem durch das KGB stets sorgfältig verborgen wurde.

Da gibt es den Fall des Generals Pjotr Grigorenko, der es gewagt hat, die Sowjetführung zu kritisieren, und der mehrere Male unter der Unterdrückung und der Verfolgung durch das KGB zu leiden hatte. Auf Anweisung des KGB wurde er von 1964 an auf zwei Jahre in einer psychiatrischen Klinik festgehalten. Unterdrückung und Verfolgung vermochten jedoch den Willen von General Grigorenko nicht zu brechen, und nach seiner Entlassung aus der Klinik führte er seinen persönlichen Krieg gegen das Sowjetregime weiter. Das KGB verhaftete ihn 1969 erneut und ließ ihn im Februar 1970 wieder als geisteskrank diagnostizieren. Er wurde zur Zwangsbehandlung in eine Nervenheilanstalt in der Stadt Kasan eingeliefert, wo er sich im Juni 1974 noch immer befand. In der westlichen Presse erschienen Artikel über den Fall Grigorenko; einige von ihnen stellten fest, General Grigorenko sei gesund und werde vom KGB unterdrückt, andere zweifelten seinen Gesundheitszustand an.

In Wirklichkeit war Grigorenkos »Geisteskrankheit« vom KGB erfunden worden. Er erkrankte erst wirklich infolge des mehrjährigen Aufenthalts in einer Nervenheilanstalt, wo man ihn gewaltsam mit verschiedenen Medikamenten behandelte, die sein Nervensystem zerstörten. Als der frühere General nur noch ein halber Mensch war, wurde er endlich im Sommer 1974 freigelassen, und westliche Korrespondenten erhielten die Gelegenheit, ihn zu photographieren, damit die ganze Welt sein Gesicht, das Antlitz eines Verrückten, sehen konnte. Aber wer hätte schließlich nach so vielen Jahren der absichtlichen ärztlichen Fehlbehandlung besser ausgesehen?

Der Fall des Generals Grigorenko lag in den Händen des KGB-Obersten Iwan Tarasowitsch Schilenko und anderer Offiziere. Später wurde Schilenko in die DDR versetzt, wo er von 1968 bis 1971 stellvertretender Leiter der Sonderabteilung des KGB für die 20. Garde-Armee war. Er war daher in jenen Jahren einer meiner Vorgesetzten. Er hielt 1970 ein operatives Seminar für die Offiziere der Sonderabteilung in dem Städtchen Bernau bei Berlin ab, wo ich Dienst tat. Das Thema des Seminars war der »Kampf gegen sowjetfeindliche Elemente in den Truppenkörpern der Sowjetarmee«. Die Aussprache wendete sich auch dem Fall des Generals Grigorenko zu. Einer der Seminarteilnehmer fragte Schilenko, ob General Grigorenko jemals geisteskrank gewesen sei. Schilenko antwortete trocken, von Geisteskrankheit hätte bei Grigorenko nie die Rede sein können; er sei aber ein Sowjetfeind und stimme nicht mit der Politik des Politbüros überein. Schilenko erklärte es für ganz undenkbar, einen Armeegeneral wegen sowjetfeindlicher Verbrechen unter Anklage zu stellen, denn das hätte in der Weltöffentlichkeit viel zu viel Aufsehen erregt. Aus diesem Grunde habe man ihn für anormal erklärt und ihn zur Behandlung »in die Klapsmühle« gesteckt; dort würde man ihn schon »verrückt« machen. Inzwischen ist Iwan Tarasowitsch Schilenko in den Ruhestand getreten und lebt mit seiner Pension in Moskau.

Der Fall Pjotr Jakir ist ein anderes herausragendes Beispiel für die Methoden des KGB. Jakirs Vater war ein berühmter Kommandeur der Roten Armee im Bürgerkrieg, der 1937 auf Befehl Stalins durch die Tschekisten erschossen wurde. Seit seiner frühesten Kindheit war Jakir junior von einem Sowjetgefängnis oder Zwangsarbeitslager in das andere gewandert, zugegebenermaßen zu Beginn durch verschiedene Sonderlager für Kinder. Im ganzen hatte er die nicht gerade kurze Zeit von 13 Jahren an solchen Orten zugebracht. Nach dem Tode Stalins wurde Jakir freigelassen, und sein Vater wurde rehabilitiert. Er entwickelte sich zum aktiven Kämpfer für die Gerechtigkeit und für die Bürgerrechte in der Sowjetunion, und dafür wurde er wiederholt durch das KGB drangsaliert. Trotzdem setzte er seinen Kampf tapfer fort. Im Juni 1972 wurde der Öffentlichkeit bekannt, daß man ihn wieder einmal verhaftet hatte, und im Sommer 1973 wurde gegen ihn ein Zivilprozeß eröffnet (Anmerkung des Übersetzers: Es handelte sich natürlich auch hier um einen *Straf-* und nicht um einen Zivilprozeß, aber vor einem ordentlichen *zivilen* Gericht und nicht vor einem der Militär-Sondergerichte, vor denen die meisten der durch das KGB angestrengten Prozesse abgehandelt werden.) Man klagte ihn der Zusammenarbeit mit der russischen antikommunistischen Organisation NTS an (NTS = Narodnoj Trudowoj Sojus, d. h. »Nationaler Bund der Arbeit«, eine in den dreißiger Jahren, zunächst im Königreich Jugoslawien entstandene Exilorganisation, gegründet durch Kinder der »alten« russischen Emigranten der Zeit von 1917–1920, die sich von den Emigrationsparteien löste und ein eigenes Programm, teils ständestaatlich, teils sozialdemokratisch beeinflußt, aufstellte. Der Übersetzer).

Die Sowjetpresse veröffentlichte Einzelheiten aus dem Prozeß gegen Jakir und über seine Mitangeklagten. In einer veröffentlichten Rede sprach Jakir von seinen Fehlern; er verteidigte das soziale System der Sowjets und gab seine Schuld voll zu. Er wurde zu drei Jahren Freiheitsentzug und weiteren drei Jahren Verbannung verurteilt. Warum hatte er nach so vielen Jahren eines starrsinnigen Kampfes plötzlich die Flinte ins Korn geworfen und sich zu seiner Schuld bekannt?

Dies waren die Tatsachen: er hatte so viele Prozesse, Gefängnis- und Lagerstrafen, Verfolgungen und zahlreiche andere Ungerechtigkeiten über sich ergehen lassen müssen, daß seine Gesundheit am Ende ruiniert war und er in einer ständigen nervösen Spannung lebte. Er konnte es nicht länger aushalten und begann, stark zu trinken. Das KGB merkte das und gründete darauf einen Plan. Man lieferte ihm unbegrenzte Mengen von Wodka und machte ihn nicht nur zum Säufer, sondern man setzte einen erfahrenen Agenten auf ihn an, der ihn zum Morphinismus »bekehrte«. Seine Willenskraft wurde gebrochen, und seine Geisteskräfte wurden zerstört, was sein Verhalten während seines Prozesses erklärt.

Schon im November 1973 wurde Jakir aus dem Gefängnis entlassen, und jetzt lebt er mit Aufenthaltsbeschränkung (»freies Exil«) in der Gegend von Moskau.

Der Fall Jakir wurde den KGB-Mitarbeitern als ein Paradebeispiel dafür vorgehalten, wie man sowjetfeindliche Elemente bekämpft, indem man alle gegebenen Möglichkeiten nutzt. Allen an dem Fall beteiligten Mitarbeitern wurde hohes Lob gespendet. Man betonte, wie vorbildlich es gewesen sei, nicht nur Jakir zu entwaffnen, ohne einen großen Skandal hervorzurufen, sondern ihn sogar gezwungen zu haben, öffentlich zu seinem Fall das Wort zu ergreifen und sich selbst zu beschuldigen.

Das KGB ist also im zweiten Teil des 20. Jahrhunderts in der Lage, Gefängnisse und Arbeitslager zu bevölkern und unter Mißachtung der öffentlichen Weltmeinung kerngesunde Personen zu schrecklichen Mißhandlungen in Nervenheilanstalten und Irrenhäusern festzuhalten. Es ist von lebenswichtiger Bedeutung, daß alle nur denkbaren Schritte getan werden, um derartige Verbrechen zu verhindern. Was hat es sonst für einen Zweck, eine »Menschenrechtserklärung der Vereinten Nationen« auszuarbeiten?

Die Sowjetunion ist in der Tat ein Polizeistaat, aber ein solcher von besonderer Art. Erstens ist er nach außen hin vorzüglich durch einen dünnen demokratischen Anstrich getarnt. Die Verfassung fließt von Beschwörungen demokratischer Begriffe nur so über; da liest man: »Pressefreiheit«; »Freiheit der Person«; »Gewissensfreiheit« und von vielen anderen Freiheiten. Alles das wurde mit Rücksicht auf die öffentliche Meinung der Welt, nicht auf den Sowjetbürger, geschrieben. Für den Sowjetbürger gibt es anstelle der »garantierten« Freiheiten der Verfassung nur das KGB, das in seiner Praxis überhaupt keine Gesetze anerkennt, daneben die Miliz (zivile Polizei), die Staatsanwaltschaft, das Strafgesetz und die Gerichte. Die Tarnung wird durch Phrasen wie »Brüderlichkeit«, »Befreiung«, »Freiheit«, »Gleichheit« verstärkt, die jedem auf den zahllosen Riesenplakaten und Transparenten in die Augen stechen, mit denen die ganze Sowjetunion bepflastert ist.

Zweitens ist dieser Polizeistaat vom Rest der Welt streng isoliert. In der nichtsowjetischen Welt weiß man sehr wenig von den inneren Vorgängen im Sowjetstaat. Die Mehrheit der Sowjetbürger lebt von der Welt draußen vollkommen abgeschieden. Von der Kindheit bis zu ihrem Lebensende unterliegen sie der intensivsten Propaganda, die das Sowjetsystem als das gerechteste in der ganzen Welt in den Himmel hebt. Es werde noch dazu der gesamten Menschheit die Befreiung bringen, während das kapitalistische System als vollständig unmenschlich verteufelt wird. Der gewöhnliche Sowjetbürger erhält keine anderen vertrauenswürdigen Informationen über die Welt. Er hat auch keine Möglichkeit, sie sich zu beschaffen; er kann keine westlichen Zeitungen und Zeitschriften kaufen, und die Sowjetzeitungen drucken gewöhnlich nur herabsetzende Nachrichten über die westliche Welt: da gibt es Arbeitslose, Preissteigerungen, Krisen usw. Dieses Informationsvakuum verhindert den Mann auf der Straße daran, das Leben im eigenen Land mit dem in anderen Ländern zu vergleichen. Daraus zieht er den Schluß: Sein eigenes Leben ist zwar wirklich nicht leicht, und oft nimmt man ihm die Möglichkeit zum Ausdrücken seiner Meinungen, aber trotzdem geht es ihm besser als in der westlichen Welt, wo diese »verfluchten Kapitalisten« mit den Arbeitern anstellen können, was sie wollen.

Zweifellos hat sich in letzter Zeit der Fluß von Informationen über die Außenwelt infolge der Hebung des Niveaus der Allgemeinbildung und der Entwicklung verbesserter Fernmeldemethoden (Kurzwellenfunk u. dgl.) ein wenig verstärkt. In den Intelligenzschichten ist eine Bewegung für die Verteidigung der Menschenrechte entstanden. Sie fordert bessere Informationen über die Ereignisse in der Welt draußen und die Demokratisierung des Sowjetsystems. Die Sowjetführung weiß das natürlich, und sie stemmt sich zäh gegen die Bemühungen des Westens, den freien Austausch von Gedanken und Informationen zwischen den Ländern zu verbessern.

Drittens stellt die Machtverteilung im Sowjetstaat eine Art Stufenpyramide dar. An der Spitze stehen die obersten Parteiführer, das Politbüro, die Kandidaten des Politbüros und die Regierungsmitglieder. Eine Stufe tiefer stehen die Parteibeamten, die den Spitzenfunktionären dabei helfen, die Bevölkerung an der Kandare zu halten. Zu ihnen gehören die Sekretäre des Zentralkomitees der KPdSU, die Sekretäre der

Kommunistischen Parteien der Unionsrepubliken und in gewissem Maße die Sekretäre der Oblast-(Regierungsbezirks)-Komitees und der Kraj[1]-Komitees der Partei, die zugleich Mitglieder des Zentralkomitees der KPdSU sind.

Sogenannte »Nomenklatur[2]-Beamte« des Zentralkomitees der KPdSU führen die Parteiarbeit in den Unionsrepubliken an und sorgen für die Durchführung der politischen Anweisungen der Partei. Diese Beamten sind Parteimitglieder in verantwortlichen Positionen, auf die sie durch das Zentralkomitee der KPdSU berufen werden. Zu ihnen gehören die Minister und stellvertretenden Minister der Sowjetunion, die Minister der Unionsrepubliken, die Mehrzahl der verantwortlichen Industrieführer, der leitenden Wissenschaftler und der hohen Offiziere der Streitkräfte.

Dieser ganze Parteiapparat, vom Politbüro angefangen bis hinunter zu den niedrigsten Nomenklatur-Beamten des Zentralkomitees der KPdSU (zu denen natürlich die überwiegende Zahl der KGB-Beamten gehört) kann als eine »Mafia« bezeichnet werden, der alle Völker der Sowjetunion in Furcht und Untertänigkeit unterworfen sind. Die Spitzen dieser »Mafia«, das Politbüro und die Regierungsmitglieder, verfügen über unbegrenzte Macht. Alles gehört ihnen, einschließlich des Volkes, des Landes, und nicht zu vergessen, einschließlich ihrer materiellen und finanziellen Bezüge.

Die Sekretäre der Kommunistischen Parteien der Unionsrepubliken und kleinerer Gebietseinheiten haben keine so uneingeschränkten Machtvollkommenheiten. Sie müssen den Willen der Spitzenfunktionäre der »Mafia« durchsetzen, aber sie haben genug Macht, um das Schicksal der Massen zu bestimmen, über die ihnen die Verfügungsgewalt verliehen wurde, und auch sie genießen ungeheure materielle Vorrechte. Die übrigen Mitglieder der »Mafia« genießen die Rechte

1 Kraj = Gebietsverwaltungseinheit, zu der gewöhnlich ein »autonomer Oblast« oder eine »autonome Region« (einer nationalen Minderheit) gehören.

2 »Nomenklatura« = amtliche, genau abgestufte Rangordnung sämtlicher Beamten und Parteifunktionäre; der Rangordnung der zaristischen Beamtenschaft mit ihren 13 oder 15 Rängen sehr ähnlich, mit genau festgelegter Rangbezeichnung.

und Vorrechte, die ihrer Rangstufe in der Hierarchie entsprechen.

Um die breiten Volksmassen unter Kontrolle zu halten, bedienen sie sich der »Organe« der Staatsmacht, d. h. der Polizei (fast das ganze KGB gehört der »Mafia« an, denn es stellt für diese die Leibwachen und ist zugleich ihr Schwert der Rache), der Gerichtsbarkeit, der inneren Sicherheitstruppen, der Konvoi- oder Begleittruppen (für Gefangenen- und Goldtransporte) und der Armee. Die »Mafia« kontrolliert die Massen-Informationsmedien, die dazu dienen, die Massen ideologisch auf Vordermann zu halten.

Die Stufe direkt unterhalb der »Mafia« ist von den hochgestellten und hoch bezahlten Vertretern der Leitungen großer Industriebetriebe, von einem Teil der hohen Offiziere der Streitkräfte und einigen Wissenschaftlern besetzt, die sämtlich Parteimitglieder sind. Wieder eine Stufe tiefer stehen die gewöhnlichen Forschungsarbeiter, die mittleren und die Subalternoffiziere, die Ingenieure und einige Mitglieder der »Intelligenzija« (Künstler, Schriftsteller). Und so geht es von Stufe zu Stufe hinunter bis zu den Arbeitern und Bauern, unter denen es ebenfalls eine Arbeiteraristokratie, die der »Aktivisten« und »Stoßarbeiter« (einstmals Stachanowisten genannt) gibt.

Dieser stufenförmige Gesellschaftsaufbau erzeugt seine eigene Art der Selbstversklavung. Auf allen Stufen der Rangordnung sind die dort Postierten gezwungen, als »Radfahrer« nach oben zu katzbuckeln und nach unten zu treten. Aus Angst, daß sie ihre Vorrechte einbüßen könnten, sind die Vertreter jeder einzelnen Stufe automatisch gezwungen, gleichzeitig ihre Ergebenheit gegenüber dem System zu demonstrieren und es zu verteidigen. Das ermöglicht es dem Politbüro und der Sowjetregierung, die Massen besonders streng unter ihrer Kontrolle zu halten.

Das System des Sowjet-Polizeistaates wird also auf dreifache Weise verstärkt: durch seine Tarnung als demokratisches Staatswesen, durch die Isolierung und ständige Täuschung der Bevölkerung und durch den stufenförmigen Aufbau der Gesellschaft. All dies dient der Sicherung der Lebensfähigkeit des Systems.

In der KGB-Schule

Gegen Ende 1967 trafen kurz nach meiner Unterredung mit General Dejew bei der Truppeneinheit, bei der ich stand, zwei Befehle ein. Der erste kam vom Verteidigungsminister der Sowjetunion und bewilligte meine Entlassung aus der Sowjetarmee. Der zweite war vom Vorsitzenden des KGB, Jurij Andropow, unterzeichnet und bestätigte meine Aufnahme in den Behördendienst der sowjetischen Staatssicherheit unter Beibehaltung meines Ranges als Leutnant.

Binnen drei Tagen erledigte ich alle Formalitäten der Übergabe meiner bisherigen Pflichten an einen Offizier, der als Ersatz für mich eingetroffen war. Nach einer Abschieds-Party, die ich an einem Abend für meine Freunde veranstaltete, kam meine dienstliche Tätigkeit in der Sowjetarmee zum Abschluß. Am nächsten Tag machte ich Meldung bei der Spezialabteilung des KGB, wo mich Oberstleutnant Bloschtschup instruierte, daß ich mich zur Ausbildung auf die KGB-Schule Nr. 311 in Nowosibirsk, der größten Stadt Sibiriens, zu begeben hätte. Nowosibirsk spielt in der wirtschaftlichen, politischen und kulturellen Entwicklung Sibiriens eine bedeutsame Rolle. Dort befinden sich große Anlagen der Schwerindustrie, die sibirische Zweigstelle der Sowjetakademie der Wissenschaften und zahlreiche Forschungs- und Lehrinstitute, nicht zu vergessen auch eine Reihe wichtiger Projekte der Rüstungsindustrie.

Äußerlich macht die Stadt mit ihren breiten, geraden Straßen und ihren in Pastellfarben angestrichenen Gebäuden einen angenehmen Eindruck. Im kurzen sibirischen Sommer wirkt Nowosibirsk mit seinen grünen Parks und seinen baumbestandenen Alleen noch freundlicher. Die KGB-Schule liegt an der Hauptstraße, dem sogenannten Krasnij Prospekt (Rote Allee), in einem massiven vierstöckigen Gebäudetrakt, der von allen benachbarten Bauten deutlich abgesondert ist. Er ist so ausgedehnt, daß in ihm alles für die Ausbildung und für das tägliche Leben der KGB-Studenten Notwendige untergebracht werden kann: der Schulungsblock mit seinen Laboratorien, Klassenzimmern, Hörsälen, Turn- und Sporthallen, die Bibliothek, die Wohnräume für die in Ausbildung stehenden Offiziere und ihr Kasino.

Am Tag meiner Ankunft meldete ich mich bei dem Offizier vom Dienst. Er überprüfte meine Papiere und trug mich in die Liste der Offiziere ein, die im Alter von etwa 25 Jahren einen Querschnitt durch alle Streitkräfte darstellten: dort gab es Männer von den motorisierten Schützeneinheiten, von der Fernlenkgeschoß-Artillerie, Seeoffiziere, Angehörige des Grenzschutzes und viele andere. Alljährlich schließen dort etwa 300 KGB-Offiziere ihre Ausbildung ab. Die Ausbildung war sehr anstrengend. Wir mußten lernen, die gesamte Technik der Spionageabwehr und der geheimpolizeilichen Methoden zu beherrschen, denn, wie bereits erwähnt, befaßt sich das KGB nicht nur mit dem Nachrichtendienst und der Gegenspionage, sondern ist zugleich die politische Polizei. Ein Teil des Lehrstoffes besteht aus »Spezialfächern«. Nur ein Teil des Studiums ist den sogenannten »offenen« Themen wie Strafrecht, Geschichte der KGB-Abteilungen, wissenschaftlicher Kommunismus und Strafprozeßordnung gewidmet. Der größte Teil der Zeit dient dem Studium der Spezialfächer. Ich will hier über einige von ihnen aufführen:

Spezialfach Nr. 1: operative Tätigkeiten der KGB-Abteilungen.

Spezialfach Nr. 2: die Nachrichten- und Spionageabwehrorganisationen der Hauptfeinde (USA, Bundesrepublik Deutschland, Großbritannien, Frankreich, Israel) ...

Spezialfach Nr. 5: die Tätigkeit des KGB in einem Krieg.

Spezialfach Nr. 6: nachrichtendienstliche Tätigkeit des KGB.

Es gibt noch viele andere Spezialfächer; über einige von ihnen lohnt es sich, ausführlicher zu berichten.

Auf der Schule Nr. 311 ist Spezialfach Nr. 1 das Hauptfach für die Ausbildung von Offizieren. Seine Bedeutung ergibt sich schon aus seiner Bezeichnung: operative Tätigkeiten der KGB-Abteilungen. Großer Wert wurde auf die Ausbildung in der Spionageabwehr gelegt, wobei wir uns mit fol-

genden Fragen zu beschäftigen hatten:
- Die Aufgaben der KGB-Abteilungen.
- Die Agentenreferate der Abteilungen (d. h. Auswahl und Vorbereitung von Personen zur Anwerbung als Agenten, Ausbildung und Schulung von Agenten, Methoden der Arbeit mit ihnen, u. dgl.).
- Desinformation (Verbreitung irreführender Nachrichten).
- Arbeit gegen feindliche Nachrichtendienste.
- Arbeit gegen sowjetfeindliche Persönlichkeiten.
- Arbeit gegen die Kirche und gegen religiöse Sekten.
- Arbeit gegen die »Intelligenzija«.
- Abwehr der »ideologischen Diversion« (Unterwühlung) durch den Feind.

Das KGB bedient sich der verschiedensten Arbeitsverfahren. Ich möchte einige von ihnen, die der Anwerbung von Agenten dienen, und die wir studieren mußten, beschreiben. Die Anwerbung wird nach zwei verschiedenen Grundsätzen betrieben. Der erste ist die »ideologisch-patriotische Grundlage«, d. h. eine Person wird auf Grund ihrer politischen Überzeugungen angeworben (es handelt sich um einen Kommunisten, einen einfachen, von der Güte des Sowjetsystems überzeugten Sowjetbürger oder – im Falle eines Ausländers – um einen Freund und Sympathisanten mit der Sowjetunion). Der zweite ist die »Abhängigkeitsgrundlage«. In solchen Fällen zeigt das KGB sein wahres Gesicht. Ihm ist erlaubt, jede nur denkbare Methode anzuwenden: Erpressung, Bestechung, Drohungen, Ausübung von Druck. Dabei gibt man sich alle Mühe, psychologisch vorzugehen; man ermittelt die starken und schwachen Charakterzüge des Opfers, um sie später auszunutzen. Hält man den Kandidaten z. B. für einen Feigling, dann wird er eingeschüchtert; wenn er sehr an seinen Verwandten hängt, werden diese bedroht; wenn er ein Karrieremacher ist, droht man seine Berufslaufbahn zu gefährden, usw.

Zum Zweck der Erpressung bedient man sich häufig gefälschter Dokumente oder Photographien, die in den KGB-Laboratorien hergestellt werden. Zur Anwerbung von Männern, insbesondere von Ehemännern, bedient man sich der Hilfe von Frauen, denen befohlen wird, mit dem in Aussicht genommenen Kandidaten Liebesbeziehungen anzuknüpfen. Von den »Schäferstündchen« werden Fotos angefertigt, mit denen er dann erpreßt wird.

In neuester Zeit erzielt diese Methode jedoch oft nicht die gewünschten Ergebnisse. Das liegt offensichtlich an der Tendenz der letzten Jahre zur »Permissivität« (»alles ist erlaubt«), zur »freien Liebe« und zur Brüchigkeit ehelicher Beziehungen. So versuchte das KGB z. B. vor einigen Jahren, auf diese Weise einen der ausländischen Diplomaten in Moskau anzuwerben, dessen Name hier nicht genannt werden soll. Eine schöne und gescheite Frau wurde für ihn »vorbereitet«. Die Dame spielte ihre Rolle aufs Beste und berichtete anscheinend, daß alles »geklappt« habe. Der Diplomat hatte »angebissen«. Er fiel unter den Einfluß seines Schätzchens und gewöhnte sich daran, mit seiner Geliebten zu schlafen. Angestellte der Technischen Abteilung des KGB konnten »klassische Fotos« herstellen. Nachdem all das fertig war, fand man, daß der Fall »zur Reife« gediehen sei, so daß man den Diplomaten jetzt für den KGB-Dienst einfangen konnte.

Eines Tages ging der Diplomat wieder in die Wohnung seiner Geliebten; dort traf er aber nicht seine Schöne, sondern KGB-Beamte. Ohne viele Worte zu verschwenden, begannen sie, zur Sache zu kommen. Man machte dem ausländischen »Romeo« zunächst das Angebot zur freiwilligen Mitarbeit. Als er sich weigerte, zeigte man ihm »interessante und unverkennbare Fotoaufnahmen«. Aber die Falle schlug zu, ohne das Opfer zu fangen: der Diplomat sagt mit allen Anzeichen des Vergnügens, ihm gefielen die Fotos sehr gut, und er werde sie gern als Andenken an seine Eroberung annehmen. Im übrigen könnte das KGB die restlichen Abzüge hinschikken, wohin immer es wolle – an seine Frau, an seine Vorgesetzten. Durch solche Mißerfolge belehrt, wendet das KGB neuerdings derartige Formen der Erpressung seltener und vorsichtiger an. Zum Ausgleich werden andere, brutalere Methoden umso häufiger in Anwendung gebracht.

Das nächste Lehrfach, dessen Erwähnung sich lohnt, ist die »Geschichte der Staatssicherheits-Behörden der UdSSR, ihrer Tätigkeit und ihrer Fortentwicklung von der Tscheka zum KGB«. Wer sich einbildet, daß die Geschichte und die Entwicklung dieser Behörden erst nach der Errichtung der Sowjetmacht begann, irrt sich. Die historische Tatsache ist natürlich unbestreitbar, daß die Tscheka (Außerordentliche Kommission) durch Dekret vom 20. Dezember 1917 gegründet wurde.

Die Struktur und die Aufgaben dieser Organisation waren ganz neuartig. Sie sollte für die Erhaltung der bolschewistischen Herrschaft kämpfen. Aber bei der *Organisation ihrer Tätigkeit* bediente sie sich zahlreicher Methoden der zaristischen *Ochrana* (wörtlich: Schutzgarde; die politische Geheimpolizei des Zarenreiches). Es war nicht nur die ursprüngliche Tscheka, die diese Methoden in Anwendung brachte; ihre Nachfolgeorganisationen taten das Gleiche, und das KGB benutzt sie in ausgedehntem Maße. In unserer Schule mußten wir die Archive der Ochrana (natürlich in Fotokopien) gründlich durchstöbern. Ich erinnere mich daran, wie erstaunt wir alle über die Ähnlichkeit des zaristischen Systems im Einsatz von Agenten mit dem des KGB waren. Selbst die schriftlichen Berichte der Ochrana-Spitzel unterschieden sich wenig von den Niederschriften unserer Agenten. Außerdem haben die Staatssicherheits-Behörden der UdSSR zahlreiche andere Erfahrungen der Zarenzeit in ihr Rüstzeug übernommen. Man kann also sagen, daß die Geschichte der Sowjetbehörden für Staatssicherheit nicht erst 1917 begann, sondern viel weiter, bis in die Zeit der »Opritschnina«[1] Iwans des Schrecklichen zurückreicht. Das KGB hält an vielen der alten Traditionen fest, an der Grausamkeit und Rücksichtslosigkeit der Opritschnina, an der Verschlagenheit und den Listen der Ochrana und an der Unerbittlichkeit und Skrupellosigkeit des Bolschewismus gegenüber seinen Feinden.

Über die Entwicklung des Staatssicherheitsdienstes seit seiner Entstehung wurden wir auf merkwürdige Art und Weise belehrt. Die Tätigkeit der Tscheka und Wetscheka — wie sie alsbald genannt wurde — während der ersten Jahre

1 Opritschnina = ursprünglich Leibgarde Iwans des Schrecklichen, 1565 gegründet; nach Valentin Gitermann, »Geschichte Rußlands«, Hamburg 1949, Bd. I, S. 176: eine »Bande von Mördern, Folterknechten und Räubern«.

Absender

Name, Vorname	
Straße	
PLZ/Ort	

Diese Karte entnahm ich dem Buch _____

_____

Seewald Verlag
Postfach 6
7000 Stuttgart 70

Bitte als
Postkarte
frankieren

Ich bestelle über die Buchhandlung

folgende Bücher aus dem Seewald Verlag:

_____ Expl. _____

_____ Expl. _____

_____ Expl. _____

Datum und
Unterschrift: _____

Informieren Sie mich
bitte kostenlos und
unverbindlich über Ihre
Neuerscheinungen!
Ich interessiere mich für:

☐ Wissenschaft
☐ Wirtschaft
☐ Politik
☐ Strategie
☐ Zeitgeschichte
☐ Gesellschaft
☐ Erziehung
☐ Sachbücher
☐ Meinungsbücher
☐ Geschenkbände

der Sowjetmacht in den Tagen Dsershinskijs wurde in großer Ausführlichkeit behandelt. Dsershinskij selber wurde als das Ideal eines Tschekisten gefeiert. Viele erfolgreiche Operationen seiner Amtszeit wurden uns geschildert.

Von der Tätigkeit während der Schreckensherrschaft von Jagoda, Jeshow, Abakumow und Berija (alle unter Stalin) erhielten wir nur ein oberflächliches Bild. Der Kommentar dazu lautete nur, die Behörden hätten in jenen Jahren eine Reihe von Fehlern begangen. Das sei aber nicht die Schuld der Tschekisten, sondern die Stalins gewesen, denn das NKWD-MGB (Volkskommissariat des Inneren/Ministerium für Staatssicherheit, wie unsere Behörde damals hieß) habe nur auf seinen Befehl gehandelt. Im einzelnen wurden uns diese »Fehler« natürlich nicht beschrieben. Es sah ganz so aus, als ob auf Grund dieser unbedeutenden »Irrtümer« nur einige wenige Menschen – und nicht Millionen – in den Straflagern umgekommen wären. Wenigstens erschienen sie unserem Instrukteur, dem Major Alexander Sergejewitsch Larin, ganz unbedeutend. In dieser verharmlosenden Art wurde uns die »glorreiche« Arbeit der Tschekisten unter dem Stalinismus – bei der es um Millionen Menschenleben ging – dargestellt; getreu dem russischen Sprichwort: »Wenn man einen Wald abholzt, fliegen die Späne[2].« Die Millionen der umgekommenen Sowjetbürger werden in der Sowjetunion noch heute »Stalins Späne« genannt. Zum Aufbau der neuen glücklichen sozialistischen Gesellschaft war es zu allererst notwendig, mit der kapitalistischen Vergangenheit aufzuräumen, und daher flogen die menschlichen Hobelspäne in die Gefängnisse, Straflager und Hinrichtungskeller.

Nur von Zeit zu Zeit befand sich unser Instrukteur in gesprächiger Laune, und dann pflegte er uns Einzelheiten aus jenen Tagen und von dem, was er selber durchgemacht und mitangesehen hatte, zu erzählen. Da hieß es: »Ach, das waren stürmische Zeiten. Wir arbeiteten meistens nachts. Von 10 bis 12 vormittags studierten wir die Akten, dann hatten wir bis 18 Uhr Ruhezeit. Von 18 bis 24 Uhr dauerte die

2 Entspricht dem deutschen Sprichwort: »Wo gehobelt wird, fallen Späne«.

praktische Arbeit, d. h. der Kontakt mit unseren Informanten, von denen jeder von uns mit 60 bis 80 zu tun hatte. Wir kannten nicht einmal alle von ihnen vom Sehen, denn manche schickten uns ihre Berichte durch die Post. Danach begannen nach Mitternacht die Verhöre der Verhafteten. Am Schluß eines solchen Arbeitstages berichteten wir unseren Vorgesetzten, wie viele Berichte wir im Lauf des Tages gesammelt und wie viele Geständnisse wir von den Verhafteten erhalten hatten. Je mehr solche Ergebnisse der einzelne Beamte erzielen konnte, für desto wertvoller galt er.«

Auf unsere Frage, ob es erlaubt gewesen sei, die verhafteten Personen zu prügeln und zu quälen, erwiderte er kurz und bündig: »Ja, das war auch unsere Pflicht und kam täglich vor.« Wenn wir ihn um Auskunft baten, ob er auch selber solche Methoden angewandt habe, sagte Major Larin, wie zu erwarten war: »Ich selber habe niemanden verhauen, ich bin ohne das ausgekommen.« Niemand von uns glaubte ihm das, und in unseren Gesprächen kam dieser Unglaube offen zum Ausdruck. Viele glaubten, daß Larin selber auch einmal »gesessen« habe. In letzter Zeit wurde in KGB-Kreisen überhaupt viel von diesen Dingen geredet, jedoch nicht etwa im Sinne einer Kritik, sondern eher mit einem gewissen Bedauern, daß heute derartige Methoden nicht mehr offen angewandt werden könnten.

Das KGB sucht als einer der wichtigsten Zweige des Staatsapparates, der für das Regime als lebenswichtig gilt, die ihm dienenden Menschen mit großer Sorgfalt aus. Der Nachrichtendienst, die Spionageabwehr und die politische Kontrolle der Bevölkerung erfordern hochqualifizierte Spezialisten, die dem Regime treu ergeben sind. Die KGB-Führung ist sich dessen voll bewußt, und darum spart sie bei der Ausbildung weder an menschlichen Arbeitskräften noch an materiellen Mitteln. Der künftige KGB-Bedienstete muß eine gute Allgemeinbildung haben, intelligent sein und u. a. folgende Eigenschaften aufweisen: Selbstvertrauen, Selbstkontrolle, die Fähigkeit zur Anknüpfung von Verbindungen mit Dritten, Entschlossenheit und Mut. Von entscheidender Bedeutung ist jedoch die politische Zuverlässigkeit des Kandidaten. Die Gesamtheit dieser Erfordernisse stellt das Personalreferat vor eine ungeheuer komplexe Aufgabe. In der Sowjetunion gibt es heutzutage übergenug Menschen mit einer guten Allgemeinbildung, mit Intelligenz und Initiative, aber nur ein kleiner Prozentsatz von ihnen besteht aus überzeugten Kommunisten. Andererseits befinden sich unter den überzeugten, dem Regime unbedingt ergebenen Kommunisten häufig Personen, die den anderen wesentlichen Anforderungen nicht entsprechen.

Den überzeugten Kommunisten wird nach dem Grundsatz der Vorzug gegeben, daß es besser ist, weniger Erfolge zu erzielen, wenn gleichzeitig andererseits eine zuverlässige und erprobte Organisation aufgebaut werden kann. Das KGB hätte aber niemals ohne Zuhilfenahme einer zweiten Gruppe so erfolgreich arbeiten können, nämlich derjenigen, die notgedrungen Kommunisten geworden sind. Diese sagen sich: »Da wir in einem kommunistischen Staat leben und es im Leben zu etwas bringen wollen, müssen wir Kommunisten werden.« Das bedeutet nicht etwa, daß sie Feinde des Kommunismus oder des Regimes wären; ich möchte sie als Opportunisten oder Kommunisten der Form halber bezeichnen, die an politischen Problemen wenig interessiert sind und größeres Interesse an ihren persönlichen Dingen, einschließlich des beruflichen Erfolges, zeigen.

Ich schätze die prozentuelle Verteilung der beiden Gruppen unter dem KGB-Personal auf rund 70 v. H. sogenannte »überzeugte Kommunisten« gegen 30 v. H. echte Kommunisten. Ich nenne die Mehrheit »sogenannte« Kommunisten, weil ihre Überzeugung oft davon abhängt, was sie durch ihre »Überzeugung« gewinnen können, denn sie genießen ausgesprochene Privilegien und sind daher mit dem Kommunismus zufrieden. Von den im tiefsten Inneren überzeugten Kommunisten sind sehr wenige übrig geblieben; die Tage der Pawel Kortschagins (eines tschekistischen »Helden«) gehören der Geschichte an.

Ich habe die auffallendsten Unterschiede hervorgehoben, aber im wirklichen Leben ist die Abgrenzungslinie oft schwer zu ziehen. In den meisten Fällen bleibt die Frage, »wer wirklich wer ist«, unbeantwortet. Unter den Bedingungen einer Diktatur, in der die meisten Menschen größte Sorgfalt darauf verwenden, ihre echten politischen Überzeugungen zu verbergen, ist es besonders schwer, eine Antwort auf diese Frage zu erhalten.

Die Gruppe der »überzeugten Kommunisten« ist in der Regel mit den bestehenden Zuständen, mit ihrer Lebensstellung, ihren Privilegien und ihrer Macht über andere zufrieden. Sie arbeiten hart, und sie alle (mit sehr wenigen Ausnahmen) dienen ihre Ochsentour bis zum sicheren Pensionsalter ungestört ab. Die Ausnahmen sind diejenigen, die ihren Dienstrang in unzulässiger Weise ausnutzen, öffentliche Gelder veruntreuen oder auf eigene Rechnung erpressen. Falls sie nicht einflußreiche Verwandte haben, machen sie keine große Karriere; ihre Laufbahn endet gewöhnlich im Oberstenrang (der der sogenannten »Majorsecke« der kaiserlichdeutschen Armee entspricht), in welchem sie vorzeitig entlassen werden können.

Die »nicht überzeugten Kommunisten« befinden sich in einer anderen Lage. Nach drei oder fünf Jahren Dienst gelangen viele von ihnen zu der Erkenntnis, daß im KGB nicht nur Spionage und Spionageabwehr getrieben wird, sondern daß zu seinen Aufgaben die rücksichtslose Unterdrückung auch des leisesten Versuches der Bürger gehört, sich gegen die Ungerechtigkeiten des Regimes aufzulehnen. Früher oder später stehen sie vor der Frage: Was tun? Meist sind dann manche von ihnen durch das Gefühl der Macht über andere bereits so korrumpiert, daß sie am Ende fleißig weiter arbeiten und schließlich auf diese Weise sogar eine gute Karriere vollenden. Andere sind durch die Verantwortung für ihre Familien gebunden und erfüllen trotz des Bewußtseins der Ungerechtigkeiten weiter ihre Pflichten.

Aber ein kleiner Teil dieser Gruppe hält es mit seinen Gewissensqualen nicht auf die Dauer aus und verfällt auf radikale Schritte. Einige werden Säufer; andere bringen es fertig, den Abschied aus dem Dienst zu erhalten, und einige zerreißen nicht nur ihre Beziehungen zum KGB, sondern zu dem ganzen System und gehen in den Westen über.

Die Ausbildungsgruppe, zu der ich in der Schule Nr. 311 gehörte, bestand aus 26 Personen. Was war aus ihnen nach fünf Jahren KGB-Praxis geworden? Ich kenne nicht das

Schicksal von allen, aber was ich über einige von ihnen weiß, bestätigt meine Feststellungen. Einer von ihnen, Wladimir Kornilin, brachte es fertig, mit der Begründung aus dem Dienst entlassen zu werden, er besitze nicht die Eignung zum Spionageabwehroffizier. Der zweite, Wladimir Maximowitsch Bykow, fühlte sich von seiner Arbeit so enttäuscht, daß er das am Ende auch nicht mehr verbergen konnte, stark zu trinken begann, nicht mehr zur Arbeit erschien und am Ende entlassen wurde. Der dritte war ich selber – und ich verzog mich in den Westen.

Unter den KGB-Bediensteten findet man Vertreter der verschiedensten Schichten der Sowjetgesellschaft. Es gibt unter ihnen Arbeiter- und Bauernkinder (sehr selten), Mitglieder der »Intelligenzija« und am häufigsten Söhne und Töchter wichtiger Partei- und anderer Funktionäre. Natürlich müssen sie sämtlich, zumindest in gewissem Maße, die von ihnen erwarteten Eigenschaften und Begabungen haben. Menschen, deren Eltern im Ausland gelebt haben, oder die in irgendeiner Weise vorbestraft oder aus irgendeinem Grunde auf eine der Verdächtigenlisten des KGB geraten sind, werden nicht in den KGB-Dienst aufgenommen. Auch die Nationalitätenfrage spielt eine große Rolle. So sind z. B. für Juden und Krimtartaren die Tore zu einer KGB-Laufbahn verschlossen, was der Parole »Brüderlichkeit, Gleichheit und glückliches Zusammenleben aller Völker« einen hohlen Klang verleiht.

Geheimdienstleute werden in Abenteuergeschichten und Filmen oft als »Übermenschen« geschildert, die immerfort mit Revolvern herumknallen, jemanden jagen oder ihren Verfolgern entwischen. Ich will meine Leser nicht durch die Behauptung enttäuschen, daß die Wirklichkeit nicht so aussieht, denn es kommt in der Tat zu solchen Szenen – aber äußerst selten. Von den Geheimdienstleuten wird in erster Linie Grips, Kopfarbeit und außergewöhnliche Geduld verlangt. Gewinnen kann in dieser Arbeit nur derjenige, der seinen Gegner methodisch dadurch überwindet, daß er dessen Absichten im voraus erkennt und ihnen zuvorkommt. Vor allem ist die Spionage und Spionageabwehr ein geistiges Duell. Von ihren »Operateuren« wird die Fähigkeit zur

Analyse und Auswertung von Ereignissen und Tatsachen verlangt; sie müssen Denkprozesse auch umkehren und richtige und zeitgemäße Schlüsse ziehen können. Ihre wichtigsten Werkzeuge sind oft Papier und Bleistift. Auf unserer Schule versuchte man, uns das alles beizubringen, und ich muß gestehen, daß unsere Instrukteure damit Erfolg hatten. Die meisten von ihnen waren Offiziere mit großer Erfahrung in der Spionageabwehr und mit soliden theoretischen Kenntnissen. Fast alle verstanden auch viel von Methodik.

Unsere Ausbildung vollzog sich in Vorlesungen, Seminaren und praktischen Übungen. Die Seminare, die stets mehrere Stunden dauerten, waren besonders interessant. Jeder Student mußte ein operatives Problem für sich selber lösen und seinen Lösungsversuch schriftlich ausarbeiten. Dann rief der Instrukteur mehrere Seminarteilnehmer auf, damit sie ihre Lösungen erläuterten. Es folgte eine freie Aussprache. Jeder trug seine Meinung vor, die der Kritik des Seminars unterworfen wurde. Dieses Verfahren zwang alle Studenten während ihrer ganzen Studienzeit zur aktiven Beteiligung. Wir entwickelten die Fähigkeit des unabhängigen Urteilens, der Bewertung unseres eigenen Vorgehens und der möglichen Aktionen eines Feindes.

Bei der Unterweisung in der Anwerbung von Agenten wurde viel Mühe auf die psychologische Seite der richtigen Einschätzung und Beschreibung der Persönlichkeit des potentiellen Kandidaten verwendet; der Student sollte die Fähigkeit erhalten, das eigentliche Wesen und die Ansichten des Anzuwerbenden über das Leben kennen zu lernen. Bei dieser Unterweisung blieb es nicht bei der Theorie; es wurden auch praktische Versuche veranstaltet. Es wurde uns z. B. aufgegeben, unter uns Kadetten ein »Anwerbungsziel« auszusuchen und die beste Methode zur Gewinnung der »Zielperson« zu beschreiben. Auf diese Weise lehrten uns die Instrukteure nicht nur die Anwerbungsmethoden, sondern sie erhielten auch mit Hilfe unserer Kameraden einen Einblick in die Charaktereigenschaften der künftigen Offiziere.

Zu jener Zeit wurde die Geheimbücherei der Schule von einer unverheirateten Frau von etwa 40 Jahren geleitet. Infolge eines unglücklichen Privatlebens hielt sie nicht viel von den Männern. Mehrere Jahre lang benutzten die Instruktoren diese Frau immer wieder als »Anwerbeobjekt« für die Agententätigkeit. Einer der Studenten mußte sie in einem mit Fernsehkamera und Mikrophonen ausgerüsteten Zimmer »anwerben«. Wir anderen blieben im Hörsaal sitzen und waren Augen- und Ohrenzeugen der Prozedur auf dem Bildschirm. Für uns war das eine glänzende Unterhaltung, aber nicht für den »Anwerber«. Da die Bibliothekarin vielleicht hundert und mehr Male »angeworben« worden war, wußte sie ganz genau, was von ihr erwartet wurde, während der Student in dem Bewußtsein, daß er vor den Augen aller seiner Kameraden auf dem Präsentierteller saß, oft aus Verlegenheit stotterte oder gänzlich den Faden verlor. Alles weitere hing dann von der Bibliothekarin ab; vielfach zwangen ihr Verhalten und ihre Antworten ihren Inquisitor dazu, die »Werbung« aufzugeben, oder sie bewies ihm, daß seine Überredungskünste ganz überflüssig waren. Wenn die Komödie ein solches Ende nahm, erheiterte das die Zuschauer außerordentlich, und der unglückselige »Werber« hatte danach neben dem Schaden auch noch unseren Spott zu ertragen.

Man hatte uns aus den verschiedensten Teilen der Sowjetunion in Nowosibirsk zusammengeholt – von den Grenzbezirken im Westen, aus dem Fernen Osten, aus Süd- und aus Nordrußland. Etwa 80 v. H. von uns waren verheiratet, aber da niemandem erlaubt wurde, seine Frau mitzubringen, gab es kaum einen Unterschied zwischen ledigen und verheirateten Offizieren. Wir waren sämtlich in Offiziersquartieren zu zweit oder dritt in einer Stube untergebracht. Die Lebensbedingungen waren für alle dieselben, und an den Sonntagen hatten die jungen Männer Stadtausgang und gingen »auf die freie Wildbahn«, wie damals der Ausdruck für das Anbandeln mit jungen Frauen lautete. Solche Affären verpflichteten uns kaum zu etwas, und nach ein oder zwei Monaten schliefen sie gewöhnlich wieder ein. Auch die Schulleitung gab den Studenten den dringenden Rat, Komplikationen zu vermeiden und keine dauernden Bindungen einzugehen.

Obgleich wir während der ganzen Ausbildungszeit das volle Jahr hindurch (d. h. ohne Ferien) zusammen waren, entwickelten sich keine besonderen Freundschaften; jeder lebte isoliert vom Nebenmann vor sich hin, weil er anderen kaum Vertrauen schenken konnte. Das verstand sich von selbst, denn auch unter den Studenten gab es viele freiwillige Spitzel. Die Unterhaltungen hielten sich meist auf oberflächlichem Niveau. Wo es zu Freundschaften kam, beschränkten sie sich auf zwei Menschen, denn im Fall von Denunziationen wußte man dann sofort, wer der Verräter gewesen war.

Die Abende verbrachten wir zumeist mit Kartenspielen. Eine Ausnahme waren nur die ersten paar Abende nach der Soldauszahlung, die in das eintönige Kasernendasein der jungen Offiziere einige Lichtblicke hineinbrachten. Schon vom frühen Morgen an begannen wir, Wodka einzukaufen, und am Abend ging die allgemeine Trinkerei los. Der Schulleitung war dies natürlich bekannt, aber niemand schritt dagegen ein. Das war auch ganz vernünftig, denn damit wählten unsere Lehrer das kleinere von zwei Übeln. Wenn den Studenten verboten worden wäre, im Schulgebäude zu trinken, hätten sich die meisten von ihnen zweifellos in der Stadt sinnlos betrunken. Aber trotz des vorsichtigen Verhaltens der Schulleitung hatte sie mit ihren Zöglingen doch genug Ärgernisse.

Nach drei oder vier Monaten Schulausbildung war den meisten von uns bewußt, daß wir Mitglieder einer Elite mit außergewöhnlichen Vorrechten waren. Obgleich noch keiner von uns den Personalausweis eines KGB-Mannes hatte, hielt das einige Studenten nicht davon ab, die magische Gewalt der gefürchteten drei Buchstaben auszuprobieren. Eines Abends nach dem Soldempfang erschien Wladimir Woronzow, einer unserer Kadetten, nach kräftigem Tanken von Wodka in feuchtfröhlichem Zustand in einem der Cafés von Nowosibirsk und verlangte das sofortige Freimachen von drei Tischen für eine besonders wichtige KGB-Operation. Der Betriebsleiter des Cafés forderte natürlich von dem zweifelhaften Tschekisten das Zeigen seines Ausweises. Statt dessen erhielt er einen Fausthieb ins Gesicht, und es begann eine allgemeine Rauferei. Bald kam die Polizei, und unser Kollege wurde in die Schule abgeführt. Am nächsten Tag erhielt er eine strenge Verwarnung, und danach wurde der

Zwischenfall vergessen. Dies war in solchen Fällen das übliche Verfahren.

Ich freundete mich mit Wladimir Bykow, der zu meiner Studiengruppe gehörte, etwas enger an. Wir verbrachten viele Abende miteinander. Bykow war sehr zutraulich und gab oft seiner Meinung über die verschiedensten Dinge offenen Ausdruck. Er las sehr viel. Zu jener Zeit war er vom KGB noch sehr begeistert und teilte mir das auch oft genug mit. Obgleich ich seine Empfindungen nicht teilte, widersprach ich ihm aus offensichtlichen Gründen nie. Am Ende erlebte Bykow einen radikalen Meinungsumschwung, was ich sehr genau beobachten konnte, weil wir in der gleichen KGB-Unterabteilung landeten – aber davon später.

Unsere Ausbildung neigte sich dem Ende zu. Vor uns standen noch die Abschlußprüfungen und danach die Abkommandierung. Obgleich irgendwo im Hintergrund meines Bewußtseins schon Zweifel am Sowjetregime lauerten, hatten mich die Ausbildung auf der Schule und die Aneignung der Kunstfertigkeit der Spionageabwehr doch sehr interessiert. Aus diesem Grunde studierte ich fleißig, und es gelang mir, Ende 1968 als einer der besten Absolventen von der Schule abzugehen. Ich erwartete die Abkommandierung in eine der Unterabteilungen des Dritten Direktorats. Zu Beginn unserer Ausbildung hatte man uns gesagt, man werde uns zur Arbeit in diejenigen Unterabteilungen zurückschicken, von denen aus wir auf die Schule geschickt worden waren, aber jetzt gingen in der Schule Gerüchte um, daß etwa 20 von uns für den Dienst auf strategischen Ferngeschoß-Abschußstellen ausgewählt werden würden. Keiner von uns wollte auf einem solchen Stützpunkt dienen, da die Raketenbunker meist in menschenleeren Einöden liegen, so daß die dort stationierten Offiziere gezwungen sind, lange Zeit fern von jeglicher Zivilisation zu leben. Wir alle dachten im Stillen: »Wenn's nur mich nicht trifft!«

Endlich kam der Tag der Abkommandierungen heran. Wir versammelten uns in einem der Hörsäle der Schule, und unsere Namen wurden aufgerufen. Ich erwartete die Entscheidung über mein künftiges Schicksal mit Ungeduld, aber zu meiner Bestürzung hörte ich meinen Namen nicht. »Muß ich wirklich zu den Raketentruppen gehen?« fragte ich mich. In diesem Augenblick teilte der Schulkommandant, Oberst Woronow, mit, diejenigen Offiziere, deren Namen nicht aufgerufen worden waren, sollten sich bei ihm melden. Das waren fünf von uns, darunter auch Bykow. Der Kommandant sagte uns, man habe sich entschlossen, uns als die besten Absolventen ins Ausland zu schicken. »Wohin man euch schickt, wird man euch erst in Moskau in der KGB-Zentrale sagen.« Bis zum Dienstantritt erhielten wir aber erst einen Monat Urlaub.

Ich verbrachte meinen Urlaub in Moskau, und Ende Januar 1969 begab ich mich zur Personalverwaltung des KGB. Die KGB-Zentrale ist in einem großen Gebäude auf dem Dsershinskij-Platz untergebracht. Um dort Zutritt zu erhalten, genügt die einfache Vorladung nicht; außerdem braucht man einen Sonder-Passierschein, der vom Passierscheinbüro des KGB ausgestellt wird. Nach Abwicklung aller Formalitäten erhielt ich einen Passierschein mit meinem Familiennamen, der Nummer des Gebäudeeingangs, den ich zu betreten hatte, dem Stockwerk und der Nummer des Zimmers, wo man mich erwartete.

Auf jedem Stockwerk wurden meine Papiere durch Wachposten genau kontrolliert. Am Ende fand ich meinen Weg in ein Zimmer, wo ich von einem Oberstleutnant empfangen wurde. Er bot mir an, Platz zu nehmen, sah meine Ausweise erneut durch und legte sie dann in eine Schublade seines Schreibtisches. Auf meinen erstaunten Blick antwortete er, diese Papiere brauchte ich nicht mehr, denn jetzt würde er mir neue Ausweise geben.

Er interessierte sich dafür, wie ich meinen Urlaub verbracht hatte, und fragte nach meinem Gesundheitszustand. Ich erwiderte, alles sei in bester Ordnung, und dachte mir dabei: »Wozu bloß die Zeitverschwendung, warum kommt er nicht endlich zur Sache?« Als ob er Gedankenleser sei, sagte mir der Oberstleutnant dann, daß ich zum Dienst in der DDR antreten solle. Die notwendigen Papiere waren schon fertig, und er überreichte sie mir. Ich erhielt die Order, am 2. Februar 1969 in Potsdam anzutreten und mich beim Direktorat der Sonderabteilungen des KGB bei der Gruppe der Sowjetstreitkräfte in Deutschland zu melden. Der Oberstleutnant sagte, in Potsdam würde ich Näheres erfahren. Am selben Abend fuhr ich mit dem Zug Moskau–Wünsdorf zur Gestellung in Potsdam ab.

Anwerbung aus Überzeugung
und durch Gewalt

Am frühen Morgen des 2. Februar 1969 lief mein Zug um ungefähr 6 Uhr im Bahnhof der märkischen Kleinstadt Wünsdorf ein, wo sich seit Kriegsende das Oberkommando der Gruppe der Sowjetischen Streitkräfte in Deutschland (GSSD) befand. Vor dem Bahnhof wartete bereits ein vom KGB-Direktorat entsandtes Auto auf mich, das ich leicht fand, da man mir seine Kenn-Nummer schon in Moskau mitgeteilt hatte.

In dem Auto saß ein Offizier, der meine Ausweise prüfte. Dann fuhren wir los und waren nach etwa einer Stunde in Potsdam. Das der GSSD angegliederte KGB-Direktorat hatte seine Büros in der Nähe der Stadtmitte. Seine Baulichkeiten erstreckten sich über eine große Fläche, die von einem hohen Zaun umgeben war. Ich wurde durch den Offizier vom Dienst empfangen, der mir ein Zimmer in einem Hotel anwies und mir erklärte, ich sollte mich am selben Vormittag um 9 Uhr bei Generalmajor Titow, dem Leiter des Direktorats, melden.

In dem Hotel erlebte ich die angenehme Überraschung, daß Bykow auch dort war – derselbe Bykow, mit dem zusammen ich die KGB-Schule absolviert hatte. Erst hier erfuhr ich, daß er ebenso wie ich zum Dienst in der DDR abkommandiert worden und einen Tag früher als ich in Potsdam eingetroffen war. Wir freuten uns sehr über das Wiedersehen. Ich fragte ihn, ob man ihn schon auf einen bestimmten Posten in einer KGB-Abteilung ernannt hätte; er verneinte und sagte, alles werde sich heute entscheiden. Auch er hatte um 9 Uhr bei dem General Meldung zu machen. Wir beschlossen, uns um eine Ernennung in der gleichen Abteilung zu bemühen.

Um 9 Uhr erschienen wir vor dem Büro des Generals, frisch rasiert, mit sorgfältig gebügelten Uniformen und ordentlich gekämmtem Haar. Der Offizier vom Dienst bedeutete uns, daß uns der General erwarte. Der General befahl uns, an einem Tisch Platz zu nehmen, und erkundigte sich wieder nach unserem Gesundheitszustand. Das Gespräch begann, wie meist mit allen neuen Vorgesetzten, ganz konventionell. Er erinnerte uns kurz an unsere hohe Verantwortung in unserer Arbeit, besonders im Ausland. Dann wünschte er uns guten Erfolg, und schon war die Unterredung zu Ende. Wie man uns später zu verstehen gab, hatte die kurze Begegnung mit dem General einen erzieherischen Zweck: sie sollte uns jungen Offizieren beweisen, mit welcher Fürsorge man uns behandelte und wie groß die Verantwortung sei, die wir in unserer Position trügen.

Oberst Kostin, der Leiter der Kaderabteilung des KGB-Direktorats, versah uns mit allen notwendigen Instruktionen und teilte uns auch die Posten mit, die wir zu übernehmen hatten. Der kleine und dicke Oberst hatte einen völlig glatten Kahlkopf. Die Farbe seiner Augen war unbestimmbar, und in ihnen zeigte sich auch nicht ein Funke lebendigen Lebens. Er wirkte wie der typische Apparatschik, der gewöhnt ist, sein Leben ganz gemäß höherem Befehl zu leben und jeder persönlichen Initiative aus dem Wege zu gehen. Dieser Eindruck bestätigte sich später. In rund 20 Minuten wurde die Frage unserer Zuteilung erledigt: wir würden beide in der Unterabteilung arbeiten, die für die 6. Motorisierte Gardeschützendivision verantwortlich war. Die Unterabteilung war in Bernau stationiert. Um 13 Uhr sollten wir mit einem Auto dorthin abfahren.

Als Kaderoffizier änderte Oberst Kostin dann das Gesprächsthema; es lautete jetzt: Indoktrinierung. Zwei geschlagene Stunden lang mußten Bykow und ich uns laute Lobhudeleien auf das Politbüro, die KGB-Führung und die Regierung anhören. Auch die ehrenvolle Arbeit der Tschekisten wurde in den Himmel gehoben. In diesen zwei Stunden wiederholte Kostin, anscheinend ohne es zu bemerken, ungefähr dreimal immer dieselben Phrasen. Endlich, als Bykow und ich schon verzweifelt glaubten, daß wir nie aus seinem Büro herauskommen würden, machte er Schluß. Als wir die Tür hinter uns zugemacht hatten, sahen wir einander an, unsere Blicke ganz verwirrt von diesem Geschwätz, und dann brachen wir beide in Gelächter aus. »Was für eine Ansprache!«, bemerkte ich. »Wahrscheinlich ist der Alte nicht mehr ganz richtig im Kopf«, erwiderte Bykow.

Von all dem lauten und leeren Getöse, das Kostin zwei Stunden lang über uns ausgeschüttet hatte, hatten wir uns kaum etwas gemerkt. An den Inhalt solcher Reden, die nur aus Gemeinplätzen ohne inhaltliche Bedeutung bestehen, kann man sich kaum je erinnern, insbesondere dann nicht, wenn sie im schwülstigsten Parteichinesisch gehalten werden, in dem sich Worte wie »glorreiche Partei«, »Kommunismus«, »Sozialismus«, »Parteitag«, »Politbüro« usw. an die hundert Mal wiederholen.

Bei der Rückkehr in unser Hotel fanden wir einen aus Bernau gekommenen Offizier vor, der darauf wartete, mit uns dorthin zu fahren. Er war etwa 40 Jahre alt, großgewachsen und hatte ein freundliches Gesicht. »Hauptmann Dawydow«, stellte er sich vor. »Ihr seid also gekommen, um in unserer Abteilung zu arbeiten? Ausgezeichnet! Habt ihr vielleicht etwas von unserem guten russischen Wodka mitgebracht?«

Unsere positive Antwort hatte zur Folge, daß er vorschlug, wir sollten unser Kennenlernen feierlich »begießen«. Ich nahm eine Flasche Wodka aus meinem Koffer und goß davon in die Gläser ein, die schon auf dem Tisch bereitstanden. Natürlich schenkte ich Dawydow mehr als uns beiden ein, und ohne überflüssige Worte zu verlieren, kippten wir den »harten Stoff« hinunter. Nach weiteren zehn Minuten stiegen wir in den »Gasik« (russischer Nachbau des amerikanischen »Jeep«; geländegängiger Armee-Personenwagen) ein, der vor dem Hotel auf uns wartete. Dawydow befahl dem Chauffeur: »Nach Hause, nach Bernau!« und etwa um 14 Uhr verließen wir Potsdam. »Wir werden um 17 Uhr dort sein«, verkündete Dawydow.

Bernau liegt vielleicht 20 km nordöstlich von Berlin, so daß die Entfernung von Potsdam dorthin an die 100 km beträgt. Es gibt zwei Wege von Potsdam nach Bernau – durch die Stadt Berlin hindurch oder nördlich um Berlin herum. Dawydow erklärte, er habe beschlossen, uns Berlin zu zeigen, das heißt, wir würden durch Berlin fahren. Unser Gasik brummte vergnügt über die Autobahn. Der genossene Wodka hatte Dawydow fröhlich und sehr gesprächig gemacht; ab und zu begann er auch zu singen. Nach etwa einer Stunde fragte ich Dawydow, wann wir endlich Berlin erreichen würden. »Wie spät ist es?«, entgegnete er mir. »Schon drei Uhr«, sagte ich.

»Donnerwetter, drei!« rief Dawydow und befahl dem Fahrer, anzuhalten. Dann begann er die Straßenkarte zu studieren, und nach einigem Nachdenken gab er zu, daß wir »ein bißchen« vom Wege abgekommen seien. Statt in Richtung Berlin zu fahren, waren wir eine volle Stunde in umgekehrter Richtung nach Leipzig unterwegs gewesen. Dawydow beschimpfte den Fahrer, und nachdem dieser den Wagen gewendet hatte, schlugen wir nunmehr die richtige Richtung ein. Dann stellte sich heraus, daß weder Dawydow noch der Chauffeur den richtigen Weg durch Berlin kannten. Ihre Verwirrung wurde schlimmer, als es dunkel zu werden begann. Irgendwo, wo er ein altes Weiblein gehen sah, hielt Dawydow das Auto an, um nach dem Weg zu fragen. Wir glaubten natürlich, daß Dawydow jetzt anfangen würde, deutsch zu reden – doch vergebens. Obgleich er schon zwei Jahre in Deutschland Dienst tat, kannte Dawydow anscheinend nur ein einziges deutsches Wort: »Frau«. Wörtlich fragte er die Alte: »Frau«, und nun weiter auf Russisch: »Wie kommt man nach Bernau?« Ihre Antwort klang sehr schnell und unverständlich, denn sie sprach natürlich nur Deutsch. Dawydow nickte verständnisvoll und wiederholte nur immer (auf Russisch): »Da, da, da« (Ja, ja, ja). Dann schlug er die Autotür zu und befahl dem Chauffeur, weiter zu fahren. Der fragte: »Wohin?« – »Keine Ahnung!« Er verstand überhaupt kein Deutsch, aber er schien durch unser Lachen nicht gekränkt zu sein, sondern brummte nur vor sich in, es sei schon höchste Zeit, daß die Ostdeutschen endlich Russisch lernten. Ungefähr zwei Stunden lang fuhren wir ziellos kreuz und quer, bis wir endlich an einen Wegweiser kamen, der nach Bernau zeigte und unsere Rettung war. Etwa um 21 Uhr fuhren wir bei der Sonderabteilung für die 6. Motorisierte Schützendivision vor, die in einer kleinen alleinstehenden zweistöckigen Villa untergebracht war. Ihr Garten war von einem hohen Zaun umschlossen.

Bykow und ich waren von der langen Fahrt müde und legten uns daher sofort in unsere Betten, in der Hoffnung, eine ungestörte Nachtruhe zu genießen. Aber Hoffen und Harren macht manchen zum Narren. Gegen zwei Uhr früh weckte uns lautes Klopfen an unserer Tür, und vor uns stand ein Oberleutnant. »Aufstehen, ihr Lumpen!« schrie er. »Wir müssen Bekanntschaft schließen.«

Man sah ihm an, daß er schon schwer geladen hatte. Sein Uniformmantel war nicht zugeknöpft und schlotterte um ihn herum, die Mütze saß ihm schief auf dem Kopf, und er hieß uns mit einem breiten Grinsen willkommen. Er stotterte: »Der Name ist Korotejew, Kostja« (Koseform von Konstantin). Er hielt mir eine offene Cognacflasche hin. Wir fanden keine Gläser, und ich nahm zwei schnelle Schlucke direkt aus der Flasche. Es schmeckte schauderhaft, denn es war billiger DDR-Weinbrand. Kostja bemerkte, wie ich das Gesicht verzog, und sagte: »Mach' dir nichts draus, du wirst dich schon daran gewöhnen«, umarmte uns und verschwand.

»Was für eine Type«, sagte Bykow, »er ist so besoffen, daß er stottert.«

Später stellte sich jedoch heraus, daß Kostja immer stotterte und von Kindesbeinen an gestottert hatte.

Am nächsten Tag ließ Major Alexander Petrowitsch Bojtschenko uns rufen, der die dortige KGB-Abteilung leitete. Ich mußte als erster zu ihm hineingehen. Bojtschenko war ein großer, gutgebauter und dunkelhäutiger Mann. Seine Gesichtszüge waren irgendwie asiatisch, obgleich er der Nationalität nach Ukrainer war. Mir gefielen seine aufmerksam blickenden und intelligenten Augen. Während unseres Gespräches war er in steter unruhiger Bewegung, allerdings nicht nervös, sondern als ob er mit Energie geladen sei.

Er hörte sorgfältig zu, als ich mein Sprüchlein herbetete, und machte sich Notizen. Er wollte Einzelheiten über meinen Studiengang auf der KGB-Schule wissen. Dann teilte er mir mit, mein Arbeitsgebiet seien drei Bataillone des 82. Motorisierten Gardeschützenregiments, die in Bernau selber lagen. Dawydows Arbeitsbereich waren Stab und Oberkommando des Regiments und seine übrigen Einheiten. Von nun an hätte ich meine Arbeit eng mit der Dawydows zu koordinieren.

Das hörte ich gern, denn mir hatte Dawydow gefallen. Bojtschenko fragte mich, ob ich über meine spezifischen Aufgaben als KGB-Offizier Bescheid wüßte.

Ich sagte: »Natürlich, die hat man uns in der Schule gelehrt.« – »In Ordnung«, entgegnete Bojtschenko. »Aber alles, was Sie auf der Schule studiert haben, war reine Theorie. Hier müssen Sie aber praktische Arbeit leisten, und das sage ich Ihnen, Bruderherz, ist eine ganz andere Sache.« Er befahl mir, aufmerksam zuzuhören, während er mir die Aufgaben und Besonderheiten des Dienstes der Sonderabteilungen in der DDR erläuterte.

»Zu Ihren Aufgaben gehört: erstens, in den Ihnen zugeteilten Bataillonen zu verhüten, daß westliche Spionagedienste irgendeinen Sowjetbürger – Militärpersonen oder Zivilisten – anwerben. Zweitens, sollten die westlichen Nachrichtendienste doch schon irgendjemanden angeworben haben, dann ist es Ihre Sache, solche Personen aufzuspüren und sie unschädlich zu machen. Drittens, Sie müssen alle Sowjetgegner, die Feinde der Sowjetmacht, ausfindig machen. Viertens, identifizieren Sie alle Agenten westlicher Spionagedienste in der ostdeutschen Bevölkerung, die in der Nähe unserer Schutzbefohlenen wohnt. Und was brauchen Sie, um alle diese Aufgaben zu lösen?«

»Ein leistungsfähiges Agentennetz, um mir die notwendigen Informationen zu liefern, und ...«. Hier unterbrach mich Bojtschenko: »Sehr richtig! Sie brauchen Agenten, mehr Agenten und immer mehr Agenten.«

Er teilte mir mit, die Knappheit an KGB-Personal habe bis jetzt verhindert, in den mir zugeteilten Einheiten einen KGB-Offizier arbeiten zu lassen. Die Folge sei, daß es weder unter den dort dienenden Sowjetbürgern noch in der benachbarten deutschen Bevölkerung einen einzigen Agenten gebe. Dieser Zustand mußte meine Arbeit sehr erschweren, denn ohne geheime Informationsquellen fiel mir die Aufgabe zu, geeignete Anwärter auf die Agententätigkeit zu suchen, zu finden und sie anzuwerben. Das konnte nicht leicht sein. Inzwischen sprach Bojtschenko weitere »Freudenbotschaften« aus.

»Sie müssen sofort mit der aktiven Arbeit beginnen und

binnen kürzester Frist einen leistungsfähigen Agentenapparat aufbauen. Sie müssen in zwei Monaten zehn Agenten auf die Beine stellen.« Ich frage ihn: »In zwei Monaten?«, und überlegte mir dabei, daß ein solcher Befehl vollkommen unausführbar war, denn normalerweise dauert es drei oder vier Monate, einen einzigen Agenten zu rekrutieren. Man kann natürlich vier oder fünf Personen gleichzeitig zur Anwerbung vorbereiten, und dann kann man sie binnen fünf oder sechs Monaten alle zusammen in das Agentennetz einbauen. Aber zehn Agenten in zwei Monaten einzustellen – das konnte nur unter Verletzung sämtlicher Richtlinien geschehen. Ich teilte Bojtschenko diesen Einwand mit, aber das machte auf ihn nicht den geringsten Eindruck. »Ja, Sie haben ganz richtig verstanden: zehn Agenten in zwei Monaten. In dieser Frist müssen Sie drei Offiziere, zwei längerdienende Soldaten, einen gemeinen Soldaten, zwei Offiziersfrauen und zwei Deutsche anwerben.«

Meine weiteren Proteste schnitt er mit der Frage ab: »Wissen Sie eigentlich, was die drei Buchstaben KGB bedeuten?« – »Jawohl, Herr Major«, rief ich, »Komitee für Staatssicherheit« (*Komitet Gossudarstwennoje Besopastnosti*).

»Ach, Unsinn! KGB bedeutet Amt der Rohen Banditen (*Kontora Grubych Banditow*). Nach ein paar Jahren der Tätigkeit weiß das jeder KGB-Arbeiter. Wir müssen unverschämt auftreten, den schärfsten Druck ausüben und uns stets voll unserer Macht bewußt sein. Beim Anwerben von Agenten müssen Sie sie nicht nur überzeugen, daß sie für uns arbeiten müssen, sondern sie auch dazu zwingen. Dem KGB steht dafür genug Macht zur Verfügung. Wenn Sie sich an diese Grundsätze halten, werden Sie die Aufgabe, die ich ihnen gestellt habe, mit Erfolg durchführen.«

Er verwendete eine weitere halbe Stunde darauf, mir zu erklären, daß die Indienstnahme von Sowjetbürgern, insbesondere von Soldaten, überhaupt nicht schwierig sei. Man könne fast jeden Sowjetuntertan, auch wenn er zur Zusammenarbeit nicht bereit sei, zu ihr zwingen. Das KGB besitzt die dafür erforderlichen Rechte und Machtbefugnisse. Wenn der Rekrut Offizier werden will, kann man seine Laufbahn gefährden (kein Offizier darf ohne KGB-Genehmigung be-

fördert oder auf eine Militärhochschule entsandt werden).
Mit längerdienenden Berufssoldaten, die nicht Offiziere sind,
ist die Sache noch einfacher; wenn sie nicht parieren, können
sie aus den Streitkräften ausgestoßen werden. Auch das Leben jeder sowjetischen Zivilperson kann bedroht werden; die
Verweigerung der Zulassung zu Forschungs- und Lehranstal-
ten, die Entlassung aus jeglicher Erwerbstätigkeit (und die
Strafverfolgung als »arbeitsscheues Element«) und das Verbot von Auslandsreisen sind sämtlich wirksame Waffen.

»Darum«, so betonte Bojtschenko, »werden Sie binnen
zwei Monaten zehn Agenten heranschaffen, wenn Sie nur
Ihre Rechte und Vollmachten geschickt nutzen.« Er beschrieb mir in allen Einzelheiten, wie ich mich zu verhalten
hätte. »Vergessen Sie niemals, daß Sie ein KGB-Offizier
sind. Jedermann in Ihrem Arbeitsbereich, angefangen vom
Truppenkommandeur bis hinunter zum letzten dreckigen Gemeinen, ist auf die eine oder andere Art von Ihnen abhängig.
Sie allein haben völlige Handlungsfreiheit. Sie müssen daher
selbstbewußt und, falls erforderlich, frech und roh auftreten.
Es liegt in Ihrer Hand, zu entscheiden, wer als politisch zu-
verlässig gilt, und auch oft genug das künftige Schicksal anderer Menschen zu bestimmen. Machen Sie sich also an die
Arbeit, Genosse Leutnant. Unter der Bedingung, daß Sie das
Sowjetregime verteidigen, erlaubt es Ihnen fast alles.«

»Obgleich die DDR offiziell als unabhängiger Staat gilt,
besitzen wir, das KGB, hier zahlreiche Rechte, und wir können hier fast in gleicher Weise wie zu Hause in der Sowjetunion arbeiten.« Bojtschenko entnahm seinem Panzerschrank
ein Dokument, welches Ausführungsbestimmungen zu dem
Geheimvertrag zwischen der Sowjetunion und der DDR ent-
hielt. Demgemäß ist das KGB berechtigt,

– unter den Deutschen zu arbeiten, um die Agenten west-
  licher Spionagedienste und Personen mit sowjetfeindlichen
  und antisozialistischen Neigungen zu entlarven;
– Deutsche für die Spionage gegen Länder des Westens (die
  Bundesrepublik Deutschland, die USA, Großbritannien,
  Frankreich usw.) anzuwerben;
– Besucher aus kapitalistischen Ländern auf dem DDR-Ge-
  biet anzuwerben;

- »konspirative« Wohnungen zu unterhalten;
- mit dem Ministerium für Staatssicherheit (MfS) der DDR zusammenzuarbeiten und Einsicht in dessen Karteien und Akten zu nehmen; auf Ersuchen des KGB öffnet das MfS den Briefwechsel und kopiert den Telegrammverkehr von DDR-Staatsbürgern im Interesse des KGB;
- die Polizeiakten der DDR einzusehen und die aktive Hilfe der DDR-Polizei und deren Unterstützung anzufordern. Das MfS hat gegenüber dem KGB keinerlei Ansprüche auf Hilfe; ihm ist jedoch gestattet, Hilfsersuchen zu äußern.

Zum Schluß enthält das Schriftstück eine Mahnung an die KGB-Offiziere, sich gegenüber den MfS-Beamten höflich und taktvoll zu verhalten und sie zu respektieren, was im Hinblick auf den materiellen Inhalt des Dokumentes als eine zynische Geste wirkt.

Zur Frage der Anwerbung von deutschen Agenten äußerte sich Bojtschenko: »Es gibt keine großen Unterschiede zwischen den Deutschen und den Russen; auch die Deutschen wollen am Leben bleiben und Unannehmlichkeiten vermeiden.« Auch in ihrem Fall empfahl er dieselben Methoden wie bei der Behandlung unserer Landsleute: »Und bist du nicht willig, so brauch' ich Gewalt.« Gewalt also anstelle der Überzeugung. Im übrigen sei die Anwerbung von Deutschen manchmal leichter als die von Russen, »denn die Deutschen sind ein diszipliniertes Volk und bewundern die Stärke. Wenn Sie also Deutsche anwerben, benehmen Sie sich zuversichtlich und zeigen Sie ihnen unsere Macht. Das kann nur nützen.«

Als ich Bojtschenko sagte, daß ich kein Deutsch verstehe, antwortete er, 80 v. H. der Offiziere der Abteilung könnten nicht Deutsch sprechen, und trotzdem arbeiteten sie sämtlich mit Deutschen zusammen. Die Schwierigkeit werde dadurch überwunden, daß man jedem Operator einen Dolmetscheroffizier zuteile. »Im übrigen sind Sie verpflichtet, innerhalb eines Jahres Deutsch zu lernen, und dann ist dieses Problem aus der Welt geschafft.«

Der Major fügte hinzu, in den ersten Monaten werde er mich fast täglich sehen. Dann schickte er mich zu seinem Stellvertreter, dem Major Krjukow, der ein paar Jahre älter als er war. Äußerlich machte dieser einen intelligenten Eindruck, obgleich sein Gesicht offensichtlich auch das eines Trinkers war. Sein Verhalten war das eines erfahrenen Apparatschiks. Er stellte sich vor: »Alexander Gerassimowitsch; bitte, nehmen Sie Platz.« Er teilte mir mit, ich hätte zwei Tage Zeit, um mich einzurichten, und daß eine Wohnung für mich bereitstand. Er sagte mir, in der Abteilung, wo ich zu arbeiten hätte, gäbe es 17 Kollegen, zwischen denen die persönlichen Beziehungen im allgemeinen gut seien. Er schickte mich dann zum Sekretär der Abteilung, der mir gegen schriftliche Quittung den Schlüssel zu meinem Büro-Panzerschrank und einige Schriftstücke übergab.

Endlich stand ich jetzt unter meinen künftigen Kollegen. An die fünf von ihnen waren in einem der Büroräume der Abteilung versammelt. Unter ihnen befand sich auch Korotejew, diesmal in nüchternem Zustande. Ich mußte viele Fragen beantworten, da viele von ihnen etwa ein Jahr lang nicht mehr in der Sowjetunion gewesen waren. Mir gefiel der Oberleutnant Lawruchin besonders gut, der von den übrigen durch sein gepflegtes Äußeres und seinen Humor abstach. Korotejew gab mir einen Wink mit dem Zaunpfahl, ich sollte, um die Bekanntschaft mit den Kollegen zu vertiefen, sie alle zu einem feuchtfröhlichen Abend in meine Wohnung einladen. Man beschloß, daß man sich am übernächsten Abend bei mir zu Hause treffen würde.

Nach kurzer Zeit tauchte auch Bykow auf. Man hatte ihn einer Truppeneinheit zugeteilt, die in etwa 40 km Entfernung von Bernau stationiert war. Später gingen Dawydow und ich meine neue Wohnung inspizieren. Er fragte mich über mein Gespräch mit Bojtschenko aus. Als ich ihm von den zehn Agenten erzählte, die ich in zwei Monaten rekrutieren sollte, lachte er: »So bringt man euch Jünglingen das Arbeiten bei; der Chef weiß ganz genau, was er tut.« Er tröstete mich aber, ich sollte mir keine Sorgen machen, denn Bojtschenko setze seine Planziele absichtlich zu hoch an, um seine Offiziere zu zwingen, umso härter zu arbeiten. »Wenn du in der angegebenen Zeit fünf Agenten auftreiben kannst, wird das den Chef nur freuen.«

Am Abend saßen Dawydow und ich in meiner neuen

Wohnung. Vor uns auf dem Tisch stand eine halbleere Wodkaflasche, und aus dem Radio tönte leise Musik. Es war alles so gemütlich, daß wir immer mehr ins Reden kamen. Dawydow rekelte sich in einem weichen Sessel und hielt eine brennende Zigarre in der Hand. Ich bemerkte, daß der Alkohol ihn in Stimmung brachte, und nach dem dritten Glas schlug er vor, daß wir formell Brüderschaft trinken sollten (das Duzen ist im Russischen viel weniger weit verbreitet als im Deutschen; die Kinder siezen häufig noch die Eltern). Ich sollte ihn mit seinem Vornamen Lew (Leo) anreden. Dann begann er, die Zustände in unserer Abteilung zu schildern und mich aufzuklären:

»Die Abteilung hat zwei Chefs, und zwischen dem eigentlichen Oberhaupt Bojtschenko und seinem Stellvertreter Krjukow hört der Krieg nicht auf.« Aus dem, was er mitteilte, ging klar hervor, daß der noch recht junge und energische Major Bojtschenko alles daran setzte, im KGB eine große Karriere zu machen. Dazu gehörte, daß seine Abteilung auf Erfolge hinweisen konnte, und die erzielte man nur, wenn seine Offiziere mit Fleiß Jagd auf »Staatsfeinde« machten, denn als Erfolge gelten die Zahlen der feindlichen Elemente, der Agenten westlicher Nachrichtendienste oder der sogenannten sowjetfeindlichen Kräfte, die aufgespürt und demaskiert werden können. Darum war für ihn keine Bemühung zu viel – er sparte nie mit Anordnungen, Moralpredigten, Belohnungen und Strafen, und sein eigenes Verhalten diente als persönliches Vorbild. Er arbeitete Tag und Nacht und verlangte von seinen Offizieren das gleiche. Bojtschenko hatte auch noch andere Helfer: der Bruder seiner Frau saß in einer hohen Stellung beim Obersten Sowjet (und um unter den Verhältnissen in der Sowjetunion einen »fetten« Posten zu erhalten, sind gute Beziehungen von außergewöhnlicher Bedeutung). Bojtschenko konnte also von einer Zukunft mit den Achselstücken eines Obersten oder sogar eines Generals träumen.

Nach den Angaben von Dawydow war auch Krjukow ein »harter Brocken«. Vor Zeiten hatte er einmal in der Moskauer KGB-Zentrale gearbeitet, hatte sich aber »Irrtümer« zuschulden kommen lassen und »fiel die Treppe hinunter«, obgleich man ihm seinen Rang als Major nicht nahm; aber man verbannte ihn zur Arbeit in die DDR. Zwar hatte er Pech gehabt, doch hatte er im Moskauer KGB noch viele Freunde, die ihn nicht vergaßen. Durch seine ehemalige Spitzenposition war Krjukow in gewissem Maße »verwöhnt«; er konnte es nicht verwinden, daß er jetzt auf einem so abgelegenen Posten saß. Er weigerte sich, Bojtschenko als seinen Vorgesetzten anzuerkennen. Ihm lag an der Arbeit gar nicht so viel, und er wartete nur auf seine Pensionierung. Bis dahin süffelte er. Zwischen den beiden Männern brachen oft Konflikte aus, und manchmal kam es zu heftigem Streit.

Wie Dawydow es schilderte, nützten die anderen Offiziere diese Situation weidlich aus. Was der Chef – wenn es einmal zu Schwierigkeiten kam – nicht genehmigen wollte, bewilligte sein Stellvertreter zwei oder drei Tage später, und umgekehrt. Manchmal ging das ganz glatt, und das raffinierte Spiel der Untergebenen mit der Rivalität der Vorgesetzten blieb unbemerkt, doch manchmal flog die Sache auf, der Hintergangene roch Lunte, und sofort kam es zum größten Krach zwischen den beiden Abteilungsoberhäuptern.

»Was aber das Sonderbarste ist«, fügte Dawydow hinzu, »manchmal vergessen die beiden ihre Feindschaft für eine Weile, und dann gehen sie zusammen irgendwohin auf Sauftour. Diese Orgie dauert dann mehrere Tage, und in dieser Zeit arbeiten wir selber auch nicht.«

Dawydow lobte Lawruchin. Dieser sei ein guter Kerl, der nicht nur zu arbeiten, sondern seine Arbeit auch herauszustreichen verstehe. »Die Arbeit allein nützt niemandem, wenn du nicht verstehst, sie auch zur Schau zu stellen. Du mußt die Kunst der Selbstreklame beherrschen, du mußt imstande sein, deinen Chefs mit den glänzenden Ergebnissen deiner Tätigkeit zu imponieren. Für eine erfolgreiche Karriere ist dies das wichtigste.«

Er sprach von einem der Offiziere der Abteilung, dem Oberleutnant Semskow, als einem der Günstlinge des Chefs, der von Zeit zu Zeit auch seine Kameraden »verpfiff«. »Nimm dich vor ihm in acht, er ist hinterlistig!«

Ich fragte: »Und was ist mit Korotejew los?« – »Korotejew ist für unsere Abteilung ein ausgesprochenes Malheur«, und damit begann mir Dawydow seine Geschichte zu erzählen. Korotejews Vater war ein vor etwa zehn Jahren verstorbener Generaloberst gewesen. Seinerzeit war dieser Vater ein großer Freund des nunmehrigen Leiters unseres KGB-Direktorats, Generalmajor Titow. Titow nahm daher Kostja unter seinen Schutz, und Kostja nützte das ungeniert aus. Er leistete fast überhaupt keine Arbeit, war stets betrunken, wurde aber nie verwarnt. Bojtschenko wußte sich keinen Rat, was er mit ihm anfangen sollte.

Ich fand später heraus, daß die Schilderungen Dawydows mehr oder weniger lebenswahr waren. Nur im Falle Semskow log er, denn Semskow entpuppte sich als höchst anständiger Mensch, der niemals jemanden anschwärzte, während Dawydow das tat, und zwar nicht einmal aus Ehrgeiz, weil er etwas erreichen wollte, sondern weil es ihn krankhaft dazu trieb, wie ich später erfahren sollte.

Meine beiden freien Tage vergingen schnell. Am vereinbarten Abend kamen die von mir eingeladenen Offiziere in meine Wohnung. Es waren acht. In Bernau selber arbeiteten nämlich nur zehn Mann von unserer Abteilung, der Rest saß auf Außenstellen in Frankfurt an der Oder, Eberswalde und Berlin. Zwischen diesen und unserer Schar gab es eigentlich nur dienstliche Kontakte. Die zehn Mann in Bernau bildeten den Kern des »Kollektivs« und verbrachten ihre Freizeit gewöhnlich miteinander, und so machten sie auch ihren Besuch bei mir. Es war eine freundschaftliche Abendunterhaltung. Ich lernte den Leutnant Nalischkin, den Übersetzer der Abteilung, kennen. Er war ein kleiner, kräftiger, sehr ruhiger und wortkarger Mann. Er versprach mir seine Hilfe beim Deutschlernen. Auch Semskow, eine »lange Latte« mit rotem Haarschopf, war bei mir und erfreute sich sichtlich der allgemeinen Wertschätzung. Ich fand den Abend sehr nützlich; er half mir, mich in das Kollektiv einzugliedern.

Am nächsten Tag begann meine Arbeit für das KGB.

Fallgruben für
Unvorsichtige

Bevor ich mich an den Aufbau eines leistungsfähigen Agentennetzes machte, mußte ich mich über die Verhältnisse in
der Truppeneinheit und in ihrer Umgebung orientieren. Ich
begann mit der Suche nach Angaben über unser eigenes Personal und über die Eigenschaften der örtlichen deutschen Bevölkerung. Ich mußte die »Geheimakte« des Truppenteils
studieren. Das war keine Einzelakte, sondern sie bestand aus
mehreren dicken Ordnern mit Geheimdokumenten von 2000
bis 3000 Seiten, welche die für die praktischen Ziele des
KGB unentbehrlichen Informationen enthielten.

Die »Operativ«-Angaben über das Personal, die für meine
Vorbereitung von Anwerbungen lebenswichtig waren, enthielten die Gesamtzahlen der Offiziere, Mannschaften und
Angestellten, die in der Einheit tätig waren, und sie sagten
auch etwas über deren Qualitäten aus. Auch hier wurde den
»nationalen Fragen« besondere Aufmerksamkeit gewidmet.
Ich habe bereits darauf hingewiesen, welche große Rolle
diese Frage im Leben der Sowjetbevölkerung spielt. Keineswegs alle Nationalitäten genießen das Vertrauen der Behörden; Vorzugsbehandlung erhalten Russen, Ukrainer und
Weißrussen (ausgenommen diejenigen aus der Westukraine,
d. h. dem früheren Ostgalizien, und aus dem westlichen
Weißrußland, beides Gebiete, die früher zu Polen gehörten).
Juden, Krimtartaren, Letten, Litauer, Esten und Menschen,
die aus der Westukraine und aus dem westlichen Weißrußland stammen, sind verdächtig; alle Mitglieder dieser Gruppen, die in der Armee dienen, werden durch das KGB besonders überwacht. Das KGB bemüht sich, sie mit zuverlässigen
Agenten zu durchsetzen, um ihrer Beförderung im Dienst
Knüppel zwischen die Beine zu werfen.

So z. B. verbietet eine wenig bekannte Regierungsanord-
nung die Stationierung von Offizieren und Soldaten jüdischer »Nationalität« im Ausland. Es ist ebenso untersagt,
Sowjetbürger deutscher Volkszugehörigkeit bei den in der

DDR stehenden Truppen dienen zu lassen. All dem wird in der Personalbeschreibung Rechnung getragen, und diese Angaben und dazugehörige Empfehlungen gehen dann in den »Geheimakt« ein. Er weist die in der Einheit dienenden Juden, Letten, Krimtartaren usw. aus, ebenso die Zahl der Agenten, die verpflichtet sind, über sie zu berichten.

In der Akte befindet sich auch eine Liste derer, die nach Ansicht des KGB potentiell unzuverlässig sind; das sind diejenigen, die irgendwann einmal auch nur das geringste Mißfallen an der Obrigkeit geäußert haben, die aus irgendeinem Grunde Vorbestraften, diejenigen mit Verwandten, die im Ausland leben oder gelebt haben. Mit auf die Liste kommen alle, die irgendeine Verbindung mit Ostdeutschen, und erst recht jene, die Kontakt mit Bürgern kapitalistischer Länder unterhalten.

Die Berichterstattung meiner Einheit über die benachbarte Bevölkerung beschrieb Personen mit Verwandten in Westdeutschland und in irgendeinem anderen kapitalistischen Lande, alle Vorbestraften, alle Leute, die jemals in ein kapitalistisches Land gereist waren, und auch die DDR-Bürger, die mit Sowjet-Militärpersonal in irgendeiner Berührung standen. Sie nannte auch die deutschen Geschäfte und Gaststätten, in denen Sowjetbürger verkehrten, und verzeichnete alle »leichtgeschürzten« Mädchen und Frauen, die sich regelmäßig mit Sowjetoffizieren und -soldaten abgaben, sowie seriösere Angaben für die Zwecke der Spionageabwehr. Besonderes Interesse erregten die feindliche Nachrichtendiensttätigkeit gegen militärische Einheiten, die Anwerbungsversuche von NATO-Erkundungsdiensten unter dem sowjetischen Militärpersonal, sowie Personen sowjetischer und deutscher Nationalität, die im Verdacht der Tätigkeit für westliche Nachrichtendienste standen.

Nach gründlichem Studium der Akte machte ich mich daran, die Männer meiner Einheit kennen zu lernen. Ich begann mit dem Obersten Nikischkin, dem Kommandeur des 83. Motorisierten Schützenregiments, und machte dabei meine ersten Erfahrungen mit der Macht, welche die einfachen Buchstaben KGB ausstrahlen, selbst für mich, einen jungen Leutnant von 24 Jahren, dem, wie man in Rußland sagt, die

Muttermilch kaum auf den Lippen getrocknet ist, wenn er mit einem grauhaarigen Obersten zusammentrifft. Bevor ich unser Gespräch beschreibe, muß ich darauf hinweisen, daß alle Offiziere der Dritten Hauptabteilung des KGB im Dienst bei den Sowjettruppen, um sie wirksam zu verkleiden, die normale Militäruniform tragen, so daß sie sich in keiner Weise äußerlich von anderen Armeeoffizieren unterscheiden.

Als ich also unerwartet das Büro des Obersten Nikischkin betrat, blickte er mich wütend an und kläffte: »Was wollen Sie, Genosse Leutnant? Sehen Sie nicht, wie viel ich zu tun habe? Machen Sie später Meldung!« Als ich mich als Offizier des KGB vorstellte, der im kommenden Jahr mit seinem Regiment zusammenarbeiten würde, verwandelte sich Nikischkins Gesichtsausdruck sofort; er wurde freundlich und irgendwie unterwürfig. »Treten Sie näher, Genosse Leutnant, für Sie habe ich immer Zeit. Es freut mich, Ihre Bekanntschaft zu machen«, sagte er kriecherisch. Er zeigte sich interessiert, ob ich mich in meine neue Beschäftigung schon richtig eingelebt hatte, ob meine Unterbringung so sei, wie ich sie mir wünschte, und ob es irgendetwas gebe, was ich benötigte. Er erklärte sich bereit, alles in seinen Kräften Stehende zu tun, um mir zu helfen.

Die unehrliche Wendung, die dieses Gespräch genommen hatte, mißfiel mir sehr; ich schämte mich für den Obersten und für seine Angst vor mir und versuchte, die Unterredung so schnell wie möglich zu beenden. Das war aber nur der Anfang von zahlreichen ähnlichen Begegnungen. Andere Offiziere verhielten sich genau so. Zu Beginn machte das einen widerwärtigen Eindruck auf mich, aber, um ehrlich zu sein, freute es mich andererseits auch, daß ich so viel Autorität und Macht besaß. Nachdem ich ungefähr eineinhalb Jahre im KGB gearbeitet hatte, akzeptierte ich das als alltäglich und mir von Rechts wegen zustehend.

Ich verschaffte mir bald ein klares Bild von der Lage in der Truppe und traf allmählich meine Vorbereitungen zur Anwerbung von Offizieren, Soldaten und Zivilangestellten. Ich brauchte zwei Wochen zur Auswahl mehrerer Offiziere und Soldaten, die ich nun »fertigmachen« konnte, und in weniger als einem Monat – einer ungewöhnlich kurzen

Frist – waren sie angeworben und begannen, mit dem KGB aktiv zusammenzuarbeiten. Die direkte Anwerbung von Militärpersonal ist überhaupt nicht schwierig. Aber die größte Schwierigkeit liegt in der richtigen Auswahl des Zuträgers. Er muß nicht nur die für einen Agenten unentbehrlichen Eigenschaften besitzen, sondern auch mit denjenigen Kontakt haben, die für das KGB von besonderem Interesse sind. Bei der Anwerbung wird auf ihre Geheimhaltung der größte Wert gelegt. Der Wert eines Agenten liegt darin, daß er als Spitzel gegenüber denen in seiner Umgebung nicht »platzt«; dabei muß er das Vertrauen derjenigen genießen, für die sich unsere Abteilung interessiert. Major Bojtschenko beobachtete meine Tätigkeit in dieser Zeit mit besonderer Sorgfalt und war mit meinen Erfolgen zufrieden. Meine Anwerbung von Agenten war nicht nur von meinen Fähigkeiten als Spionageabwehr-Offizier, sondern von der Macht und Autorität des KGB abhängig. In der Praxis findet man kaum einen Sowjetbürger, der sich weigert, mit den berüchtigten Tschekisten zusammenzuarbeiten. Jeder denkt dabei an die Folgen und an die eigene Zukunft.

Da ich einen guten Agenten im Kommandostab des 16. Motorisierten Schützenregiments benötigte, der mich mit den unentbehrlichen Informationen über seine Offiziere versorgen sollte, fiel meine Wahl auf den Leiter der Kraftfahrzeugstaffel, Major Mesenzew. Ich wurde dabei durch sein lebhaftes und geselliges Wesen entscheidend beeinflußt. Er besaß unter den Offizieren im Regimentskommando viele Freunde und erfreute sich ihres Vertrauens; gleichzeitig war es ihm auch gelungen, zu den höheren Vorgesetzten gute Beziehungen herzustellen. Der Erfolg auf diesen beiden gegensätzlichen Fronten erfordert eine besondere Art von Geschick und, wie ich anmerken möchte, beinahe schauspielerische Fähigkeiten. Mesenzew besaß dies alles. Er wußte stets über alle Vorfälle und Intrigen im Leben des Regiments Bescheid. Viele Offiziere wandten sich an ihn um Rat. Er versuchte sie sämtlich zufriedenzustellen, aber nicht aus echter Hilfsbereitschaft. Er war kein Idealist; er verstreute seine Hilfe nur, um andere zu seinen Schuldnern zu machen. »Heute helf' ich dir, aber vergiß bitte nicht, daß du mir morgen auch helfen mußt«, war seine Maxime.

Kurz gesagt, seine Eigenschaften machten ihn zum perfekten Agenten geeignet. Ich begann, seine Anwerbung allmählich vorzubereiten. Ich sammelte unauffällig aus den verschiedensten Quellen seine volle Personalbeschreibung. Ich studierte seine dienstliche Personalakte sorgfältig, die ich mir unter einem plausiblen Vorwand von der Personalabteilung des Regimentskommandos beschaffte. Bei diesem Studium stieß ich auf zwei Berichte über kompromittierende Tätigkeit, die für seine Anwerbung ausgebeutet werden konnten. Der erste handelte von seiner Freundschaft mit einem DDR-Bürger, mit dessen Hilfe er den Schwarzverkauf von Goldringen, Kaffee und Radioapparaten an Deutsche organisierte. Der zweite betraf seinen Bruder, der einige Jahre früher wegen eines Raubüberfalls zu zwei Jahren Arbeitslager verurteilt worden war. Mesenzew hatte sich große Mühe gegeben, diese Informationen, die ich aus einer Sonderkartei auszog, geheimzuhalten, weil er von ihnen Nachteile für seine Karriere fürchtete.

In seinem Lebenslauf fand ich keine anderen schwarzen Punkte; aber was ich gefunden hatte, war mehr als ausreichend, um seine Dienstlaufbahn, falls erforderlich, zu ruinieren. Ich traf mich unter verschiedenen Vorwänden, z. B. zum Billard- oder Schachspiel, mehrmals mit ihm und plauderte mit ihm über unverfängliche Themen. Bei diesen Zusammenkünften zeigte sich Mesenzew reserviert, und ich hatte den Eindruck, daß er sich vor dem KGB fürchtete. Ich beschloß, diesen Faktor auszunutzen. Bald war alles für seine Anwerbung im Offizierskasino bereit, wo ich das Büro des Kasinoleiters, der damals auf Urlaub war, benützte. Eines Abends war Mesenzew, wie üblich, dort und spielte Billard. Ich wählte einen Augenblick, in dem er sich allein befand, und fragte ihn, ob er für mich ein paar Minuten Zeit habe. Natürlich sagte er Ja – denn nur selten verweigert ein Offizier die Mitarbeit – und wir marschierten in das Büro des Kasinochefs.

Ich schloß die Tür hinter mir: »Damit uns niemand stören kann«, erklärte ich Mesenzew, als ich sein betroffenes Gesicht sah. Da ich wußte, daß er Angst hatte, beschloß ich, ihn ohne alle »diplomatischen« Kunstgriffe an mich zu binden. Nachdem wir eine Weile über allgemeine Themen geredet hatten, erklärte ich ihm kurz und bündig, was ich von ihm wollte: Zusammenarbeit mit dem KGB. Zuerst versuchte er sich herauszuwinden, indem er sagte, er sei überbeschäftigt und sei außerdem nicht gesund. Ich ging zum Gegenangriff über und erklärte, wenn er die Zusammenarbeit nicht wünsche, hätte ich genügend Macht, um ihn zur Zusammenarbeit zu zwingen. Es bedurfte nur dieses einen drohenden Satzes, um seinen Widerstand zu brechen. »Na gut, dann werde ich eben für das KGB arbeiten«, seufzte er, »nur fürchte ich mich, daß jemand anders davon erfahren wird.« – »Niemand wird davon etwas zu wissen bekommen«, beruhigte ich ihn. »Unterschreiben Sie hier nur dieses Papier, daß Sie freiwillig mitzuarbeiten wünschen.« Er unterzeichnete, ohne ein weiteres Wort zu sagen. Seine Einstellung machte mich wütend; ich hatte einen Kampf erwartet, aber statt dessen erlebte ich die feige, untertänige Bereitschaft zur Mitarbeit. Danach arbeitete er unter dem Decknamen Krasnopolskij für uns. Seine Furcht vor dem KGB verließ ihn nie.

Natürlich benehmen sich nicht alle so. Man stößt manchmal auf Leute, die solche Vorschläge mit Begeisterung akzeptieren. Sehr selten verweigert ein Mensch trotz der Nachteile, die dies für sein weiteres Leben hat, die Mitarbeit rundheraus. Seinen Mut würde ich sehr bewundern. Selbst KGB-Leute loben solche Leute in ihren dienstlichen Unterhaltungen.

Binnen zwei Monaten warb ich in der Truppe acht Agenten sowjetischer Staatsbürgerschaft, womit ich meinen Auftrag wörtlich erfüllt hatte. Einen Mißerfolg hatte ich nur in einer Hinsicht: ich hatte unter der deutschen Bevölkerung keine Agenten geworben. Manchmal machte mir Bojtschenko deswegen Vorwürfe. Ich entschuldigte meinen Mißerfolg mit meinem Mangel an deutschen Sprachkenntnissen. Bei einer Gelegenheit teilte mir Bojtschenko mit, er würde mir bei der Lösung der Aufgabe, Deutsche anzuwerben, gern helfen. Er sagte: »Ich habe für Sie einen guten Anwärter; das ist ein Deutscher, der Russisch spricht und mit dem Sowjet-Militärpersonal Fühlung hält. Er kennt viele Einwohner Bernaus.

Sehen Sie ihn sich doch einmal an; er ist für die Zukunft bestimmt gutes Agentenmaterial.«

Nach dieser Empfehlung begann ich, den Mann, den ich K. nennen will, zu studieren. Er war rund 56 Jahre alt. Er war verheiratet, hatte einen erwachsenen Sohn und tat nichts anderes, als für seine Familie zu arbeiten, an der er sehr hing. Er war einer von den wenigen DDR-Bürgern, die noch ein privates Geschäft betrieben. Ihm gehörte in Bernau eine kleine Werkstatt, in der er und sein Sohn Radio- und Fernsehgeräte reparierten. Sie waren beide gute Handwerker und arbeiteten hart, so daß ihnen die Werkstatt einen erheblichen Gewinn einbrachte, der ihnen ein gutes Leben mit Eigenhaus und drei Autos erlaubte. Viele Bernauer sprachen von ihnen im Scherz als von den »sozialistischen Kapitalisten«. In der Tat, unter den Lebensumständen in der DDR und übrigens auch in allen anderen sozialistischen Staaten ist kein einziger Arbeiter eines Staatsbetriebs in der Lage, sich drei Autos zu halten. Nur sehr wenige können sich ein einziges Auto kaufen (das viele Jahre halten muß), und dann gelingt ihnen dies meist auch nur mit finanzieller Hilfe von Verwandten.

Verständlicherweise war K. den Ortsbehörden von Bernau und Umgebung ein Dorn im Auge. Seine unsozialistische Lebensführung widersprach der Parteiideologie und der amtlichen Propaganda. Sein Beispiel setzte seine Nachbarn einem »bürgerlichen Einfluß« aus. Die Parteiarbeiter machten ihm daher viele Schwierigkeiten und versuchten, ihn auf diese Weise zur Schließung seiner Werkstatt und zur Arbeit in einem Staatsbetrieb – wie alle anderen Bürger – zu zwingen.

Die Regierung hätte einfach alle privaten Geschäftsleute, einschließlich von K., ächten und ihnen verbieten können, eigene Unternehmen zu betreiben, aber sie stellte sich auf den Standpunkt, daß eine solche Lösung inkorrekt gewesen wäre, denn ein Verbot dieser Art sei ein stillschweigendes Eingeständnis, daß die kapitalistischen Lebensformen Vorteile böten. Daher versuchten die Behörden, die auf eigene Rechnung arbeitenden Handwerker auf die verschiedenste Weise zur Aufgabe ihrer kleinen Läden und Werkstätten zu zwingen und so den einfachen »Arbeitern« die Macht des Sozialismus zu beweisen. Sie belasteten die privaten Geschäftsleute mit erhöhten Steuerzuschlägen und hinderten sie am Bezug von bestimmten Waren usw.

Für mich war es von großem Vorteil, daß K. ein Privatgeschäft betrieb; ja, am Ende konnte ich gerade diese Tatsache nutzen, um ihn zur Arbeit für uns zu zwingen, als die Zeit reif war, ihn anzuwerben.

Es kostete mich etwa einen Monat, um ihn gut kennen zu lernen, bzw. eine detaillierte Personenbeschreibung aus den Berichten vieler Agenten, die ihn kannten, und aus den Beobachtungen der DDR-Polizei zusammenzustellen. Die Herstellung von Verbindungen mit deutschen Anwärtern auf die Anwerbung ist alles andere als einfach. Ganz anders als ein Sowjetbürger darf ein solcher Kandidat bei der vorbereitenden »Pflege« seiner Persönlichkeit nicht wissen, daß er es mit dem KGB zu tun hat. Darum wird zur Anknüpfung der Bekanntschaft irgend ein glaubhafter Vorwand erfunden, der eine natürliche Entwicklung des Kontaktes ermöglicht, aber seine wirkliche Bedeutung verschleiert.

Im Falle K. beschloß ich, zu Beginn »das Radio spielen zu lassen«. Ich suchte herum, bis ich einen alten beschädigten Transistorapparat fand, und brachte ihn in die Werkstatt. Ich hatte Glück, denn K. selber und nicht sein Sohn empfing mich, um meine Wünsche anzuhören. Ich sprach mit ihm russisch. Während der Unterhaltung erkundigte sich K., was ich in der DDR tue. Ich antwortete natürlich, ich sei ein Infanterieoffizier der Sowjetarmee. K. beendigte das Gespräch, indem er mir sagte, das Radio könnte ausgebessert und in einer Woche abgeholt werden.

Jetzt hatte ich also die erste Fühlungnahme hinter mich gebracht, aber ich mußte noch eine Ausrede für weitere Kontakte finden. In einer Radio-Zeitschrift fand ich eine Zeichnung einer Hochleistungs-Fernsehantenne und nahm sie zu K. in die Werkstatt mit. Ich holte dabei mein Radio ab, das fertig war, und sagte dann, ich hätte noch eine weitere Bitte an ihn: Könnte er mir beim Bau einer Spezial-Fernsehantenne behilflich sein? Ich zeigte ihm das Konstruktionsschema. K. studierte es und versprach dann, die Antenne für mich zu bauen; das würde aber zwei bis drei Wochen dauern, denn im Augenblick habe er nicht das geeignete Material. Seine Antwort war mir sehr erfreulich, denn sie gab mir die Gelegenheit, ihn in den kommenden zwei bis drei Wochen noch mehrere Male zu besuchen.

Nach einigen Tagen erschien ich gegen sechs Uhr abends, da ich wußte, daß K.'s Sohn gewöhnlich nach dem Abendessen ausging, um Kunden zu beliefern, wieder in der Werkstatt. K. begrüßte mich, als ob wir schon alte Freunde wären, sagte mir aber bedauernd, daß er an meiner Antenne noch immer herumbastle. Ich bedankte mich dafür, daß er meinen Auftrag nicht vergessen hatte, sah auf meine Uhr und sagte: »Wissen Sie, es ist längst Feierabend. Wenn Sie nichts dagegen haben, möchte ich mich auf echt russische Art und Weise für Ihre Mühe und Arbeit ein bißchen erkenntlich zeigen. Ich habe für Sie eine kleine Überraschung mitgebracht – etwas echten russischen Wodka aus Moskau!«

»Ach, diese Russen«, grinste K., »die finden immer eine Ausrede fürs Trinken!« Er schloß die Werkstatt ab und stellte zwei Gläser auf den Tisch. Ich angelte die Wodkaflasche aus meiner Aktentasche heraus, und die Unterhaltung begann. Er interessierte sich dafür, wie die Menschen in Rußland leben, und ich stellte eine Anzahl Fragen über das Leben in der DDR, über seine Familie und seine Arbeit. Das Gespräch plätscherte munter dahin, und die Zeit verging schnell. Beide waren wir mit der Unterhaltung zufrieden. Als wir uns verabschiedeten, lud mich K. ein, an jedem beliebigen Abend wieder vorbeizukommen: »Ich möchte nicht in Ihrer Schuld bleiben; auch wir Deutschen wissen, wie man Gäste zu bewirten hat.«

»Ausgezeichnet«, stimmte ich zu, »ich werde bestimmt kommen.«

Auf diese Art, sozusagen peu à peu, stellte ich enge freundschaftliche Beziehungen zu ihm her. Bei mehreren weiteren Zusammenkünften suchte ich das Gespräch so zu lenken, daß er mehr über seine Bekannten reden würde. Er beschrieb ihre Eigenschaften, und ohne meine hinterlistigen Absichten zu argwöhnen, gab er mir eine gründliche und aufrichtige Schilderung seiner Freunde und Bekannten und ihrer privaten Probleme. Später sollte er das bereuen.

Etwa einen Monat später rief mich Bojtschenko zu sich, um zu erfahren, wie es mit meinen Vorbereitungen stünde. Nach meinem Bericht erklärte er, die Zeit sei für die Anwerbung K.'s reif, und wir beschlossen die Ausführung für den kommenden Samstag in einer unserer »sicheren« Wohnungen.

Am Mittwoch ging ich bei K. vorbei und lud ihn für den Samstag in mein Haus ein, »um unsere Bekanntschaft zu vertiefen und unsere Freundschaft auf feste Füße zu stellen«. Er sagte zu, und ich verkündete, ich würde ihn im Auto um zwei Uhr nachmittags abholen. An dem betreffenden Samstag fuhren wir in meine angebliche, die »sichere« Wohnung, wo Bojtschenko schon wartete. Im Stillen dachte ich mir: »Herr K., Sie haben einen feinen Samstag vor sich; Ihnen wird nicht viel erspart bleiben.«

Die Wohnung lag in einer Vorstadt Bernaus in einem aus einer Reihe unauffälliger kleiner Häuser, die durch Gärten gegen die Blicke Vorübergehender abgeschirmt waren. Als wir vor dem Haus vorfuhren, bemerkte K.: »Ihnen geht's also gar nicht so schlecht. Ich habe nicht geglaubt, daß ein Subalternoffizier in der Infanterie so gut lebt.« – Im Scherz sagte ich: »Damit ist das Unerwartete noch lange nicht zu Ende«, ein lahmer Witz, dessen wahre Bedeutung K. erst später verstand.

Wir betraten das Haus, und ich führte K. in ein Zimmer, wo der Tisch bereits gedeckt war, und wo natürlich auch Bojtschenko saß. Ich stellte vor: »Mein Chef, Oberstleutnant Iwanow. Er möchte auch ein bißchen mit uns feiern.«

Bojtschenko reichte K. die Hand und forderte ihn zum Sitzen auf. »Ich bin sehr erfreut, Sie kennen zu lernen. Ich habe schon viel von Ihnen gehört.« K. antwortete zögernd: »Andrej (unter diesem Namen hatte ich mich bei ihm eingeführt) hat mit mir oft von Ihnen gesprochen.« Offensichtlich verstand er nicht, was gespielt wurde.

»Macht nichts«, begann Bojtschenko, »wir werden genug Zeit haben, besser miteinander bekannt zu werden. Ich bemerke, Sie verstehen nicht ganz, worum es hier geht. Andrej hat anscheinend vergessen, Ihnen zu sagen, daß er ein KGB-Offizier ist.«

»KGB!« rief K. entsetzt aus.

»Natürlich«, erwiderte Bojtschenko leger.

»Aber warum sagen Sie mir das alles, wo ich doch so etwas überhaupt nicht wissen will? Ich dachte, Andrej hätte mich als Freund zu sich nach Hause eingeladen. Was hat das KGB hier zu suchen?«

»Also, bitte, regen Sie sich doch nicht so auf«, bemerkte Bojtschenko begütigend. »Wir werden Ihnen schon alles erklären. Wir müssen Ihnen nur ein paar Fragen stellen, und ich glaube, wir werden sie zusammen ganz erfolgreich beantworten.«

Darauf wollte K. etwas zu Bojtschenko sagen, aber dieser unterbrach ihn mit einer Entschuldigung und fuhr fort: »Wir beobachten Sie schon lange. Sie sind ein sehr interessanter Bursche, ganz raffiniert; Sie haben interessante Verbindungen und eine ganze Menge Lebenserfahrung. Wir möchten uns mit Ihnen anfreunden. Wir brauchen Leute wie Sie; mit anderen Worten, wir schlagen vor, daß Sie mit uns zusammenarbeiten. Sie könnten uns einige kleine Dienste leisten, und natürlich soll das auch finanziell nicht Ihr Schaden sein.«

Das war Anwerbung mit der direkten Holzhammermethode; »direkt auf die Stirn«, wie man das im KGB nennt, und hier erwies sie sich als richtig. K. war schlau, und es war hier besser, nicht wie die Katze um den heißen Brei herumzugehen. Er reagierte äußerst heftig: »Unter keinen Umständen! Darauf lasse ich mich nie ein. Ich glaube, jede weitere Unterhaltung ist hier sinnlos«, und mit diesen Worten stand er auf und gab uns zu verstehen, daß das Gespräch beendet sei.

Bojtschenko unterbrach ihn äußerst kühl: »Wozu diese unnatürliche Eile? Unsere Plauderei beginnt gerade erst, und ich rate Ihnen gut, Ihre Antworten und Ihr Verhalten nicht zu überstürzen.«

Es war K. ganz klar, daß es nicht so einfach war, sich den Fängen des KGB zu entwinden, und er sank in seinen Lehnsessel zurück.

In rauhem Ton schnarrte Bojtschenko: »Ich werde versuchen, Ihnen so kurz und einfach wie möglich einige unabänderliche Tatsachen zu erklären. Wir stehen zur Verteidigung des Sozialismus im Kampf mit unseren Feinden, nicht nur wir, die Sowjetunion, sondern das ganze sozialistische Lager. Darum ist jeder echte (er betonte dieses Wort besonders) Bürger des sozialistischen Lagers, den wir um seine Mitarbeit ersuchen, verpflichtet, uns zu helfen. Mit anderen Worten: Wer nicht für uns ist, ist gegen uns.«

Diese Aufklärung war simpel, aber sie wirkte. Denn wenn jemand auf den Anwerbungsversuch mit »Nein« geantwortet hätte, wäre er damit indirekt in die Reihen der Unzuverlässigen und »Unechten« eingerückt. Trotzdem machte K. noch einen Versuch, sich herauszuwinden, indem er erklärte, er sei schon zu alt, er sei nicht gesund usw.

Bojtschenko begann ihn daher offen zu bedrohen und zu erpressen: »Wir haben nicht den Wunsch, Ihnen Unannehmlichkeiten zu machen, aber Sie zwingen mich dazu. Wenn Sie sich also weiter weigern, mitzuarbeiten, werden wir folgendes tun: Erst werden wir Sie kompromittieren. Ich hoffe, Sie haben nicht vergessen, daß Sie eine Zeitlang mit Andrej über Ihre Bekanntschaften und Freunde geplaudert und sie ihm beschrieben haben. Einige dieser Gespräche hat Andrej auf Tonband aufgenommen. Mit diesem Tonband sind wir durchaus in der Lage, einige Ihrer Bekannten davon zu überzeugen, daß Sie schon lange mit dem KGB zusammenarbeiten. Wenn es dazu kommt, glaube ich, wird für Sie das Leben in Bernau nicht mehr sehr angenehm sein. Zweitens scheint mir, daß Sie eine Privatwerkstatt besitzen?« – »Ja.« – »Und daß Ihr Sohn auf der Universität studieren möchte?« – »Ja.«

»Also, Sie wissen jetzt, daß wir imstande sind, all das zu ruinieren.« Der Major hämmerte immer wieder erbarmungslos auf dieser schmerzempfindlichsten Stelle K.'s herum. »Sie werden Ihre Werkstatt verlieren, Ihr Sohn wird nie auf der Hochschule studieren dürfen. Jetzt sehen Sie also, daß die ganze Zukunft und das Wohlbefinden Ihrer Familie in unseren Händen liegen. Was sagen Sie also jetzt zu unserem Vorschlag, ja oder nein?«

Die ganze Zeit konnte ich meine Augen nicht von K. abwenden. Sein Gesicht war bleich; Schweißtropfen flossen an seiner Stirn hinunter, und seine Hände zitterten. Er begriff, daß es für ihn keinen Ausweg mehr gab. Er mußte noch heute, im jetzigen Augenblick, über das Schicksal seiner Familie entscheiden. »Ja«, stöhnte es von irgendwoher in seinem Inneren.

»Na, das hört sich endlich ganz anders an. Ich wußte, daß wir miteinander ins Reine kommen würden«, antwortete Bojtschenko zynisch lobend.

K. unterzeichnete ein Schriftstück mit der Erklärung, daß er sich freiwillig zur Mitarbeit bereitfinde. Er arbeitete später unter dem Decknamen Stefan. Wir forderten ihn zu einem Gläschen Wodka auf, um die Sache feierlich zu begießen, aber er entschuldigte sich mit Kopfschmerzen und lehnte dankend ab. Ich fuhr ihn also nach Hause. Für die nächsten zwei Wochen flüchtete er sich mit Herzbeschwerden in ein Krankenhaus.

Das ist ein Beispiel für die Anwerbungsmethoden des KGB in der DDR. Auf diese Weise bearbeitet man nicht nur Sowjet- und DDR-Bürger, sondern auch einige Westdeutsche und Bürger anderer kapitalistischer Staaten, die zu Besuch in die Sowjetzone kommen.

Die zwei oben geschilderten Anwerbungsfälle sind vom gewöhnlichen Alltagsdurchschnitt in der Arbeit des KGB. Es gibt aber natürlich viel kompliziertere Fälle, in denen die Anwerbung länger vorbereitet werden muß. In solchen Fällen werden sämtliche Umstände, unter denen die künftige Rekrutierung vor sich gehen soll, von langer Hand im voraus bestimmt. Als Grundlage dient die sorgfältige Vorbereitung darauf, auf welche Art und Weise und mittels welcher Maßnahmen eine Einzelperson zur Mitarbeit gezwungen werden soll.

Am häufigsten sind solche langwierigen Vorbereitungen im Fall von Besuchern aus den kapitalistischen Ländern erforderlich, denn die Vorbedingungen für ihre Gewinnung sind vollständig anders als diejenigen für Sowjet- und DDR-Bürger. Solche Leute sind weder direkt noch indirekt vom KGB abhängig, und darum muß die Organisation mehr Kriegslisten anwenden und vorsichtiger auftreten. Trotzdem bleiben die Grundprinzipien auch hier dieselben: Bestechung, Drohungen, Erpressung.

Ein Beispiel dafür war die Anwerbung einer Stuttgarterin,

Frau N. Seit 1966 hatte sie mehrere Male ihre in Bad Grünwald in der DDR lebenden Verwandten besucht. Bei der üblichen Kontrolle der Einreiseliste für Westbürger durch das
KGB begann sich der Geheimdienst für sie zu interessieren.
Er beschloß, die Besucherin auszubeuten, um von ihr Informationen aus Westdeutschland zu erhalten. Ein Agent wurde
auf sie angesetzt und machte »zufällig« ihre Bekanntschaft.
Daraus wurde mehr als eine Bekanntschaft, eher eine Liebesgeschichte. Der »Bekannte« stellte sie später einem »Freund«,
d. h. einem KGB-Offizier, vor. Dieser »Freund« beklagte
sich dann, wie schwer ihr Name auszusprechen sei, und
nannte sie deswegen Marija. Er erklärte: »Besser und einfacher.« Bei einem ihrer Treffen übergab der Agent der Frau
N. im Namen seines abwesenden Freundes ein wertvolles Geschenk und schlug ihr vor, ihm ein kurzes Dankschreiben an
seine Adresse zu schreiben. Ohne Verdacht zu schöpfen,
schrieb also Frau N. an den »Freund« folgendes Briefchen:
»Ich danke Ihnen für Ihr kostbares Geschenk. Mir gefällt es
sehr gut. Marija.«

Das KGB hatte die Absicht, dieses Schreiben zur Anwerbung von Frau N. als Werkzeug der Erpressung zu benutzen,
denn sein Inhalt las sich ganz wie die Quittung einer Agentin
mit dem Decknamen »Marija« für den Sold, den sie für die
Ausführung eines Auftrags erhalten hatte. Falls sich Frau N.
widerspenstig zeigen sollte, wollte man Gelegenheit nehmen,
sie durch die Drohung zur Mitarbeit zu zwingen, man werde
sie kompromittieren und sie gegenüber westdeutschen Stellen
als KGB-Agentin denunzieren.

Mehrere Tage später erschien der »Freund« selber an Frau
N.'s Tür und schwenkte den Dankbrief. Frau N. dankte ihm
noch einmal für sein Geschenk. Dann gab sich der »Freund«
als KGB-Agent zu erkennen und schlug ihr vor, gegen
gute Bezahlung mitzuarbeiten. Nach längerem Zögern willigte Frau N. ein, womit schnell bestätigt wurde, wie wirksam Erpressungen und Drohungen des KGB sind.

Häufig geschieht es auch, daß Agenten zunächst angeworben, nach Rückkehr in ihr Heimatland aber für längere Zeit
»auf Eis« gelegt werden, bis sie in Stellungen vorgerückt sind,
die für das KGB interessant sind. Dies ist eine alte Praxis,

die bereits mit deutschen Kriegsgefangenen durchgeführt wurde und mit Besuchern in der DDR und Aussiedlern aus Rußland ausgeübt wird. Das Opfer wird dann zur gegebenen Zeit in drohendem Ton an die von ihm unterschriebene Verpflichtung erinnert und meist aufgefordert, zu einem über Deckadressen zu vereinbarenden Termin nach Ostberlin zu kommen, um die Anweisungen entgegenzunehmen. Es gelingt dabei nicht selten, daß der Betroffene sich durch die Drohungen eingeschüchtert für die ihm zugedachte Aufgabe zur Verfügung stellt, obwohl eine Mitteilung an den Verfassungsschutz ein wirksames und risikoloses Gegenmittel darstellt.

Obwohl aber die Agentenwerbung in der Arbeit des KGB bestimmt eine wichtige Rolle spielt, ist sie nicht seine Hauptaufgabe. Das Wichtigste ist, die Agenten nach der Anwerbung zu zwingen, produktiv zu arbeiten, bedeutsame Nachrichten zu liefern und auf diese Weise den Erfolg der KGB-Tätigkeit sicherzustellen.

Wie man Feinde zum
»Demaskieren« erschafft

Der Geheimdienst muß dem Staat, dem er dient, sichtbare und greifbare Ergebnisse liefern. Das KGB ist das Kind des sowjetkommunistischen Regimes, »das Schwert und der Schild« des Staates. Darum muß seine gesamte Tätigkeit als integrierender Bestandteil der Arbeit des Regimes für seine Verteidigung, Erhaltung und Stärkung angesehen werden. Tag für Tag verlangt man vom KGB, es solle »produktiver« arbeiten und mehr »positive« Resultate im Kampf gegen die Staatsfeinde ansammeln, gleichgültig, ob sich diese Feinde im In- oder Ausland befinden.

Die Spionageabwehr ist ein fruchtbarer Acker, auf dem »positive« Ergebnisse geerntet werden können. Ganz objektiv ist festzustellen, daß zu diesen Resultaten manchmal in der Tat echte Erfolge der Spionageabwehr gehören, aber in den meisten Fällen sind sie als Reaktion auf die Forderung erfunden, man müsse den »glorreichen« Kampf gegen die Feinde des Kommunismus führen. In meiner Tätigkeit war mir vergönnt, beide Seiten der Medaille zu sehen. Ich beginne mit dem Bericht über einen echten Erfolg.

Kurz nach meiner Ankunft in meiner Abteilung im Jahre 1969 hatte ich das Glück, an einer Operation teilzunehmen, durch die ein echtes Spionagenetz zur Sammlung von Informationen über die Sowjettruppen aufgedeckt wurde. Einer unserer zahlreichen Informanten aus dem MfS, eine Frau, berichtete, daß der DDR-Bürger Rödiger, der damals in Bernau lebte, in seiner Wohnung gewisse geheimnisvolle Chemikalien aufbewahre. Man befahl ihr, einige dieser Substanzen zu stehlen. Bei der Analyse fand man, daß sie zur Herstellung von Geheimschrifttinten geeignet seien. Rödiger wurde nun unter strenge Überwachung gestellt. Bald wurde festgestellt, daß er sich unter den verschiedensten Vorwänden oft in der Nähe militärischer Anlagen und manchmal auch, angeblich zum Einkaufen, sogar in Sowjetläden herumtrieb, und daß er sowjetische Truppenteile besuchte.

Das MfS lieferte alle diese Informationen sofort an die Sowjet-Spionageabwehr, d. h. an die KGB-Sonderabteilung in Bernau, ab, wo ich zu jener Zeit arbeitete. Das KGB machte sich unverzüglich an die Arbeit. Von jenem Tage an wurde Rödiger durch KGB und MfS auf Schritt und Tritt überwacht. Rund um alle Sowjeteinheiten wurden verborgene Observierungsposten errichtet, und sie verzeichneten jedes Auftauchen Rödigers in der Nähe von Militärlagern. Sein persönliches Verhalten wurde sorgfältig studiert; man stellte alle seine persönlichen Beziehungen fest und notierte sie. Gleichzeitig überprüfte man seine gesamte Verwandtschaft. Nach zwei oder drei Monaten war endgültig erwiesen, daß er für einen der westlichen Spionagedienste arbeitete. Zur Sammlung von Informationen über die Sowjeteinheiten hatte er seine Verwandten mit herangezogen, und im ganzen bestand sein Arbeitskreis aus sieben Personen.

Die Sicherheitsorgane begannen, ihre Verhaftung vorzubereiten. Man sammelte Beweise dafür, daß Rödiger und seine Verwandten Informationen über Sowjeteinheiten beschafften, die Rödiger selbst dem Westen übergab. Man machte Fotos von Rödiger und seinen Verwandten, welche zeigten, wie sie Truppenbewegungen beobachteten und wie Rödiger seine Verwandten traf und ihnen Spionageaufträge erteilte. Schließlich war alles für die Festnahme des Agentennetzes bereit. Die Verhaftungen sollten durch das MfS durchgeführt werden. So geht man vor, um in gewissem Maße die KGB-Tätigkeit in der DDR zu verschleiern, damit auch in solchen Fällen die angebliche »Unabhängigkeit« des ostdeutschen Regimes gewahrt bleibt.

Es wurde beschlossen, die Festnahmen im September 1969 durchzuführen, sie aber geheimzuhalten, damit Freunde, Nachbarn und die noch in Freiheit befindlichen Verwandten zwei oder drei Tage lang nichts bemerken sollten. In den Wohnungen der Verhafteten lag Geheimpolizei im Hinterhalt und sollte dort mehrere Tage bleiben, falls dort noch irgendwelche, dem KGB und dem MfS noch unbekannte Mittäter auftauchten. Alles lief wie am Schnürchen. In einer einzigen Nacht wurden alle sieben Spione verhaftet. Die in den Wohnungen gebliebenen Geheimpolizisten fingen niemanden mehr. Sämtliche Verhafteten wurden durch das MfS in Gegenwart von KGB-Offizieren verhört. Rödiger gestand, daß er ungefähr 14 Jahre lang für die Franzosen spioniert habe. Er benahm sich tapfer, nahm die Hauptschuld persönlich auf sich und versuchte, nachzuweisen, daß seine Verwandten weniger schuldig als er selber waren. Das Gericht verurteilte ihn zu lebenslänglichem Freiheitsentzug, die Verwandten erhielten verschieden lange Zuchthausstrafen. Der Abschluß der Affäre wurde in unserer Abteilung feierlich als großer Erfolg begangen, und manche ihrer Angestellten wurden befördert. Bojtschenko erhielt als Leiter der Abteilung vom KGB-Vorsitzenden Andropow eine »lobende Erwähnung«.

Die Demaskierung von Westagenten ist jedoch ein seltenes Ereignis, obgleich das Verlangen nach Ergebnissen niemals aufhört und alle Vierteljahre, alle Halbjahre und alle Jahre wiederholt wird. KGB-Agenten, die keine Resultate vorweisen können, gelten als unfähig, oder man wirft ihnen vor, daß sie ihre »politische Wachsamkeit« eingebüßt haben und daher nicht den notwendigen Schneid zeigen. Meiner Ansicht nach ist es für solche Mitarbeiter unmöglich, im KGB Karriere zu machen; man kritisiert sie unausgesetzt und versetzt sie zur Arbeit in entlegene Gebiete wie Transbaikalien oder den Hohen Norden. Sie werden nicht in den üblichen Zeitintervallen befördert, und darum bemüht sich jeder Mitarbeiter um Resultate. Und wo lassen die sich am leichtesten erzielen? Selbstverständlich im Kampf gegen die inneren Feinde. Spione lassen sich nicht leicht fangen – die Mehrheit der Spionageabwehrleute sieht sie nur auf der Filmleinwand – aber es herrscht kein Mangel an »Sowjetgegnern« und anderen »inneren Feinden« des Regimes. Man findet sie überall: es bedarf nur genauen Nachschauens, um sie zu erblicken. Mit ihrer Hilfe kann man im Beruf avancieren.

Ich erinnere mich an den Verlauf der Konferenz zur Beurteilung der Arbeitsleistungen der Abteilung im Jahre 1970. General Titow, Leiter des Direktorats der KGB-Sonderabteilungen in der DDR, und andere hohe Offiziere wohnten der Tagung bei. Alle Offiziere, angefangen mit unserem Chef Bojtschenko, mußten zum Bericht antreten. Die Ergebnisse waren alles andere als ruhmreich, und die Oberbonzen waren nicht zufrieden. In seinem Schlußwort übte General Titow an uns scharfe Kritik und verlangte von uns die Verstärkung der aktiven Arbeit. Von allem, was er sagte, sind mir die folgenden Sätze im Gedächtnis geblieben, weil sie eine angemessene Beschreibung der Gegenspionagetätigkeit des KGB enthielten:

»Ich verstehe vollkommen, daß es schwierig ist, Spione zu fangen. Schließlich gibt es nur wenige Spione, und keiner von ihnen kommt von selber zu uns gelaufen und sagt: ›Ich bin ein Spion.‹ Wir müssen uns aber an die Arbeit machen. Wenn es also keine Spione gibt, müßt ihr Sowjetgegner und andere innere Feinde entlarven. Man kann sie immer finden, und wenn ihr keine finden könnt, dann erschafft sie!«

Dieser Befehl war für uns alle eindeutig –: wenn es keine Spione gibt, dann »erschafft« euch solche und andere Feinde des Regimes. Das war nicht schwierig, denn aus jedem Sowjetbürger, der nur ein wenig unzufrieden war, konnte ein wilder Feind des Kommunismus und des Sowjetregimes gemacht werden. Und einen solchen Feind zu entlarven, ist wirklich ein Resultat. Wie unernst eine solche »Demaskierung« auch sein mag, sie bedeutet Belohnungen und die Sicherung einer Berufslaufbahn durch die Machthaber. Auch innere Feinde sind schließlich Feinde.

Ich wurde 1970 in den Fall eines inneren Feindes verstrickt, eines Oberstleutnants der Armee, den ich Ko. nennen will. Damals diente Ko. im Lazarett des 20. Garderegiments in Bad Freienwalde. Er war dort leitender Röntgenologe. Der für das Lazarett verantwortliche KGB-Mann war Hauptmann Tarassow aus Bernau. Einer seiner Spitzel, ein in dem Lazarett dienender einfacher Sanitätssoldat, berichtete dem Hauptmann Tarassow, er habe Ko. zufällig bei einem Gespräch mit anderen Offizieren des Lazaretts belauscht. Ko. kritisierte das System der Wahlen in der Sowjetunion, denn sie seien rein formal, weil man in Wirklichkeit niemanden als den einen Kandidaten wählen könnte, der von der Parteileitung ernannt wird. Und was für Wahlen seien das, wenn im ganzen Lande nur eine Partei existieren darf? Er bezeichnete die Wahlen in der UdSSR als reines Theater.

Obgleich Ko.'s Worte der objektiven Wirklichkeit entsprachen, galten sie als sowjetfeindlich. Das ist unter den herrschenden Bedingungen verständlich, weil die Sowjetunion gemäß der amtlichen Propaganda das demokratischste Land der Welt ist. Sofort wurde eine Akte Ko. mit der Überschrift »Demagoge« angelegt, und nun begann man, sein ganzes Verhalten zu überprüfen und wieder und wieder zu durchschnüffeln. Einer seiner Freunde unter den Offizieren wurde als Spitzel angeworben und angewiesen, gegen ihn Beweismaterial zu sammeln, das ihn als Sowjetgegner belasten sollte. Ko. vertraute diesem Spitzel, und die meisten ihrer Unterhaltungen wurden abgehört und auf Band übertragen. Aus der ganzen Materialsammlung ging aber hervor, daß Ko. mit dem kommunistischen Regime voll einverstanden war. Das einzige, was er sich wünschte, war ein Mehrparteiensystem unter dem Kommunismus. Er war also kein Feind des Kommunismus, aber in den Augen des KGB war er einer feindlichen Ideologie zum Opfer gefallen und war daher zum sozial gefährlichen Element geworden.

»Wahrscheinlich hört er die Stimme Amerikas und Radio Free Europe am Radio«, bemerkte Bojtschenko. Das war schon an und für sich gefährlich. Es galt als ebenso gefährlich, daß Ko. seine Meinung laut geäußert hatte, und obgleich sie nicht sowjetgegnerisch war, blieb sie nichtsdestoweniger gefährlich. Da er ein ausgezeichneter Offizier war, der im Krieg gedient hatte, verzichtete man darauf, ihn vor Gericht zu stellen. Aber man versetzte ihn zurück in die Sowjetunion und entließ ihn später aus seiner Stellung in der Armee. Auf diese Weise entlarvte unsere Abteilung wieder einmal einen Feind, obgleich es sich dabei nur um einen »potentiellen Feind« handelte.

Ende 1972 erhielt das KGB einen Befehl von Andropow, seine Tätigkeit gegen die Bürger jüdischer »Nationalität« weiter zu verschärfen. Infolge des Gesetzes, das ihnen den Armeedienst im Ausland verbietet, gab es in den Einheiten der 6. Motorisierten Gardeschützendivision, für die wir operativ verantwortlich waren, kaum Juden. Im allgemeinen gab es nur jüdische Offiziersfrauen. Nach Eingang des Befehls von Andropow erhielten wir sofort die Instruktion, die

Einheiten noch einmal nach Juden zu durchkämmen und, wenn irgend möglich, einen Grund zu finden, um sie in die Sowjetunion zurückzuschicken.

Im 16. Motorisierten Schützenregiment, für das ich damals verantwortlich war, gab es nur eine Jüdin, Frau Ljudmilla Viktorowna Birasten. Ihr Mann war ein Oberleutnant, der seinerzeit rund zwei Jahre bei dem Regiment stand. Ich besaß keinerlei negativen Bericht über sie oder ihren Mann. Nach einer Woche meldete ich meinem neuen Chef, dem Oberstleutnant Strishenko (Bojtschenko war inzwischen befördert und nach Moskau versetzt worden), alles sei in bester Ordnung.

»Alexej Alexejewitsch, das ist nicht die Lösung unseres Problems«, antwortete mir Strishenko, »alles in Ordnung! Heutzutage kann mit den Juden einfach nichts in bester Ordnung sein. Sie müssen etwas finden. Wir müssen sie in weniger als einem Monat aus der DDR hinauswerfen.«

Innerlich ekelte mich das an, aber ich wagte keinen Ungehorsam. Allmählich begann ich nach »etwas« gegen die Birasten zu suchen. Das einzige, was ich herausbrachte, war ihre Freundschaft mit einer deutschen Verkäuferin in einem Laden in Bad Freienwalde, und daß sie hie und da ohne besondere Erlaubnis nach Berlin fuhr. Ich berichtete dies Strishenko. »Da sieht die Sache schon ganz anders aus«, sagte er und rieb sich die Hände. »Jetzt können wir sie und ihren Mann aus der DDR hinausbugsieren.«

Ich fragte: »Wofür?«

»Und da fragen Sie noch, wofür? Wenn sie eine deutsche Ladenverkäuferin kennt, ist das ein klarer Fall von Spekulantentum (Schleichhandel). Fährt sie allein ohne Erlaubnis nach Berlin? Sie tut's, und das ist ein klarer Fall der Übertretung der Verhaltensvorschriften für im Ausland stationierte Sowjetbürger. Natürlich genügt das, für sich selbst genommen, noch nicht. Zusätzlich müssen wir noch etwas herausbringen, was wenigstens leicht sowjetfeindlich wirkt, sagen wir, den Wunsch, nach Israel auszuwandern. Was halten Sie davon?«

Er sah mich fragend an und fügte dann hinzu: »Wissen Sie was? Wir laden sie in die Abteilung vor und werden von ihr ein schriftliches Geständnis erhalten, daß sie spekuliert und illegal nach Berlin fährt, und daß sie gleichzeitig gern nach Israel auswandern möchte. Das ist dann wieder ein positives Ergebnis unserer Arbeit. Das wird allen Beteiligten guttun, Ihnen als einem guten KGB-Arbeiter, mir als Ihrem Chef, und schließlich auch der Birasten selber, denn danach werden wir sie in Ruhe lassen.«

Befehl ist Befehl, und der Befehl war für das KGB, das »Amt der Rohen Banditen«, dem ich angehörte, gar nichts Außergewöhnliches. Am nächsten Tag wurde Birasten von der Sonderabteilung zu einem Gespräch mit Strishenko vorgeladen, das er selbst in meiner Gegenwart leitete. Es war voll von Drohungen, Versprechungen, Schmeicheleien usw. Selbst heute noch, wenn ich mich daran erinnere, wird mir speiübel, so ekelhaft war die Szene. Nach kurzer Zeit wurden Oberleutnant und Frau Birasten zum Dienst im Fernen Osten der Sowjetunion abgeschoben, und für das KGB bedeutete das den erfolgreichen Abschluß einer weiteren »komplexen Operation«.

Ein anderer Fall spielte sich um die Jahreswende 1973/1974 ab. Major Strishenko war mit 36 Jahren für die Leitung einer Abteilung noch recht jung. Darum war er ehrgeizig; er wollte unbedingt Erfolge sehen, um seine Existenz an so hoher Stelle zu rechtfertigen. Seine ganze Hoffnung lag in den »inneren Feinden«, die man stets selber »aufbauen« konnte. Damals arbeitete ich bereits fünf Jahre in der Abteilung und galt als erfahrener Sachbearbeiter. Ich war schon Hauptmann geworden. Mein Aufstieg beruhte nicht auf den »Sowjetfeinden«. Einerseits hatte ich einfach Glück gehabt, denn ich war an der Unschädlichmachung von Rödiger beteiligt gewesen. Mein Hauptarbeitsgebiet war das der Spionage, und außerdem galt ich in der Anwerbung als eine Art Fachmann. In der Regel leisteten die von mir geworbenen Agenten aktive Arbeit und lieferten wertvolle Informationen. Darum behandelte Strishenko mich mit Respekt, und wenn wir allein waren, redete er mit mir nicht wie vom Chef herunter zum Untergebenen – eher wie zu einem Gleichgestellten.

Anfang 1973 rekrutierte ich den Leutnant Schibunko vom

16. Motorisierten Schützenregiment. Sein Deckname war »Skiba«, und er erwies sich als einer jener Agenten, die mit wahrer Freude ihre Pflicht erfüllen. Man konnte sehen, wie sehr es ihn befriedigte, dem KGB schriftliche Berichte über Dritte zu liefern, vielleicht weil ihm das ein Machtbewußtsein verlieh. Jedesmal, wenn er mir begegnete, versuchte er, mir etwas »Schwarzes« über seine Kollegen, Bekannten oder Freunde zu berichten. Etwa im September 1973 erhielt ich von ihm einen Bericht, wonach ein Offizier des Regiments, Leutnant Smirnow, von Zeit zu Zeit Radio Free Europe abhörte. Als ihn »Skiba« fragte, warum er das tue, antwortete Smirnow, er möchte sich vollständig über die Ereignisse auf der Welt informieren, weil unsere Zeitungen nicht immer über alles berichteten.

Informationen sind Informationen, und zuerst maß ich der ganzen Geschichte keine große Bedeutung bei. Man bedenke nur, irgendein kleiner Leutnant hört manchmal Radio Free Europe ab. Natürlich gilt der Sender in der UdSSR als sowjetfeindlich, aber daß Smirnow ihn gelegentlich abhörte, bewies noch nicht, daß er ein Staatsfeind war. Viele Sowjetbürger hören sich heimlich diese Sendungen an, nur weil sie die Wahrheit erfahren wollen. Manche Berichte in der Sowjetpresse verzerren die Vorgänge in der Welt und treiben in Bezug auf die kommunistischen Regime Schönfärberei; über manche Ereignisse berichten sie überhaupt nicht.

Es kam aber gar nicht in Frage, in bezug auf »Skibas« Berichte über Smirnow einfach nichts zu tun, denn jeder schriftliche Bericht wird registriert; jeder KGB-Offizier, der einen solchen Bericht erhält, muß sich schriftlich dazu äußern, die Maßnahmen ausarbeiten, die er zu ergreifen gedenkt, und seinem Chef über die eingegangene Information berichten.

Auf Grund des Berichts von »Skiba« gab ich ein negatives Urteil über Smirnows Verhalten ab, bezeichnete dieses aber als ungefährlich für das Regime. Ich schlug als geeignetes Vorgehen vor, den für die politische Arbeit verantwortlichen stellvertretenden Regimentskommandeur ins Bild zu setzen, damit sich dieser Smirnow zu einer Unterhaltung vorknöpfe. Am nächsten Tag kam Strishenko mit meinem Bericht in der

Hand zu mir, um mich zu sprechen. »Alexej Alexejewitsch«, begann er mit erregter Stimme, »was wir brauchen, sind Aktionen mit einer Zukunft, die Ergebnisse, Ergebnisse zeitigen. Und was tun Sie statt dessen?«

»Was denn?« Ich verstand nicht, wovon er redete.

»Ich werde Ihnen gleich sagen, was denn!« Damit nahm er meinen Bericht aus der Aktentasche. »So ein Bericht, und Sie bewerten ihn als unbedeutend. Das habe ich nicht von Ihnen erwartet. Smirnow ist ein geheimer Feind. Ich befehle Ihnen, ihn ganz genau untersuchen zu lassen.«

»Das wird alles keinen Zweck haben. Dabei wird gar nichts herauskommen. Smirnow ist ein ganz normaler So-wjetbürger«, protestierte ich.

»Alexej Alexejewitsch«, sagte Strishenko nun schon in weniger amtlichem Ton, »vergessen Sie nicht, daß wir die Ergebnisse einer Entlarvung brauchen. Ich werde mich persönlich – natürlich gemeinsam mit Ihnen – damit befassen.«

Dann legte er mir einen Plan vor. »Skiba« sollte Smirnows Vertrauen zu gewinnen suchen, indem er sich ihm als gleichgesinnt vorstellte. Dann müßte er eine politische Diskussion mit Smirnow provozieren und ihn veranlassen, einige kritische Ansichten über das System in der UdSSR zu äußern. Das alles sollte auf Tonband aufgenommen werden. »Und so werden wir aus ihm einen Sowjetgegner machen«, sagte Strishenko abschließend.

Ich gab »Skiba« seine Instruktionen, und Strishenko und ich warteten ab, ob es ihm gelingen werde, sich in Smirnows Vertrauen einzuschleichen. Ich bezweifelte das, weil ihre Naturen einander völlig entgegengesetzt waren. Einer von ihnen war der geborene Verleumder, ein Schpiky, ein Lockspitzel oder »Seksot« (geheimer Kollaborant), wie man sie amtlich nennt. Der andere war ein ehrlicher, offenherziger, nachdenklicher Junge. Es geschah, was ich erwartet hatte: »Skiba« war unfähig, Smirnows Freundschaft zu gewinnen.

Eine Woche später kam Strishenko mit einem neuen Vorschlag zu mir. Er war dafür, einen von Smirnows eigenen Freunden als Agenten einzustellen. Nach vielem Hin und Her verfielen Strishenko und ich auf einen nahen Freund Smirnows, den jungen Regimentsarzt und Leutnant Telinger.

Daß Telinger geschickt und intelligent war, sprach für ihn. Seine Kollegen achteten ihn. Er liebte das Vergnügen und war an Politik überhaupt nicht interessiert. Was am wichtigsten war, er verbrachte oft seine ganze Freizeit in der Gesellschaft Smirnows. Es war aber noch sehr die Frage, ob Telinger bereit sein würde, mit uns gegen Smirnow zusammenzuarbeiten. In dieser Frage setzte Strishenko sein ganzes Vertrauen in mich: »Sie sind der Fachmann in solchen Dingen. Sie müssen ihn anwerben und ihn auf die Arbeit vorbereiten. Die übrige Arbeit nehme ich selber auf mich.«

Die Anwerbung Telingers gelang mir binnen zwei Wochen. Er erhielt den Decknamen »Sedoi« (grau), und eine Woche später machte er sich ans Werk. Er begann mit Smirnow »vollkommen offenherzige« Diskussionen, und indem er selber das Sowjetregime vorsichtig kritisierte, provozierte er seinen Freund zu sogenannten sowjetfeindlichen Bemerkungen. Da er in Telinger einen gleichgesinnten Kollegen gefunden zu haben glaubte, besprach Smirnow mit ihm in aller Unschuld ohne Hemmungen die Innenpolitik der Regierung.

Bis Ende Januar 1974 hatte sich eine beträchtliche Menge Material angesammelt. In seinen Gesprächen mit »Sedoi« hatte Smirnow gesagt, in der Sowjetunion gebe es keine echte Demokratie, und ihm gefalle das Einparteisystem überhaupt nicht, weil es jede Art von Demokratie unmöglich mache. Er verglich die Arbeit des KGB mit der der Inquisition und die in der Sowjetunion Verfolgten mit den »Ketzern«, die in den meisten Fällen nur für ihre Überzeugungen leiden mußten. Wie Smirnow sagte, war das KGB noch schlimmer als die Inquisition, denn diese habe ihre Opfer meistens nur körperlich vernichtet, während das KGB erst versuchte, den Geist und die Moral des Einzelmenschen zu zerstören, und nur danach, wenn es für nötig gehalten wurde, die Körper der Opfer in den Arbeitslagern, in den Gefängnissen und in der Zwangsaussiedlung zu zermalmen.

Strishenko rieb entzückt seine Hände, als er diese Fülle von Material mit den Bandaufnahmen als Beweisstücke erhielt. »Na, habe ich's Ihnen nicht gesagt? Alexej Alexejewitsch, er ist ein Feind, ein wirklicher Feind! Jetzt brauchen wir nur noch zu beweisen und ihm dabei zu helfen, eine sowjetfeindliche Gruppe zu organisieren, und dann können wir ihn für eine lange Zeit auf Nummer Sicher ins Gefängnis bringen. Und das wäre endlich ein gutes Resultat.«

Als ich zuhörte, waren meine Gedanken bei ganz anderen Dingen. Was Smirnow gesagt hatte, war die reine Wahrheit, wie ich aus den jahrelangen Erfahrungen der KGB-Arbeit wußte. Damals hatte ich schon einen weiten Weg von den Zielen des KGB hinweg zu meinen neuen Überzeugungen zurückgelegt, und ich unternahm bereits praktische Schritte, um meinen eigenen Beitrag zum Kampf gegen die Tscheka und gegen den Kommunismus zu leisten. Der Fall Smirnow war noch nicht abgeschlossen, als ich mich am 2. Februar 1974 in den Westen begab. Ich hoffe, daß Smirnow seine Freiheit nicht verlor. Aber auf diese Weise macht das Regime aus unschuldigen Menschen seine Feinde und verschleppt sie dann in die Straflager und Gefängnisse.

Der Suche nach Feinden widmen sich nicht nur die KGB-Spitzel, sondern auch die Zivilbevölkerung. KGB-Offiziere halten oft öffentliche Vorträge und Vorlesungen über die düsteren Machenschaften der westlichen Spionagedienste und hetzen dadurch künstlich zur Massenhysterie unter der Bevölkerung auf, die sie zu allseitiger Wachsamkeit ermahnen. Ein Beispiel aus meiner persönlichen Erfahrung mag zeigen, wie sich diese Massenfurcht vor Spionen auswirken kann.

Mit mir arbeitete als KGB-Agent ein gewisser »Petrow« (sein wahrer Name war Malaschewitsch), der als Armeemajor beim 16. Motorisierten Schützenregiment diente. Er war als Zuträger sehr eifrig und führte viele Aufträge durch. Infolgedessen mußte er unter den verschiedensten Vorwänden auch oft für mehrere Tage verreisen. Seine Frau hatte das natürlich nicht gern. Sie wollte wissen, wohin er fuhr, wenn andere fein zu Hause sitzen konnten, und woher das Geld kam, das er manchmal bei sich trug. Wir hatten Malaschewitsch strengstens verboten, seiner Frau etwas über seine KGB-Mitarbeit zu sagen, und er hatte für seine Reisen immer wieder neue Gründe zu erfinden, von denen manche reichlich fadenscheinig wirkten. Daher hatte er mit seiner Frau häufig Streit; allerdings hielt sich das stets im Rahmen des üblichen Familienzanks, bis einmal...

Eines Tages klopfte es an der Tür meines Büros, und herein trat Frau Malaschewitsch. Das war höchst unerwartet, doch zeigte ich mein Erstaunen nicht. Ich bot ihr Platz an und fragte, was sie zu mir geführt hätte.

Mit zitternder Stimme begann sie: »Vor kurzem hörte ich Ihren Vortrag über die Notwendigkeit der Wachsamkeit. Darüber habe ich viel nachgedacht und mich am Ende entschlossen, Sie aufzusuchen.« Sie war sichtlich sehr aufgeregt. Ich versuchte sie zu beruhigen und fragte sie nach dem Grunde ihres Kummers. Sie brach in Tränen aus und sagte endlich: »Es hilft nichts, es muß heraus. Ich glaube, mein Mann ist ein Spion, der mit irgendwelchen Amerikanern oder Engländern zusammenarbeitet.«

Ich hatte alles andere, nur dies nicht erwartet. Vielleicht hatte ich mich verhört: »Ein Spion?« – »Ja, ein Spion.«

Ich erklärte streng: »Das ist eine schwerwiegende Beschuldigung. Was hat Sie zu dieser Annahme veranlaßt?«

»Ich werde alles erklären. Sie wissen, daß mein Mann oft über Nacht nicht zu Hause ist; er fährt da- und dorthin und ist immer sehr nervös. Irgendetwas stimmt bei ihm nicht. Ich weiß, er läuft keiner anderen Frau nach, denn er ist selbst bei mir impotent. Außerdem hat er Geld.«

»Was für Geld?« fragte ich.

»Wissen Sie, wie das so im Familienleben ist: Ich sehe immer die Taschen der Anzüge meines Mannes durch, und da finde ich immer Geld, nicht viel, sondern 50 oder 100 Mark, und solche Beträge hat er stets bei sich. Dabei gibt er mir aber immer seinen Sold bis auf den letzten Pfennig ab. Wo kommt das Extra-Geld her? Das bringt mich auf den Verdacht, daß er vielleicht ein Spion ist. In seiner Arbeit beim Regimentsstab sieht er doch viele Geheimakten.«

Ich wußte natürlich Bescheid. Der Grund für Malaschewitschs häufige Abwesenheit von zu Hause war seine Arbeit für mich. Ich beeilte mich aber nicht mit der Aufklärung, weil mich das alles interessierte. Wie kommt eine Frau, die mit ihrem Mann 17 Jahre verheiratet ist, die ihm zwei Kinder geboren hat, dazu, diesen Mann nun freiwillig bei mir mit einer so schweren Beschuldigung anzuzeigen? Was treibt sie dazu? Eifersucht, Haß, der Wunsch, den lästigen Ehegatten loszuwerden?

»Sind Sie sich darüber klar, was Sie Ihrem Mann vorwerfen?« – »Ja.«

»Überlegen Sie sich das noch einmal, vielleicht irren Sie sich?«

»Ich habe mir das schon sehr gründlich überlegt.«

»Was tun wir also jetzt?« – »Ich habe Ihnen das schon gesagt. Vielleicht ist er ein Spion.«

»Wie stehen Sie mit Ihrem Mann? Zanken Sie sich oft? Vielleicht verstehen Sie sich beide gegenseitig nicht recht. Oder steckt da vielleicht ein anderer Mann dahinter?«

»Nein, ich liebe meinen Mann und habe nie vergessen, daß er der Vater meiner Kinder ist, aber meine Pflichten als Kommunistin gehen mir über alles, und ich sage Ihnen, mit ihm ist etwas nicht in Ordnung.«

»Sehr gut«, erwiderte ich dann. »Können Sie mir eine schriftliche Erklärung abgeben?« Damit schob ich ihr Papier und Federhalter hin. Sie nickte und begann sofort damit, alles ausführlich aufzuschreiben.

Ich nahm ihr die schriftliche Anzeige gegen ihren Mann ab und schloß sie in meinen Panzerschrank ein. Dann zündete ich mir in aller Ruhe eine Zigarette an und dachte nach, und schließlich fragte ich sie: »Was glauben Sie, wird Ihrem Mann jetzt passieren?«

»Das weiß ich nicht.«

»Nehmen wir an, wir verhaften ihn.«

»Wenn er ein Spion ist, geschieht ihm damit nur Recht.«

Im Stillen dachte ich mir: »Das ist eine bestimmte Antwort« und beschloß zugleich, mit der Tragikomödie endlich Schluß zu machen. »Hören Sie mir gut zu«, sagte ich. »Ihr Mann ist kein Spion. Er arbeitet für uns, das KGB. Wenn er unsere Aufträge durchführt, muß er öfters wegfahren, und das Geld, das Sie bei ihm finden, stammt aus unserer Unkostenerstattung.«

Der Frau fiel sichtlich ein Stein vom Herzen, und sie rief aus: »Mein Mann gehört zu Ihren Mitarbeitern, und ich dumme Gans glaubte, er spioniere!«

»Machen Sie sich nichts daraus, das kommt in den besten

Familien vor«, war meine Antwort. »Ich danke Ihnen für den mutigen Entschluß, zu uns zu kommen. Sie haben damit bewiesen, daß Sie eine echte Kommunistin sind. So sollte es immer sein: die Partei über alles, und dann erst das Privatleben.«

Diese hochgestochenen Phrasen hatten keinerlei Bedeutung, und ich benützte sie in der stillen Hoffnung, daß sie vielleicht die Ironie der ganzen Situation erkennen würde. Sie nahm aber meinen Kommentar ganz ernst und schien sichtlich dankbar zu sein. Nachdem ich ihr verraten hatte, daß ihr Ehemann unser Mitarbeiter war, zwang mich das zum Schutz des Amtsgeheimnisses und zur Sicherstellung, daß ich Malaschewitsch auch in Zukunft beschäftigen konnte, sie ebenfalls zum Hilfsdienst zu verpflichten. Sie stimmte einem solchen Vorschlag freudig zu und versicherte mir, daß sie sich aus allen Kräften bemühen werde, dem KGB behilflich zu sein, was ich auch ohne ihre spezielle Versicherung ohne weiteres glaubte.

Dann erinnerte sie sich an ihren bedauernswerten Ehemann und bat mich, ihm nicht zu verraten, daß sie ihn als Spion verdächtigt hatte. Ich versprach ihr, daß dies ganz unter uns bleiben würde, und verabschiedete sie. Als ich wieder allein war, nahm ich ihre schriftliche Erklärung wieder aus dem Panzerschrank heraus und zerriß sie in kleine Stücke. So ist das Leben, wo der Spionen-Verfolgungswahn grassiert.

Es ist eine bekannte Tatsache, daß vom KGB aus aufsässigen Elementen nicht immer Feinde »erschaffen« werden; manchmal ziehen es die Tschekisten vor, mit »Verrückten« zu tun zu haben. Zu den »Patienten« dieser Art gehörte der einfache Gardeschütze Golubjew. Sein Fall läßt sich natürlich nicht mit dem des Generals Grigorenko vergleichen, aber schließlich ist der gemeine Soldat auch ein Mensch. Golubjew diente 1972 beim 16. Motorisierten Schützenregiment der 6. Motorisierten Schützendivision. Lange Zeit unterschied ihn nichts von seinen Kameraden, aber eines Abends kam es in der politischen Instruktionsstunde zu einem Zwischenfall.

Leutnant Melder, der Zugführer von Golubjew, erzählte seinen Soldaten von der Überlegenheit des Kommunismus über den Kapitalismus und von der strahlenden Kommunistischen Zukunft. Nachdem er sein Sprüchlein hinuntergebetet hatte, sprang Gardeschütze Golubjew plötzlich auf und meldete sich zum Wort; er rief in das Klassenzimmer hinein:

»Genosse Leutnant, ich bin nicht Ihrer Meinung. Ich glaube, daß es der gewöhnliche Arbeiter in Amerika besser als bei uns hat. Wie erklären Sie sich das?« Die übrigen Soldaten warteten mit angehaltenem Atem neugierig auf die Antwort des Leutnants. Dieser sagte, Golubjew irre sich, und befahl ihm, den Mund zu halten. Nach Schluß der politischen Instruktionsstunde befahl er Golubjew, bei Major Konik, dem stellvertretenden Leiter der Politischen Abteilung, Meldung zu machen.

Alle Versuche des Majors Konik, Golubjew zur Änderung seiner Meinung zu zwingen, schlugen fehl. Golubjew hielt hartnäckig an seiner Auffassung fest und schlug Konik sogar vor, mit allen Soldaten Debatten über dieses Thema abzuhalten. Der Major steckte Golubjew in den Kasernenarrest und sandte dem KGB einen Bericht. Strishenko legte mir den Bericht vor, weil ich die Verantwortung für das Regiment hatte, und auf meinen Rat verzichtete er auf direkte Unterdrückungsmaßnahmen, weil die übrigen Soldaten im Bilde waren, was sich zugetragen hatte. Er »riet« dem Leiter der Politischen Abteilung der 6. Gardedivision, Oberst Tschelyschew, Golubjew zur Beobachtung in die Psychiatrie des Lazaretts Töplitz einzuliefern, wo man ihn alsbald als »geistesgestört« diagnostizierte.

Golubjew wurde direkt aus der Arrestzelle in das Lazarett überführt, wo die entsprechend orientierten Ärzte ihn bereits erwarteten. Nach zwei Wochen war er »krankgeschrieben« und wurde in die Sowjetunion zurückversetzt, wo man ihn demobilisierte. Den Soldaten, die dem Auftritt beigewohnt hatten, wurde erklärt, Golubjews »Geisteskrankheit« sei die Ursache seiner »anormalen« Ansichten.

Ich habe hier nur über einen kleinen Ausschnitt aus der Arbeit einer untergeordneten Abteilung berichtet. Wenn man sich einmal die Gesamttätigkeit des KGB vor Augen hält, dann kann man sich an Hand der wenigen, von mir zitierten Beispiele gut vorstellen, wie viele »Feinde« in der Sowjetunion künstlich »erschaffen« werden. Diese »Feinde« bevöl-

kern jetzt die Straflager und Gefängnisse, und mit wie vielen
»Geisteskranken« sind die Irrenhäuser und Nervenheilanstalten des Sowjetreiches zur Zwangsbehandlung angefüllt!

Die privilegierte Klasse

Die Sowjetbürger sind gezwungen, unter Millionen von Gesetzen und Vorschriften zu leben, die ihnen vom kommunistischen Regime aufoktroyiert wurden. Wer diese Bestimmungen übertritt, kann im Gefängnis oder im Arbeitslager landen, eine gute Arbeitsstellung verlieren oder vom Studium auf Hochschulen und Lehrinstituten ausgeschlossen werden, und anderes mehr. Für Sowjetbürger, die sich im Ausland aufhalten, gleichgültig ob im Truppendienst oder als Zivilisten, gelten noch viel weiterreichende Gebote und Verbote.

So ist es z. B. den in Ostdeutschland stationierten bzw. lebenden Mitgliedern der Streitkräfte und Zivilisten aufs strengste untersagt, mit der dort eingesessenen Bevölkerung »freie«, unbeaufsichtigte Bekanntschaften zu schließen oder Beziehungen aufzunehmen, auch wenn es sich um »Klassenbrüder und -schwestern«, Gesinnungsgenossen und Waffengefährten handelt. Den Offizieren, Soldaten und ihren Familien ist es streng verboten, den Garnisonsbereich, in dem sie stationiert sind, zu verlassen. Unorganisierte Besuche in Westberlin kommen überhaupt nicht in Betracht. Sie gelten als besonders gefährlich, weil sich dort zahlreiche Staatsbürger der USA, Großbritanniens, Frankreichs und Westdeutschlands herumtreiben, und weil es auch mehrere Millionen Westberliner gibt. Besonders unerwünscht sind Beziehungen mit ständig dort wohnenden Ausländern. Das KGB fürchtet auch, daß Sowjetstaatsbürger dort von irgendwelchen Dienststellen des Westens angeworben werden, oder daß sie sogar versuchen könnten, nach Westberlin zu fliehen. Sowohl die Militärbefehlshaber als auch die Partei haben vor solchen Kontakten besondere Angst; sie fürchten den Einfluß der »bürgerlichen Ideologie«.

Die meisten dieser Verbote gelten aber nur für den ordinären Plebs. Wie leben also die Machthaber und die »Schutztruppen« dieser Machthaber? Was für ein Leben führen z. B. die KGB-Beamten, die als »das Schwert und der Schild« der

Sowjetmacht bezeichnet werden? Angesichts ihrer Pflicht, das Sowjetregime zu schützen und zu stärken, sollte man meinen, daß diese zu den überzeugtesten Kommunisten gehören müßten. Das sind sie auch, aber sie glauben an ihre ganz besondere Spielart des Kommunismus, weil sie zur Sowjetelite, zur »Mafia« des Sowjetregimes gehören.

Dieser »Mafia« stellt sich der Kommunismus ganz anders als dem einfachen Arbeiter dar; er bedeutet für sie die uneingeschränkte Macht über die Massen, ein gesichertes Leben auf anderer Leute Kosten und gleichzeitig das ganze Leben regelnde Vorschriften und Disziplin. Es handelt sich um einen Kasernenhof-Kommunismus, an den die Tschekisten glauben. Den Arbeitern versprechen die Kommunisten eine glänzende Zukunft mit Glück, Brüderlichkeit und Gleichheit für alle, ohne aber zu sagen, wann all dies erreicht werden wird. Das Volk vergleicht den Kommunismus mit einem ständig in der Ferne verschwindenden Horizont – »je mehr man sich darum bemüht, sich ihm zu nähern, desto schneller zieht sich der Horizont in die Ferne zurück«.

In ihrem persönlichen Leben genießen die KGB-Beamten größere Freiheiten als andere Bürger; sie sind mit ungeheurer Macht ausgestattet und kontrollieren das Verhalten der übrigen Bürger total; darum erscheinen sie diesen auch unangreifbar. Das ist übrigens auch ein Grund dafür, daß sie in der Beurteilung politischer Fragen ungehemmter als die *misera plebs* auftreten; sie machen oft wenig schmeichelhafte Bemerkungen über einzelne Sowjetführer und über die Innen- und Außenpolitik der Regierung. Dabei halten sie sich aber strikt an eine eiserne Regel: keine solche Meinungsäußerungen und Bemerkungen dürfen über die Grenzen der KGB-Organisation hinausdringen. Das ist eine Art ungeschriebenes Privileg, das in der bekannten Redensart seinen Ausdruck findet: »*Quod licet Jovi, non licet bovi*« (Was Jupiter gebührt, ist dem Ochsen noch lange nicht erlaubt). KGB-Offiziere gehören in der Tat zur kommunistischen Neuen Klasse bzw. zur Sowjetbourgeoisie mit den größten Vorrechten.

In Unterhaltungen mit Kollegen hörte ich oft die allerverschiedensten Ansichten über das eine oder das andere Regierungsmitglied, bis hinauf zu Breschnew selbst. Scharfe Kritik erhob sich an seiner »Weichheit« in der Innenpolitik und an seinen Fehlern in der Außenpolitik. Es ist jedoch festzustellen, daß er im allgemeinen im KGB akzeptiert wird. In den letzten Jahren hat er die Rechte und Vollmachten des KGB verstärkt. Er hat den Tscheka-Leuten mehr Privilegien gegeben, er hat ihren Sold verbessert und dem KGB im ganzen größere Geldmittel zufließen lassen. »Er ist nicht so dumm, wie Chruschtschow war«, bemerkte einmal Oberst Spirin, der Chef der KGB-Sonderabteilung bei der 20. Garde-Armee. »Er weiß ganz genau, daß man ohne KGB nicht auskommen kann.«

Andere Mitglieder des Politbüros kriegen in der Kritik auch »ihr Fett ab«. Besonders mißbilligend äußerten sich die Tschekisten wegen dessen Trunksucht und Faulheit über Kunajew. Sie sprechen von ihm verächtlich als von einem ganz nutzlosen Mitglied der Regierung. In ihren Gesprächen reden die Tschekisten mit besonderem Zynismus von der »politischen Freiheit« in der Sowjetunion und von solchen Organisationen wie den »Gewerkschaften« und den »Ortssowjets«. Diese existieren als reine Schaufensterdekoration, um der Außenwelt zu imponieren; in Wirklichkeit spielen sie kaum eine Rolle. Die Leute vom KGB wissen das besser als irgendjemand anderer, und unter sich nennen sie diese Körperschaften »Potemkinsche Dörfer«. Über die Struktur des Staates, über die in ihm verbürgten »Freiheiten« und über seine »Demokratie« machen KGB-Leute oft Witze, die jedem anderen unweigerlich eine Verurteilung nach dem Artikel des Strafgesetzbuchs über »Verleumdung des Sowjetstaates und der gesellschaftlichen Ordnung« eintragen würden.

Hier lasse ich eine dieser Geschichten folgen: Der Sohn eines hohen Parteibeamten kam in der Schule nicht recht mit. Besondere Schwierigkeiten bereitete ihm das Studium der Struktur des Staates. Er konnte die feinen Unterschiede zwischen der Partei, dem Mutterland, den Gewerkschaften und dem Volk nicht begreifen. Sein Vater, der vermeiden wollte, daß seine eigene Autorität untergraben werde, beschloß, sich den Sohn selber vorzunehmen und ihn zu unterrichten. Aber in zwei vollen Stunden der Belehrung über die Partei, das

Mutterland und das Volk hatte er noch immer keinen Erfolg erzielt. Es kam nichts dabei heraus, der Sohn verstand nicht, worum es sich handelte. So versuchte der Vater, die Sache seinem Sohn mittels praktischer Beispiele klarzumachen. »Paß auf«, sagte er, »jetzt bin ich die Partei, deine Mutter ist das Mutterland, deine Großmutter ist die Gewerkschaft, und du bist das Volk.« Mit Hilfe dieser Erläuterung erklärte der Vater alles noch einmal von vorn, aber der Sohn begriff auch das nicht. Wütend befahl der Vater dem Sohn, sich zur Strafe in die Zimmerecke zu stellen. Mehrere Stunden vergingen, und der Vater hatte den Sohn längst vergessen. All das spielte sich leider im Schlafzimmer ab. Die Eltern gingen zu Bett, und bald befanden sie sich in heißer Umarmung. Der Sohn schielte aus seiner Ecke auf den Liebeskampf, dachte an seine Großmutter, die im Nebenzimmer schlief, und sagte leise zu sich selber: »Was für Zustände! Die Partei vergewaltigt das Mutterland, die Gewerkschaften schlafen, und das Volk muß leiden.«

In der KGB-Sonderabteilung in Bernau schloß ich ziemlich schnell mit einer Reihe von Offizieren Freundschaft. Nach Feierabend gingen wir manchmal zu zweit oder dritt in eines der Cafés in der kleinen Stadt oder in das Offizierskasino, um Billard zu spielen, oder wir trafen uns in der Wohnung des einen oder anderen, um ein Glas Wodka zu trinken, zu plaudern und unsere Vorgesetzten herunterzumachen. Das gehörte zu unserem täglichen Leben an den Arbeitstagen. Es gab aber auch amtliche Feiertage, den Revolutions-Gedenktag, den 1. Mai, den Siegestag und andere Festlichkeiten. Ebenso wie alle anderen Tschekisten nützten die Offiziere unserer Abteilung diese Festtage gründlich aus, d. h. wir veranstalteten Trinkgelage. Die KGB-Offiziere nannten diese wilden Saufereien unter sich »kulturell-politische Maßnahmen« (abgekürzt KPM). Niemand weiß, wer diese ironische Bezeichnung erfunden hat, doch ist dieser Name nicht unangebracht; erstens weil solche Orgien ganz offiziell veranstaltet werden, was ihnen eine politische Bedeutung gibt; zweitens weil an ihnen die KGB-Chefs teilnehmen und sie leiten. Vor dem Hinunterstürzen eines jeden Glases ist ein Trinkspruch eine Pflichtübung – auf die

KPdSU, auf die Regierung, auf das Politbüro, auch auf Breschnew selbst. Alle müssen nach dem Trinkspruch »ex« trinken. Für alle diese Trinkgelage zahlt Vater Staat, denn dem Volke ist für seine »Diener« nichts zu teuer. Es darf niemals vergessen werden, daß das KGB dem Volk *dient!*

Zum ersten Mal nahm ich am 23. Februar 1969, dem »Tag der Sowjetarmee«, an einer KPM teil. Zwei Tage vorher saß ich mit Lawruchin in seinem Zimmer und wir unterhielten uns. Ungefähr um 9 Uhr abends stürzte Korotejew ins Zimmer hinein, wie üblich, bereits stark angetrunken. »Was, ihr arbeitet noch? Ihr solltet euch auf die Festlichkeiten vorbereiten.«

»Wer braucht sich da groß vorzubereiten? Wir sind immer bereit« (so lautet der offizielle Gruß im Komsomol), antwortete Lawruchin.

»Ihr seid bereit, aber wer wird die ganze Sache organisieren, anständige Getränke und Sakuski (kaltes Buffet, Hors d'Oeuvres)? Natürlich, wieder einmal Korotejew«, fuhr Kostja fort. »Ich habe mit dem Leiter des Offizierskasinos gesprochen und ihm die Sache angemeldet. Alles wird erstklassig sein.«

Lawruchin konnte sich das Lachen nicht verbeißen. »Das sieht dir ganz ähnlich, so eine ›Arbeit‹ gefällt dir, Saufereien zu organisieren.« – »Ja, natürlich, das ist doch besser als alle Arbeit. Ich bin zwei Tage überhaupt nicht mehr zu Hause gewesen, und meine Frau wird mir den Kopf herunterreißen.«

Etwa um 8 Uhr abends versammelten wir uns am 23. Februar in einem Raum des Offizierskasinos, wo ein langer Tisch mit Flaschen und kaltem Imbiß überladen war. Wir erschienen fast alle in Zivil, denn es ist keine so große Schande, einen Zivilisten total betrunken zu sehen. Die Ehrenplätze an der Tafel waren für Bojtschenko und Krjukow reserviert. Ich saß zwischen Dawydow und Lawruchin. Bojtschenko stand mit einem Glas in der Hand auf und ließ eine kurze Rede los, in der er die Partei, Breschnew, die Armee und natürlich auch das KGB hochleben ließ. Dem Trinkspruch wurde sofort freudig zugestimmt – und das erste Glas wurde hinter die Binde gegossen.

Zwei Minuten später ließ Krjukow das KGB und seine Führung hochleben, und pflichtgetreu tranken wir alle. Dann setzte er hinzu: »Weil wir sonst nicht genug Zeit zum Trinken haben, schlage ich vor, daß keiner von uns, der einen Trinkspruch ausbringt, mehr als zwei Minuten darauf verschwendet. Wer das nicht rechtzeitig fertigbringt, muß zur Strafe 200 Gramm Wodka auf einmal hinunterkippen.«

Allgemeiner Beifall, aber Kostja Koretejew rief dazwischen: »Alexander Gerassimowitsch, ich stottere sowieso und werde nicht in zwei Minuten fertigwerden. Erlauben Sie mir bitte daher, meine Strafration sofort auszutrinken!«

»Ich werde dich lehren, ob du ein Strafmaß austrinkst oder nicht«, drohte ihm Krjukow. »Du mußt bis zum Ende unseres Gelages aushalten, sonst liegst du schon unter dem Tisch, bevor alles vorüber ist.« Man hielt weitere Reden, man leerte die Gläser, die Stimmung wurde immer ausgelassener, und hie und da stritten sich auch schon manche. Das begann mit den Chefs.

Ein paar Tage vor unserer Festivität war es wieder einmal zu dem üblichen Krakehl zwischen Bojtschenko und Krjukow gekommen. Es ging diesmal um den Dolmetscher der Abteilung, Leutnant Nalischkin. Nalischkin hatte Bojtschenko um zwei Tage Urlaub gebeten und war abgewiesen worden. Dann ging Nalischkin zu Krjukow, der ihm den Urlaub genehmigte. Bojtschenko machte daraufhin eine Szene und drohte, die Sache »an höherer Stelle« anzuzeigen und diesmal sogar Krjukow bestrafen zu lassen. Inzwischen schienen die Leidenschaften abgeklungen zu sein, aber sie brachen unter dem Einfluß des Alkohols jetzt erneut aus. Bojtschenko erinnerte sich plötzlich an den unangenehmen Auftritt. »Wer befiehlt hier, Sie oder ich?«, brüllte er mit versoffener Stimme zu Krjukow hinüber.

»Für die Kerle hier sind Sie der Chef«, antwortete Krjukow, mit dem Finger auf uns weisend, »aber für mich sind Sie nichts als ein –« (unflätiges Schimpfwort).

Bojtschenko sprang auf, faßte Krjukow am Kragen und begann ihn zu schütteln. Wir hatten einige Schwierigkeiten, die beiden zu trennen. Das Trinken ging weiter. Bald konnte man auch schon die auf dem Felde der Ehre »Gefallenen«

zählen. Dawydow war der erste, und man rief einen Auto-
fahrer, um ihn nach Hause zu bringen. Dieser war ein Ge-
meiner, und Dawydow lehnte sich an dessen Schulter und
sang sein Lieblingslied: »Wenn die Lichter der Nacht uns
umtanzen...« Er verschwand also aus unserer fröhlichen
Runde. Die beiden nächsten, die »desertierten«, waren Semskow und Korotejew; sie wollten auf »Weibersuche« nach
Berlin fahren. Krjukow hatte inzwischen seinen Streit mit
Bojtschenko vergessen und eine der Kellnerinnen, die er umarmte, auf den Schoß genommen. Bald danach schwankten
auch diese beiden von dannen.

Lawruchin und ich wollten heimgehen, aber Bojtschenko
sagte: »Wir gehen jetzt alle zusammen in unser Abteilungs-
büro. Ich will noch einmal offiziell mit Nalischkin sprechen,
und ihr müßt als Zeugen dabei sein.« Da der Chef befohlen
hatte: »In die Abteilung«, mußten wir in die Abteilung gehen. Alle vier, Bojtschenko, Nalischkin, Lawruchin und ich,
setzten uns in ein Auto und waren nach rund 10 Minuten
vor dem Büro. Die Aussprache Bojtschenkos mit Nalischkin
spielte sich im Freien ab. Heftig hin- und herschwankend,
ging Bojtschenko auf Nalischkin zu und sagte: »Bin ich hier
der Chef oder nicht?« – »Sie sind der Chef«, war die Antwort. – »Verdammt nochmal, warum hören Sie dann nicht
auf mich und laufen zu Krjukow? Ich schlage Ihnen gleich
die Fresse ein, gleich, noch diesen Augenblick.« Danach holte
er mit der Faust aus und wollte Nalischkin ins Gesicht schlagen. Nalischkin war aber nur halb so groß wie Bojtschenko,
und der Faustschlag verfehlte ihn und ging ins Leere. Bojtschenko verlor sein Gleichgewicht, fiel vornüber auf sein Gesicht, das zu bluten anfing. Er richtete sich mit Mühe auf
und versuchte erneut, Nalischkin mit einem Boxhieb zu fällen. Wieder fiel er auf sein Gesicht und blieb nun blutend im
Schnee liegen. Wir richteten ihn auf, klopften den Schnee
von ihm ab und fuhren ihn nach Hause. Dort setzten wir ihn
vor die Eingangstür, drückten auf die Klingel und machten
uns schnell auf und davon, weil wir fürchteten, wie seine
Frau auf uns und ihn reagieren würde. Das war das Ende
meiner ersten »kulturell-politischen Maßnahme«.

Diese KPMs kamen in unserer Abteilung immer wieder

vor. Manchmal verliefen sie friedlich, aber zu anderen Malen kamen dabei die tollsten Dinge vor. Ich erinnere mich an ein solches Saufgelage, auf dem Bojtschenko und Krjukow sich wirklich zu prügeln begannen. Obgleich die Schlägerei nicht lange dauerte, da beide nicht mehr richtig geradestehen konnten, gelang es ihnen doch, ihre beiderseitigen Gesichter stark zu ramponieren. So stark, daß sie zur großen Freude aller anderen Offiziere eine Woche lang nicht im Dienst erscheinen konnten. Solche Raufereien gaben für die unteren Offizierschargen viel Stoff für allerlei Witzeleien ab, und während der Abwesenheit der beiden Vorgesetzten rührten ihre Untergebenen in den Büros kaum einen Finger, so daß die ganze Abteilung auf diese Weise eine Art kurzer Ferien feierte. Einige wenige von uns arbeiteten vor dem Mittagessen ein bißchen, aber am Nachmittag und Abend saßen wir alle in den Cafés von Bernau herum, und zweimal gingen wir sogar auf der Wandlitzer Lanke, einem See unweit von Bernau, Kahn fahren.

Auf einer solchen Trinksession zur Feier der Beförderung eines Offiziers, die 1970 stattfand, betrank sich Krjukow, wie üblich, schwer und wurde wieder streitsüchtig. Diesmal wählte er als Opfer Uschakow, den Abteilungsschreiber, ein kleines, schwaches Männchen, der schüchtern war und stets allem Streit aus dem Wege ging. Krjukow begann, ihn aus irgend einem Grunde zu beschuldigen, und als der Schreiber alle Schuld leugnete, packte Krjukow ihn am Uniformkragen und warf ihn heftig gegen die Wand. Uschakow ging hinaus, kam aber nach ein paar Minuten durch die Tür wieder hinein und fuchtelte mit einer Pistole in der Hand herum. »Wo ist der verfluchte Hund?« schrie er. »Ich bring ihn, verdammt nochmal, gleich um.« Krjukow reagierte schneller als wir alle, er warf sich unter einen Tisch und rief von dort aus: »Nehmt dem verrückten Kerl doch den Revolver weg! Er bringt mich noch um.« Uschakow wurde die Pistole entrissen, und Krjukow bat, nachdem er sich von seinem Schreck erholt hatte, um Verzeihung. Fünf Minuten später tranken wir alle zusammen auf den »Weltfrieden«.

Es paßte aber nicht zu Krjukows Charakter, eine solche Niederlage still einzustecken, und sein Zorn richtete sich jetzt gegen mich und Lawruchin. Er verdächtigte uns, Uschakow dazu angestiftet zu haben, ihn mit der Pistole zu bedrohen. Er beschimpfte uns und drohte uns mit schweren Strafen, und bald hatten wir genug davon. »Weißt du was«, sagte Lawruchin, »mir ist was Gutes eingefallen. Stecken wir ihn in ein Bad mit kaltem Wasser. Vielleicht wird ihn das nüchtern machen.« Gesagt, getan, wir ließen das Bad mit kaltem Wasser voll laufen und führten Krjukow, der kaum auf den Beinen stehen konnte, ins Badezimmer, nahmen alle Ausweise und das Geld aus seinen Taschen und versenkten ihn dann, so wie er war, in voller Uniform mit allen Orden und Ehrenzeichen, ins kalte Wasser. Er war so betrunken, daß er sich kaum rührte. Nach fünf Minuten zogen wir ihn wieder hinaus, setzten ihn in ein Auto und befahlen dem Fahrer, ihn nach Hause zu bringen. Am nächsten Tage warteten Lawruchin und ich ungeduldig darauf, was Krjukow uns nun antun würde. Etwa um zehn Uhr beorderte er uns zu sich. Seine erste Frage war: »Wo sind die Dokumente und das Geld?« Wir gaben sie ihm zurück, und er zählte die 700 DDR-Mark, die wir ihm gaben, sorgfältig nach. Dann begann er uns anzubrüllen: »Habt ihr vergessen, wie man sich zu einem höheren Offizier benimmt? (Unflätige Schimpfworte) ... Glaubt ihr vielleicht, daß ihr bei unseren Saufereien machen könnt, was ihr wollt? Da irrt ihr euch aber gewaltig! ...« (wüste Schimpfworte). Das ging 30 bis 40 Minuten lang in dieser Tonart weiter, aber schließlich beruhigte sich Krjukow und ersuchte uns am Ende, niemandem etwas davon zu verraten, was sich zugetragen hatte. Lawruchin und ich gestanden unsere Schuld ein und versicherten ihm, daß wir »dicht halten« würden. Auf diese Weise kam der inoffizielle Friedensschluß zustande.

Es kam vor, daß die beiden Chefs trotz aller ihrer Zänkereien sich in einer Gaststätte Bernaus voll laufen ließen, während ihre Untergebenen gleichzeitig in einem anderen Café »feierten«. Von einem solchen Ausflug wendete sich die Mehrheit der Teilnehmer eines Tages zum Nachhausegehen, aber einige der Offiziere, die immer noch nicht genug hatten, insbesondere Leutnant Samskow und Major Jermakow, wollten weiter »feiern«. Sie hielten einander eng umschlungen und machten sich torkelnd auf die Suche nach einer geeigneten Gaststätte. Es war schon recht spät, doch fanden sie eine Kneipe, in der noch Licht brannte und aus der man Musik hören konnte. Ihre Tür war aber abgesperrt. Nachdem sie längere Zeit an die Tür gehämmert hatten, erschien ein dienstbarer Geist, welcher erklärte, daß in dem Lokal eine private Geburtstagsfeier stattfinde, und daß Außenseiter nicht zugelassen würden. »Wer ist hier ein Außenseiter?« erklärte Semskow, der fließend Deutsch sprach. »Es gibt keine Sowjetoffiziere, die Außenseiter sind, und wir verlangen, daß man uns an der Feier teilnehmen läßt.« Der Mann aus dem Lokal, der sah, daß die beiden Offiziere kaum noch richtig stehen konnten, schlug ihnen die Tür vor der Nase zu. Das gefiel Semskow und Jermakow ganz und gar nicht. Sie lasen von der Straße schwere Steine auf und demolierten alle Fenster der Kneipe. Um die Panik, die das unter den Gästen und Wirtsleuten hervorrief, kümmerten sie sich nicht im geringsten, und dann schwankten sie nach Hause.

Nach zwei Tagen berichteten die deutschen Behörden den Vorfall dem Stadtkommandanten von Bernau, Major Tyrin, und beschwerten sich über das unwürdige Verhalten gewisser Sowjetoffiziere. Major Tyrin war schon vorher durch den KGB-Major Jermakow informiert worden und antwortete, es sei ganz unmöglich, daß sich Sowjetoffiziere so benähmen. Er lehnte es ab, sich auf weitere Diskussionen einzulassen. So endete in diesem Falle ein typischer Tschekistenstreich noch harmlos. Manchmal arteten aber solche Raufereien von Volltrunkenen ins Gefährliche aus. In unserer Abteilung diente auch ein gewisser Salenkow. Er war noch nicht lange beim KGB und zeigte sich bald als ausgesprochener Störenfried. Dabei war er sich seiner Macht als KGB-Angehöriger voll bewußt. Ende 1972 leistete sich Salenkow in einem der Lokale von Eberswalde einen fröhlichen Abend und wurde betrunken. Als er wieder eine Flasche Wodka bestellte, weigerte sich die Bardame, ihn zu bedienen, und forderte ihn auf, nach Hause zu gehen. »Wie kannst du es wagen, mir zu widersprechen?«, geiferte Salenkow. »Ich bin ein Sowjet-Tschekist und schieße dich nieder!« Damit zog er seinen Dienstrevolver und legte auf die Bardame an. Eine Panik brach unter den anderen Gästen aus, und sie drängten sich schnell zum Ausgang, doch die Lage wurde durch einen entschlossenen Mann gerettet, der Salenkow die Waffe aus der Hand schlug. Ein Deutscher telefonierte an die Kommandantur, und Salenkow wurde von einer Wache mit gefesselten Händen abgeführt. Als er hörte, daß der Verhaftete ein KGB-Offizier war, begann der Stadtkommandant, sich vor Weiterungen zu fürchten, und er ordnete an, daß man Salenkow nach Hause bringe. Später wurde Salenkow vom Leiter des Direktorats der Sonderabteilungen zu drei Tagen Arrest verurteilt. Nach wenigen Wochen war aber alles vergessen, und Anfang 1973 erhielt Salenkow, ohne darauf auch nur einen Tag länger als üblich warten zu müssen, die Beförderung zum Leutnant.

Unsere Abteilung stand mit solchen Beispielen schlechter Führung ihrer Offiziere keineswegs allein da. Viele KGB-Mitglieder verbrachten ihre Freizeit auf diese Weise, und viele tun das bis auf den heutigen Tag. Wir hörten häufig von »ganz geheimen Befehlen« Andropows über »Ausnahmefälle« innerhalb der Reihen des KGB-Personals und über die Art der Bestrafung der für schuldig Erklärten. Wie in allen Verbrechenschroniken kam da alles vor, was man sich nur denken kann: Selbstmorde, Autounfälle, an denen betrunkene KGB-Fahrer schuld waren, Trinkgelage, Schlägereien, Schießereien auf offener Straße, sowie echte Schwerverbrechen. Ein Beamter der Sonderabteilung in Rjasan organisierte eine Verbrechergruppe, die sich auf die sexuelle Verführung Minderjähriger spezialisierte. Nachdem die Miliz (zivile Polizei) diese Bande zerschlagen hatte, wurde ihr Anführer, der KGB-Beamte, entlassen, und der Leiter der Abteilung, in deren Dienst er gestanden hatte, Oberstleutnant Suslow, wurde zum Major degradiert. Daß seine Karriere auf diese Weise ein unrühmliches Ende nahm, kränkte Suslow so, daß er eine Woche später am Herzschlag starb. Allerdings ist es nicht ganz sicher, ob es sich um einen Selbstmord oder um einen natürlichen Tod handelte.

Die höheren KGB-Offiziere benehmen sich keineswegs besser. Als Krjukow nach einer stark alkoholischen Sitzung in einem Bernauer Lokal einmal in bester Laune war, ver-

suchte er, mir Lebenskunst beizubringen. Er begann: »Sie
sind noch ein junger Offizier. Da gibt's noch viel, was Sie
noch nicht wissen; hören Sie also gut zu! Sie müssen lernen:
Um im KGB eine gute Karriere zu machen, braucht man
gute Beziehungen, und man muß auch bestechen können, und
außerdem muß man sich auch bei seinen Chefs Liebkind machen. Das ist sehr wichtig! Die Arbeit als solche ist garnicht
so wichtig. Wenn Sie nicht ein kompletter Dummkopf sind,
wird es Ihnen nie schwerfallen, gute Resultate zu produzieren. Ich selber habe in meinem Leben einen schweren Fehler
begangen. Mir ging's im KGB-Hauptbüro in Moskau ganz
gut. Und alles das nur wegen dieses Hundes, des Generals
Fedortschuk, der hat mir alles versaut. Früher einmal diente
Fedortschuk auch hier in der DDR als Leiter des Direktorats
der Sonderabteilungen. Ich kam aus Moskau öfters hierher,
um die Arbeit der Sonderabteilungen zu überprüfen. Natürlich tat Fedortschuk alles, was in seiner Macht stand, um uns
das Leben angenehm zu machen. Endlose Zechereien, Abend-
ausflüge nach Berlin mit jungen Mädchen und Striptease.
Alles, was wir uns nur wünschen konnten. Teure Geschenke,
alles natürlich aus der Staatskasse bezahlt. Zum Dank berichteten wir nach Moskau zurück, daß die Arbeit der Sonderabteilungen in der DDR glänzend organisiert sei.
Nach kurzer Zeit wurde Fedortschuk zum Leiter des ganzen Dritten KGB-Direktorats befördert, wodurch ich ihn
zum Vorgesetzten bekam. Auf einem von Fedortschuk ›ge-
schmissenen‹ Gelage trank ich aber ein bißchen zu viel und
sagte ihm, er sollte nicht vergessen, daß auch ich an der För-
derung seiner Karriere nicht ganz unbeteiligt war. Er gab
keine Antwort, aber etwas später bekam ich zu spüren, daß
ich eine Tölpelei begangen hatte. In der Arbeit begannen
mich die Chefs wegen Kleinigkeiten zu schikanieren. Bald erhielt ich unter irgendeinem Vorwand meine Strafe und wurde in die DDR abkommandiert; nachdem ich einmal hier
war, bestrafte man mich wieder, indem man mich zum Major degradierte, und so bin ich jetzt in dieser Abteilung ge-
landet. Natürlich werde ich versuchen, nach Moskau zurück-
zukommen, und ich habe schon Schritte in dieser Richtung
getan; aber mit meiner weiteren Karriere ist es endgültig aus.

Sie müssen aus meinem Beispiel die richtige Lehre ziehen. Sagen Sie Ihren Vorgesetzten niemals die Wahrheit, halten Sie dafür lieber Ausschau nach nicht ganz legalen Nebeneinkünften und nach guten Beziehungen! Sie müssen eine ›gute Nase‹ entwickeln. Machen Sie nicht dieselben Fehler wie ein Offizier, den ich kenne, und der es in 20 Dienstjahren nie weiter als bis zum Leutnant gebracht hat! Wo er hätte stiefellecken sollen, da bellte er, und wo er hätte bellen sollen, da leckte er die Stiefel. So etwas ist ein gefährlicher Fehler.«

Krjukow kam am Ende in der Tat an sein Ziel. Er wurde nach Moskau versetzt und zum stellvertretenden Leiter der KGB-Sonderabteilung bei den Spezialtruppen der Moskauer Garnison ernannt. Wir fuhren im selben Zuge von Berlin nach Moskau, denn ich ging auf Urlaub, während er seine neue Stellung antrat. Vor seiner Abreise betrank sich Krjukow wieder einmal und veranstaltete seine letzte Schlägerei mit Bojtschenko. Auf dem Berliner Ostbahnhof tauchte er vollkommen besoffen auf. Er stolperte in seiner neuen Oberstenuniform den Bahnsteig entlang, sprach Fremde an, und bevor er in seinen Waggon kletterte, schlug er noch sein Wasser im Bahnhofs-Papierkorb ab. Ich nahm dem Schlafwagenschaffner den Schlüssel zu seinem Abteil ab und schloß ihn dort ein, um weitere unnötige Zwischenfälle zu verhüten.

Außer der Macht über »gewöhnliche Sterbliche«, voller Freiheit des persönlichen Benehmens und der Gelegenheit, sich auf Staatskosten zu betrinken, genießen KGB-Beamte noch andere materielle Vorrechte. Offiziere erhalten das Drei- oder Vierfache des Tageslohns gelernter Arbeiter; außerdem wohnen sie kostenlos in ausgezeichnet eingerichteten Wohnungen; sie haben das Recht, in Sonderläden zu ermäßigten Preisen einzukaufen, und noch viele andere Vorteile. Die Chefs erhalten absolut alles, was sie sich nur wünschen können.

Aber trotzdem kommt es immer wieder vor, daß gewissen Chefs alle diese Vorzugsrechte nicht genug sind. Sie begehren immer mehr und mehr und nutzen ihre Amtsstellung oft zur persönlichen Bereicherung aus. Das läßt sich am besten an Beispielen nachweisen.

In vieler Hinsicht ist die Sowjetunion heute die größte Militärmacht der Welt; sie gibt Unsummen für die Entwicklung ihres Militär- und Rüstungspotentials, für die Kriegswissenschaft und für Waffenlieferungen an die »sozialistischen Bruderländer« und an Länder der Dritten Welt aus. Indirekt beteiligt sich die Sowjetunion an vielen »Lokalkriegen« (Vietnam, Naher Osten, Afrika und anderswo). Alles das kostet Geld. Woher nehmen und nicht stehlen? Die einzige Möglichkeit dieser Finanzierung geht auf Kosten des Volkswohlstandes. Für den Verbraucherbedarf und für die Entwicklung der Leichtindustrie wird zu wenig ausgegeben. Aus diesem Grunde sind verschiedene Industrieprodukte immer knapp, z. B. Kühlschränke, Möbel usw., während die Qualität anderer Artikel, z. B. Bekleidung, Schuhen usw., weit unter Weltniveau liegt.

Das KGB-Personal hat unter diesen Mängeln kaum zu leiden. Im Grunde können KGB-Leute alles kaufen oder es »sich verschaffen«, obgleich die Inlandserzeugung der UdSSR qualitativ weit unter der des Westens rangiert. Infolgedessen verfallen die im Ausland stationierten KGB-Offiziere und -Zivilangestellte einem fieberhaften Rausch des Einkaufs solcher Waren. Ihre Wünsche können auf diese Weise endlich erfüllt werden, und sie vergessen dabei, daß die Kapitalisten angeblich ihre bösesten Feinde sind. Ostdeutschland ist eine Art Schaufenster der sozialistischen Welt, wo größter Wert darauf gelegt wird, zu zeigen, daß es der Bevölkerung gut geht und daß die Erzeugung industrieller Verbrauchsgüter einen hohen Stand erreicht. Außerdem bezieht die DDR Importe aus kapitalistischen Ländern.

Die KGB-Leute machen von dieser Gelegenheit vollen Gebrauch; sie kaufen Möbel, Kleidungsstücke, Teppiche und Schuhe, die sämtlich in Containern (Großbehältern) nach Hause in die Sowjetunion abgehen. KGB-Leute beziehen in der DDR einen höheren Sold als daheim, aber auch das reicht nicht immer aus, und manche wünschen dieses zusätzliche Geld gar nicht auszugeben. Daraus ergeben sich die verschiedensten *»Kombinazii«* und »Machinationen«, um sich die begehrten Güter umsonst anzueignen. Die Organisation des Handels für das Militär *(Wojentorg)* wird zum großen Teil in den Dienst dieser Bemühungen eingespannt. Die

»Wojentorg«-Läden unterstehen offiziell der Armee. Da aber das KGB sämtliche Organisationen überwacht, kontrolliert es nicht nur die Armee, sondern auch deren Verkaufs-Ladennetz.

Der Leiter der Wojentorg ist ein Sowjetbürger, der das KGB gut kennt, und er bemüht sich um die Pflege guter Beziehungen zu ihm, indem er seinen Beamten bei jeder Gelegenheit gute Dienste erweist. In der Regel geht das so vor sich: wenn Wojentorg neue Warenlieferungen erhält, teilt er dies der KGB-Abteilung mit, der er verantwortlich ist. Die KGB-Leute bestellen, was sie gerne haben möchten, d. h. viele Waren tauchen in den Wojentorg-Verkaufsstellen überhaupt nicht auf. Dann werden die neuen Lieferungen als »alte Lagerbestände« auf die Hälfte oder ein Drittel ihrer ursprünglich angesetzten Preise ermäßigt und den Offizieren aus dem Warenlager direkt in die Wohnungen geliefert. Diese Methode erfreut sich bei allen KGB-Bediensteten, aber auch bei den Parteiführern und Armee-Oberkommandeuren größter Beliebtheit.

Doch selbst bei solchen Schlichen müssen die Waren noch bezahlt werden, zwar nicht zu hohen Preisen, aber etwas kostet das immerhin. Es ist aber auch möglich, sie mit Hilfe von Unternehmen, die einer KGB-Abteilung oder einem individuellen KGB-Mann direkt unterstellt sind, gänzlich kostenlos zu erhalten. Wenn z. B. ein KGB-Mann für Lebensmittellager »verantwortlich« ist, wird ihm der leitende Lagerhalter alles, was er zu brauchen glaubt, zustellen. Es gibt auch Betriebe, die von KGB-Leuten für die persönliche Bereicherung ausgebeutet werden – ob es sich nun um eine militärische Radio-Werkstätte oder um eine Möbelfabrik handelt. Direktoren solcher Betriebe finden immer Mittel und Wege, um dem KGB-Mann, von dem ihr Wohl und Wehe abhängt, »behilflich« zu sein. Die KGB-Leute denken ihrerseits auch an die Bedürfnisse ihrer Kollegen. Wenn der eine für die anderen Möbel »beschafft«, »beschaffen« die anderen ihm Ersatzteile für sein Auto. Das vollzieht sich alles still und heimlich, denn die »beschafften« Güter werden entweder als »Ausschuß« (die russische Bezeichnung kommt aus dem Deutschen; sie lautet »Brak« = Bruch, d. h. Schrott oder Ausschußware) abgeschrieben, oder der Verkauf wird nur mit einer Art »Schutzgebühr«, d. h. einem rein nominellen Preis, abgebucht.

Nicht weit von Bernau liegen die »Torpedo«-Werke, wo leichte Kraftfahrzeuge der Sowjettruppen in Deutschland instandgehalten und ausgebessert werden. Für diesen Betrieb war meine Abteilung verantwortlich. Oberst I. T. Schilenko, dem wieder unsere Abteilung unterstellt war, äußerte den Wunsch, sich ein Auto der Marke »Wolga« zu »verschaffen«, aber beileibe nicht etwa es zu kaufen. Wünsche des Chefs sind für manche seiner Untergebenen oberstes Gebot. Es wurde beschlossen, in die »Beschaffung« des Autos die Torpedo-Werke einzuspannen. Die Fabrik schrieb einen alten »Wolga« als nutzlosen Schrott ab und verkaufte ihn für 100 Rubel an Schilenko. Nachdem er dieses Wrack erworben hatte, überwies Schilenko der Fabrik offiziell mehrere weitere hundert Rubel, wofür die Fabrik den Wagen »anständig herichten« sollte. Einige Monate später, das war schon 1970, übernahm Schilenko das Auto nach »gründlicher Überholung«. Aber außer dem Nummernschild war das nicht mehr das alte Auto, denn man hatte aus neuen Ersatzteilen ein völlig neues Gefährt montiert. Um sich ein Auto zu kaufen, hatte Schilenko mehr als genug Geld. Aber wer würde Geld für einen Kauf ausgeben, der das Produkt »umsonst« erhalten kann? Schilenko machte das immer so: er gab nie einen Pfennig aus, wenn er nicht dazu gezwungen war. Er telefonierte persönlich mit dem Oberleutnant Arjelanow, dem die Kleiderkammer unterstellt war, und befahl ihm, mehrere Paare weiße Unterhosen und Hemden für den Obersten zu beschaffen. Arjelanow führte diesen Befehl sofort aus.

Oberst Schilenko ist keine Ausnahmeerscheinung; viele KGB-Offiziere praktizieren seine »Einkaufs«-Methoden bis auf den heutigen Tag. Mit Hilfe der »Methode der Negativbewertung« (d. h. des künstlichen Hinunterschreibens der Preise) »beschaffte« Major Bojtschenko seiner Frau mehrere Pelzmäntel, und er »kaufte« Möbel und geschliffenes Kristallglas. Er versorgte auch die Leute, zu denen er Beziehungen hatte, mit ähnlichen Gütern. Wenn ich auf Urlaub nach Moskau fuhr, mußte ich öfters die von Bojtschenko »beschafften« Artikel als Geschenkpakete mitnehmen und abliefern. Darunter befanden sich ganze Porzellangedecke, Kristallgläser usw. Eines dieser Geschenke war für General Solowjew, den Leiter der KGB-Spezialabteilung bei den Fliegerabwehrtruppen des Okrug (Kreises) Moskau, bestimmt.

Einige Zeit im Jahr 1972 wurde unsere KGB-Abteilung von dem Major Michajlow geleitet. Er verdankte seinen dienstlichen Aufstieg seinen Beziehungen zum Leiter der Personalabteilung des Dritten KGB-Direktorats, Generalmajor Lushin. Michajlow dachte überhaupt nicht über seine Arbeit oder den Kommunismus nach; das einzige, was er im Kopfe hatte, war die persönliche Bereicherung. Er »beschaffte« buchstäblich alles, angefangen von Möbeln über Teppiche und Kleidungsstücke bis zu einem Jagdgewehr. Er vergaß dabei den General Lushin nicht; ihm sandte er regelmäßig Teppiche, Porzellan und pornographische Literatur, die es in der Sowjetunion nicht gibt.

Da unsere Abteilung die Aufsicht über das größte Kleiderlager der Sowjet-Truppenteile in der DDR führte, erhielten wir oft Bestellungen von den Spitzen anderer Sonderabteilungen in der DDR auf Schuhe und Stiefel, Hemden und Uniformhosen. Mehrere Male lieferte ich auf Anweisung unserer Abteilungskommandanten (Bojtschenko, Strishenko) Bekleidungsgüter an die in Potsdam stationierten Offiziere – 1970 an den seinerzeitigen stellvertretenden Leiter des KGB-Direktorats, General Alexejew, zwei Paar Schuhe und mehrere Hemden; und 1973 an das Oberhaupt der Personalabteilung, Oberst Grigorjew, Hosen und Hemden. General Titow, der eine Zeitlang Leiter des KGB-Direktorats in der DDR war, wurde später zum Kommandeur der Sonderabteilung im Wehrkreis Leningrad ernannt. Für seinen Umzug aus Potsdam wurden ihm zwei Militärflugzeuge gestellt, das eine für seine Reise mit seiner Familie, das andere, ein AN 12-Last-Transporterflugzeug mit 30 t Tragkraft, für die Beförderung seines Hausrats. Das war für ihn natürlich mit keinerlei Kosten verbunden, denn die Arbeiterklasse sorgt gut für ihre »Bediensteten«.

Der kommunistische
kleine Dienstadel

Bei der Durchführung der operativen Überwachung mehrerer Truppeneinheiten mußte ich ständige Beziehungen zu den Offizieren dieser Truppen pflegen. Ich lernte daher ihren gewöhnlichen Tagesablauf auf allen Rangstufen, von der niedrigsten bis zur höchsten, genau kennen. Das ganze Offizierkorps, seine »Kader«, ist deutlich in drei Schichten gegliedert: erstens die kommandierende Generalität der Armee; zweitens Kommandanten, deren Dienststellung in der »Nomenklatur des Zentralkomitees der KPdSU« erscheint – dazu gehören Divisionsbefehlshaber, die Leiter der Politischen Abteilungen der Divisionen, Armeebefehlshaber mit ihren Stellvertretern und den diesen Übergeordneten, und drittens Subalternoffiziere. Die beiden ersten Gruppen gehören zur »Sowjet-Mafia«.

Das Oberkommando befindet sich auf Grund seiner hohen Position auf der Stufenpyramide der gesellschaftlichen Struktur dem Range nach direkt in der Nähe des Politbüros und der Regierungsmitglieder. Aus diesem Grunde haben die Sowjetmarschälle auch eine entsprechend große Macht im Staat. Aber obgleich sie zur obersten Schicht der »Mafia« gehören, steht ihnen nicht ganz so viel an Machtvollkommenheiten und Genüssen wie der alleroberstersten Spitze, dem Politbüro und den Unionsministern, zu.

Die Mitglieder des militärischen Oberkommandos üben über die ganze Armee eine fast uneingeschränkte Macht aus; sie unterstehen nur noch dem Politbüro selber und der Regierung, die das Heer letzten Endes mit Hilfe des KGB und hochgestellter Parteibeamten kontrollieeren. Die ihnen zufließenden materiellen Vorteile sind praktisch grenzenlos. Ihr fantastisch hoher Sold erlaubt ihnen, besser als viele Kapitalisten im Westen zu leben, doch indem sie ihre Positionen und ihre Machtvollkommenheit über die Armee ausnutzen, können sie sich auf Staatskosten noch darüber hinausgehende Vorteile sichern und im Luxus schwelgen. Ihnen gehören am

Schwarzen Meer, an der Ostsee und in der Moldau-Republik sehr bequeme Villen, die von den Baubataillonen der Armee errichtet wurden. Die Villen werden durch Armee-Einheiten bewacht und geschützt; oft besteht auch die Dienerschaft in diesen Villen aus Soldaten, denen sie keinen Lohn zu zahlen brauchen, und die vor allem strikte Disziplin halten. Um auf Urlaub zu gehen, machen die Mitglieder des Oberkommandos vollen Gebrauch von Militärflugzeugen und Dienstautos, und ich möchte behaupten, daß der Sicherheitsschutz für die hohe Generalität noch strenger als der für ihre »Mafia«-Kollegen ist, die im Zivilleben stehen: Die Masse der Menschen, über die diese Elite herrscht, steckt in Uniform und ist den Militärgesetzen unterworfen, welche absoluten Gehorsam vorschreiben. Dieser Offizierstyp läßt sich – mit wenigen Ausnahmen – mit den Großgrundbesitzern des Zarenreiches aus dem Zeitalter der Leibeigenschaft vergleichen; auch diese besaßen alles, was das Herz begehrt, und sie durften über Leben und Tod ihrer leibeigenen Bauern entscheiden.

Andere hochgestellte Befehlshaber erfreuen sich einer fast ebenso großen Macht. Wenn sie es für nötig halten, können sie jeden Wehrpflichtsoldaten oder längerdienenden Unteroffizier vor ein Militärgericht zerren, das Urteile über mehrjährige Haftstrafen verhängen kann. Dabei kommt es gar nicht darauf an, ob der Angeklagte schuldig oder unschuldig ist; unter den in der Armee herrschenden Bedingungen läßt sich jeder Soldat, wenn man nur will, zum Schuldigen machen. Gewöhnliche (subalterne) Offiziere, also diejenigen, deren Rang nicht in der sogenannten »Nomenklaturliste« geführt wird, können nötigenfalls auch vor ein Militärgericht gestellt werden. Es ist aber üblicher, sie einfach zu verwarnen, sie auf einen niedrigeren Rang zu degradieren oder sie auf andere Art und Weise zu bestrafen.

Die Ähnlichkeit zwischen den hochprivilegierten Mitgliedern der Armeehierarchie und den Großgrundbesitzern der Vergangenheit wird noch dadurch unterstrichen, daß sie beide sozusagen Besitzer von großen Ländereien, Seen und Wäldern sind bzw. waren. In den verschiedensten Teilen der Sowjetunion sind der Armee ausgedehnte Landstriche als Übungsgelände und für andere Zwecke zugewiesen. Ganze

Forste und Seen sind für die Zivilbevölkerung Sperrgebiete, und die Sowjet-»Mafia« macht von ihnen persönlichen Gebrauch.

Unweit Kaunas (Kowno) in der Litauischen Sowjetrepublik gibt es einen Artillerie-Schießübungsplatz, wo eine der Luftlandedivisionen regelmäßig Übungen abhält. Dort befindet sich ein kleiner, idyllischer See, und in seiner Nähe steht eine Villa mit eigenem Garten, und all das wird ständig von Fallschirmjäger-Posten bewacht, nicht etwa weil dort so geheime Versuche durchgeführt werden, sondern weil ihr kommandierender General, ein gewisser Armeegeneral Margelow, so gern an dem See angelt und auf die Jagd geht. Er besitzt viele fischreiche Seen und ausgedehnte Jagdreviere bei Kaunas, Tula, Fergana, Pskow und in der Moldau-Republik.

Ein zweites Beispiel wirft ein grelles Licht auf die Raffke-Manieren des höheren Offizierkorps. Im Sommer 1971 führte die 20. Gardearmee in der DDR Manöver durch. Damals war der Oberkommandeur der gesamten Sowjetstreitkräfte in Deutschland der Generaloberst Kulikow, der inzwischen zum Armeegeneral und zum Chef des Sowjet-Generalstabs befördert wurde. Kulikow leitete die Truppenübung größtenteils vom Schreibtisch in seinem Wünsdorfer Stabsquartier aus. Nur einmal ließ er sich auf dem Artillerieschießplatz bei Magdeburg im Manöver selber sehen. Er sah sich dort die Schießübungen der 6. Gardedivision an. Während der vorangegangenen 24 Stunden hatten zwei Baubataillone 20 Stunden damit zugebracht, einen asphaltierten Straßenabschnitt zu schaffen, was natürlich viel Geld und Arbeitskräfte verschlang. Die Straße hatte den einzigen Zweck, daß Kulikow den Schießplatz erreichen konnte, ohne sich seine Generalsstiefel und seine Generaluniform schmutzig zu machen. Im ganzen verbrachte er vielleicht zwei Stunden auf dem Schießplatz, dabei fuhr er nur einmal die neue Straße entlang, sah sich die Schießübung an und entschwand nicht etwa per Achse, sondern in einem Hubschrauber, der ihn direkt nach Wünsdorf führte. Seitdem ist die neue Straße nicht mehr benutzt worden, sie ist eine Art Denkmal für den General. Wie viele derartige Denkmäler auf den verschiedenen Schießplätzen der Sowjetunion und der Mitgliedsländer des Warschauer Pakts stehen, weiß wohl niemand.

Gewöhnliche »Mafia«-Mitglieder aus den »Nomenklatur«-Rängen der Armee gehören ebenfalls einer privilegier-
ten Klasse an, die verantwortliche Stellen bekleidet und sich
zahlreicher Vorteile erfreut, die den Massen nicht zugänglich
sind. Sie sind vergleichsweise gut über die innen- und außen-
politische Entwicklung, sowie über die kurzfristigen Pläne
des Politbüros informiert. Dieses umfangreiche Wissen verhilft ihnen keineswegs zur Möglichkeit einer Beeinflussung
des Ereignisablaufs, denn sie sind nur dazu da, die Be-
schlüsse des Politbüros und der Regierung auszuführen. Die
vom Politbüro, vom Zentralkomitee der KPdSU und vom
Politischen Direktorat der Armee ausgehenden Informationen werden über ein geheimes Postverkehrsnetz befördert.
Zum Ablegen und Aufbewahren dieser Informationen gibt
es Sondereinheiten, die das Material streng bewachen.

Da es nicht so einfach ist, die Massen in Erbuntertänigkeit
zu halten, genießen auch die »Nomenklatur-Beamten« besondere Vorrechte, die sie von fast allen Alltagssorgen ent-
lasten. Die Gehälter, die ihnen in ihren Stellungen gezahlt
werden, sind erheblich höher als der Sold gewöhnlicher Offiziere der Streitkräfte. Auch sie können in nur für sie bestimmten Läden einkaufen; in den Militärlazaretten werden
für sie besondere Abteilungen mit Spezialausrüstungen geführt, und sie verbringen ihren Urlaub in Erholungsheimen,
zu denen andere Offiziere keinen Zutritt haben. Kurzum,
fast alles, was für ihren Gebrauch bestimmt ist, ist auf diese
oder jene Art »speziell«. Selbst ihre Theater- und Kinobe-
suche kosten sie nichts, und die besten Plätze werden für sie
reserviert.

Trotz aller dieser Vorzüge wollen manche von ihnen noch
mehr. Sie setzen jeden ihnen zugänglichen Hebel in Bewegung, um sich zu bereichern: den Staatsetat, ihre amtliche
Position und ihre Macht über die Untergebenen. Der Befehlshaber der rückwärtigen Nachschubdienste der 20. Gardearmee, stellvertretender Armeekommandant Generalmajor
Shirnow, nützte seine Stellung als Quartiermeister 1970 dazu
aus, um den Wojentorg-Läden zu befehlen, das von ihnen für
die Versorgung der Soldaten angekaufte Fleisch und andere

Lebensmittel zu verkaufen. Den Ertrag dieses Handels mit der Außenwelt steckte er in die Tasche. Daß die den Soldaten aufgetischten Fleischportionen auf diese Weise kleiner wurden, ging niemanden etwas an. Dieses System hielt sich für ungefähr ein Jahr, bis einmal eine Verkäuferin in einem Wojentorg-Laden nach einem Streit mit ihren Vorgesetzten damit drohte, die Tatsachen an die große Glocke zu hängen. General Shirnow, der sich vor dem Bekanntwerden seiner Unterschleife fürchtete, ordnete die Einstellung des Verkaufs von Armeeproviant an. Später »überführte« man die Verkäuferin irgendwelcher Diebereien – natürlich hatte man ihr vorsorglich eine Falle gestellt, und sie verschwand für zwei Jahre hinter schwedischen Gardinen.

In der 20. Gardearmee wurde der Name des Generalleutnants Siwenok gleichbedeutend mit dem eines krankhaften Geizhalses. Er haßte es, auch nur einen roten Heller von seinem Sold auszugeben, wenn er es irgend vermeiden konnte. Buchstäblich alles, Möbel, Teppiche, Porzellan, Bilder wurden offiziell für die Einrichtung seines Büros oder zur Möblierung der Offiziersquartiere eingekauft, in Wirklichkeit wurde alles das in sein eigenes Haus geliefert. Er speiste und trank – natürlich umsonst – im Offizierskasino und manchmal sogar auf Kosten des Kasinopersonals.

Das sind keineswegs Ausnahmefälle; es sind ganz alltägliche Vorkommnisse, und niemand wundert sich über ein solches Betragen »echter Kommunisten« besonders. Manchmal gehen aber »Nomenklatur-Beamte« zu weit, und das hat dann unangenehme Folgen. Das war der Fall, als einer in der Öffentlichkeit wegen seiner dunklen Geschäfte bekannt wurde und auf die »weiße Weste« der Partei einen Schmutzfleck zu machen drohte. Generalmajor Pitkewitsch, Brigade-Kommandeur in Ostberlin und damaliger Kommandant der Sowjetgarnison in Berlin, hatte gute Beziehungen – im Verbrecher- und KGB-Jargon »Blat«[1] genannt – zum Verteidi-

---

1 »Blat« wurde aus dem Jiddischen, einem mittelalterlichen deutschen Dialekt, in die Gaunersprache übernommen. Es bedeutete ursprünglich nur ein beschriebenes Blatt Papier, dann durch Übertragung ein amtlich gestempeltes Dokument, einen Schutzbrief – und daraus leitet sich sein heutiger Sinn als »gute Beziehung zur Obrigkeit« her.

gungsministerium der UdSSR. Daher fühlte er sich ganz sicher und übertraf alle anderen in seiner schamlosen Geldgier. Er hatte sich mit einem längerdienenden Unteroffizier, der das Lebensmittellager verwaltete (also mit einem sogenannten Fourage- oder Rechnungsfeldwebel), auf eine kriminelle Zusammenarbeit eingelassen. Auf Ersuchen des Generals begann der Feldwebel, der schon an die 15 Jahre in der DDR Dienst getan hatte, Lebensmittel billig an die deutsche Bevölkerung zu verkaufen. Später zog der General noch eine Reihe seiner Freunde, die verschiedene andere Lager verwalteten, in diesen Schwarzhandel hinein. Alles schien gut zu gehen, und General Pitkewitsch steckte Zehntausende von Mark ein. Aber bald kam es vielen, die in seiner Brigade dienten, zu Ohren, daß der General so riesige Nebenverdienste hatte. Man erzählte sich alle möglichen Geschichten, und einige Armeemitglieder nannten den General einen Betrüger und einen Schuft. Es ist verboten, sich von der »Mafia« etwas Schlechtes zu denken, geschweige denn, es offen auszusprechen. Das KGB mischte sich ein, und auf seine Empfehlung hin leitete der Militärstaatsanwalt eine Untersuchung ein. Das Ergebnis dieser Untersuchung führte natürlich nicht zur Anklageerhebung gegen den General. Er war nur zu vertrauensselig gewesen und hatte sich und sein Vertrauen von dem korrupten längerdienenden Unteroffizier ausbeuten und mißbrauchen lassen. Außerdem hatte der General nie illegal Geld eingesteckt! Ein Militärgericht verurteilte den Feldwebel zu eineinhalb Jahren Freiheitsentzug. Doch kannten allzu viele Personen die Wahrheit über den General, darum wurde er in die Sowjetunion zurückversetzt und sehr bald danach mit seiner Pension in den Ruhestand geschickt.

Diese gewöhnlichen »Mafia«-Mitglieder benehmen sich in ihrem Privatleben auch nicht besser als im Dienst. Manchmal führen sie sich als die ärgsten Trunkenbolde auf. Im November 1973 feierten der Kommandeur der 6. Gardedivision, Oberst (inzwischen zum General aufgerückt) Sotzkow, und der Leiter der Politischen Abteilung bei derselben Division, Oberst Tschelyschew, den Gedenktag der Oktober-Revolution (die nach dem gregorianischen Kalender am 7. November stattfand) allzu gründlich. Sie gingen mit ihren Frauen durch Bernau spazieren. Die frische Luft tat ihnen anscheinend gut, und die beiden Obersten beschlossen, in einer Kneipe einzukehren und sich dort ein Gläschen Wodka zu genehmigen. Wie die Dinge so gehen, wurden aus dem einen Glase zwei und bald drei, und schnell waren die beiden wieder betrunken. Es wurde schon spät, und sie machten sich auf den Heimweg, aber ohne zu zahlen. Der Kneipenbesitzer schloß jedoch die Ausgangstür ab und verlangte sein Geld. Sotzkow und Tschelyschew, kräftig unterstützt durch ihre beiden Frauen, schlugen einen Höllenlärm und schrien, sie hätten schon gezahlt, und der Kneipenbesitzer sei ein Schwindler. Der Besitzer rief die Polizei und die Kommandantur telefonisch an und meldete das ungehörige Auftreten der zwei Offiziere. Er wußte aber nicht, daß der eine von ihnen der Stadtkommandant der Bernauer Garnison und der andere dessen Stellvertreter in politischen Angelegenheiten war und daß die Ortsbehörden in gewissem Maße von ihnen abhängig waren. Man kann sich leicht vorstellen, wie verlegen der Chef der Kommandantur, Major Tyrin, und der Ortspolizeichef wurden, als sie eintrafen. Keiner von den beiden wußte sich Rat, was zu tun sei, bis Oberst Sotzkow die Lage rettete. Er befahl dem Major Tyrin, sich mit diesem »Schuft und Gauner« auseinanderzusetzen, und dann trollte er sich mit Tschelyschew und den beiden Frauen im Auto der Kommandantur nach Hause.

Major Tyrin bezahlte dem Kneipenwirt den Wodka, und der Polizeichef befahl ihm, über den Vorfall den Mund zu halten. Der Zwischenfall wurde bald von allen Beteiligten außer vom Major Tyrin vergessen, der uns in der KGB-Abteilung sofort anrief. Selbstverständlich unternahm unsere Abteilung nichts gegen die beiden Obersten, aber »für alle Fälle« wurden in den wichtigen Personalakten Aktenvermerke angelegt. Wer weiß, alles kann noch einmal eines schönen Tages nützlich werden!

Die übergroße Mehrheit der Subalternoffiziere, also der Zugführer, Kompanieführer, Bataillonskommandanten, Regimentskommandanten und viele andere gehören nicht zu den »Nomenklaturbediensteten«. Diese Subalternoffiziere entstammen allen Teilen der Gesellschaft, der Arbeiterschaft, dem Bauerntum, der »Intelligenzija«, den Reihen der Partei-mitglieder usw. Jeder junge Mann unter 21 Jahren mit abge-schlossener Oberschulbildung, dessen politisches Vorleben zur Zufriedenheit der Behörden überprüft wurde, kann auf eine militärische Offiziersschule gehen. Die Länge der dor-tigen Ausbildung ist verschieden und schwankt zwischen drei und sechs Jahren. Die Kadetten unterliegen einer intensiven Ausbildung, und man versucht, ihnen einzuhämmern, daß sie überzeugte Kommunisten werden müssen. Man belehrt sie, daß die Tatsache ihrer Aufnahme in das Offizierkoprs ein Zeichen des besonderen Vertrauens sei, das man ihnen schenkt; darum müßten sie auf ihre goldverzierten Achsel-stücke und auf ihre Sterne auch entsprechend stolz sein. Das Eintrichtern kommunistischen Denkens hört nicht etwa nach dem Abgang von der Offiziersschule auf; im Gegenteil, es verstärkt sich progressiv und nimmt erst dann ein Ende, wenn der Offizier in den Ruhestand tritt. Das Ziel dieser ganzen ideologischen Bearbeitung ist die Schaffung eines zu-verlässigen Offizierkorps, das dem Regime treu ergeben ist.

Im Sowjetsystem nimmt der einfachste Offizier eine sozial höhere Stellung ein als z. B. der Ingenieur, der Techniker oder ein großer Teil der Bürokraten. Sein Sold ist höher als das Gehalt dieser anderen Berufe, und er ist auch sozial bes-ser gesichert, aber damit haben seine Vorteile ein Ende. Wie alle anderen Sowjetbürger bzw. in noch höherem Grade muß er streng gesetzestreu leben und alle Befehle des Politbüros und der Regierung strikt befolgen. Als Gegenleistung für be-scheidene Vorrechte muß er stets bereit sein, »auf höheren Befehl« zur Verteidigung des Regimes gegen seine »äußeren« und, wenn Not am Mann ist, auch gegen dessen »innere« Feinde anzutreten. Das letztere kommt in Zeiten von Un-ruhen (!) unter den Arbeitern vor, die immer noch trotz aller Unterdrückungsbemühungen in der Sowjetunion und in den anderen »sozialistischen Bruderländern« ausbrechen. Die schlagendsten Beispiele dafür, wie die »glorreiche Sowjet-armee« die Befehle der Führung befolgt, waren die Unter-drückung der Arbeiter in der DDR, in Polen, Ungarn und in der Tschechoslowakei.

Welches Leben führen diese Offiziere? Was für Interessen

haben sie, und wie verbringen sie ihre Freizeit? Das 16. Motorisierte Schützenregiment der 6. Motorisierten Gardeschützendivision, das in Bad Freienwalde in der DDR stationiert war, liefert dafür ein Beispiel. Ein motorisiertes Schützenregiment ist eine selbständige und unabhängige Einheit mit eigenen Panzern, eigener Artillerie, Flugabwehr- und anderen Detachements. Das Regiment hat im ganzen 180 Offiziere und besteht aus 1 800 Mann. Keiner der Offiziere vom Regimentskommandanten angefangen bis zum Zugführer ist ein »Nomenklatur-Bediensteter«, d. h. das Regiment gehört nicht zu den bevorzugten Truppenteilen. Aber auch unter seinen Subalternoffizieren, und das sind nach der »Nomenklatur«-Definition alle, gibt es keine Gleichberechtigung; die Offiziere bauen ihre eigenen Unterklassen auf. Bevorzugung und Benachteiligung zeigen sich nicht nur in den Unterschieden zwischen dem Pflichtdienst, den Rechten und der Besoldung der einzelnen Offiziere, sondern auch in ihrem persönlichen Leben, in ihrem Auftreten und ihren Beziehungen zueinander.

Einige wenige von ihnen, der Regimentskommandeur, seine fünf Stellvertreter und der Sekretär des Parteikomitees beim Regiment, genießen Vorrechte und bilden die sogenannte »Elite des Regiments«. Sie spielen im Leben der Truppe eine wichtige Rolle, und sie versuchen, ihren Rang auf alle mögliche Art und Weise materiell auszunutzen, obgleich sie dazu nicht dieselben Möglichkeiten wie die wenigen Auserwählten der »Nomenklatur-Bediensteten« und der KGB-Leute haben. Die erste Einnahmequelle, die sie ausbeuten, ist der Wojentorg-Laden, in dem die Offiziere und die längerdienenden Unteroffiziere einkaufen dürfen. Der oben von mir beschriebene Schwarzhandel ist hier nicht möglich. Die Regiments-Elite hat dafür keine Gelegenheit, aber sie ist trotzdem in der Lage, aus der Existenz des Wojentorg-Ladens gewisse Vorteile zu schlagen.

Die Waren, die für den Vertrieb in den Wojentorg-Läden geliefert werden, zerfallen in Mangelwaren und gewöhnliche Güter. Um die Mangelwaren (Porzellan, Teppiche und Möbel) »gerecht« zu verteilen, wird auf einer allgemeinen Versammlung der Offiziersfrauen eine »Einkaufskommission«

gewählt. Die Kommission besteht gewöhnlich aus drei bis fünf Frauen, die eine Namensliste der Offiziere und eine Liste der Mangelwaren aufstellen, welche von den Offiziersfamilien restlos aufgekauft werden. Diese Listen werden jahrelang geführt und entscheiden darüber, wann jede Familie beim Bezug von Mangelgütern »drankommt«. Nach der offiziellen Theorie müssen der Regimentskommandeur und seine Stellvertreter unbedingt abwarten, bis die Reihe an ihnen ist. In der Praxis gehen die Frauen des Regimentskommandeurs und seiner Stellvertreter nach Eintreffen irgend einer neuen Warenlieferung eine Stunde vor Öffnungszeit in den Wojentorg-Laden und wählen aus, was immer ihnen gefällt; sie bezahlen diese Käufe sofort in bar und nehmen sie mit nach Hause. Alle wissen davon, aber fast alle ziehen es vor, darüber Stillschweigen zu bewahren.

Und trotzdem brechen manchmal Konflikte aus; ein solcher trug sich auch im 16. Regiment zu. Schuld daran war die Frau des Regimentskommandeurs Oberstleutnant Morosow. Sie kaufte nicht nur oft außer der Reihe Mangelwaren; sie rühmte sich dessen auch offen gegenüber den anderen Offiziersfrauen, was deren Eifersucht erregte. Im Jahre 1973 war die Frau des leitenden Regimentsarztes Oberleutnant Wisner mit dem Kauf eines Eßgeschirrs an der Reihe, aber Frau Morosowa war ihr zuvorgekommen und hatte ihr das Geschirr im voraus weggekauft. Frau Wisner nahm sich daraufhin vor, »die Lage aufzuklären«. Sie verlangte, daß Frau Morosowa das Geschirr unverzüglich an den Laden zurückgebe, und als sich Frau Morosowa weigerte, kam es zu einer Prügelei, in der sich die beiden Frauen ohrfeigten und einander die Haare ausrissen. Der Ehemann der Frau Morosowa fand einen Vorwand, um sich an Wisner zu rächen, indem er über ihn einen ungünstigen Bericht schrieb, der dazu führte, daß die Wisners in die Sowjetunion zurückversetzt wurden, wo der Mann einen Posten in einem provinziellen Wehrkreis annehmen mußte.

Im Oktober 1973 hielten die Offiziersfrauen wieder einmal ihre Generalversammlung zur Wahl einer neuen »Einkaufskommission« für 1974 ab, und die Frau von Oberleutnant Anisimow beantragte, daß der Regimentskommandeur und seine Stellvertreter von nun an immer abwarten sollten, bis sie mit der Zuteilung von Mangelwaren an der Reihe wären. Frau Morosowa sprang erregt auf und schrie zu ihrem Ehemann, der mit seinem Stellvertreter den Vorsitz in der Versammlung führte, hinüber: »Du bist der Regimentskommandeur, befiehl ihr, die Schnauze zu halten! Stopfe ihr die Fresse!« Oberst Morosow gebot der Frau Anisimowa mit einer Geste, zu schweigen, und verkündete: »Wir alle sind hier im Ausland darauf aus, so viele bunte Lappen wie nur möglich zu kaufen. Ich auch. Ich bin der Regimentskommandeur. Ich habe immer außerhalb der Reihe gekauft und werde das weiter tun. Das Gleiche gilt für meine Stellvertreter. Und Sie werden bekommen, was übrig bleibt.« Er hielt sein Wort, und alles lief so weiter wie bisher.

Obgleich der Kommandeur und seine Stellvertreter alles andere als schlecht besoldet waren, versuchten sie »nebenher« Geld zu machen, um die Warenmengen bezahlen zu können, die sie haben wollten. Sie entnahmen den Regimentsvorräten ohne Bezahlung Fleisch, Butter, Mehl, Brot und andere Lebensmittel und schlossen mit verschiedenen Ostdeutschen alle möglichen Handelsgeschäfte ab.

Von 1969 bis 1972 erlaubte Malofejew, ein stellvertretender Regimentskommandeur, mit Billigung seines Kommandanten einem deutschen Kollektivbauern aus der Umgegend von Bad Freienwalde, seine Schafe auf dem Regiments-Schießplatz weiden zu lassen. Dafür zog er 20 000 Mark ein und verteilte sie zu gleichen Teilen auf den Kommandeur und seine Stellvertreter. Malofejew verkaufte auch Butter und Fleisch aus den Regimentsvorräten an Ostdeutsche. Als er 1972 in den Ruhestand trat, reiste er nach Odessa ab, aber vorher expedierte er vier Container-Ladungen Teppiche, Möbel und geschliffenes Kristallglas in die Heimat.

Seine Ablösung, Oberstleutnant Tertyschnij, beschloß, sein zusätzliches Einkommen anders aufzubauen, indem er nicht stahl, sondern seine Einkünfte »verdiente«. Er schloß mit dem Wäscherei- und Bade-»Kombinat« in Bad Freienwalde einen Vertrag ab. In dessen Rahmen arbeiteten täglich etwa 100 Sowjetsoldaten vom 16. Regiment drei Monate lang in dem »Kombinat«, aber ihre Löhne flossen in die Taschen von

Tertyschnij und seinen Stellvertretern. Major Konik, der stellvertretende Politoffizier des Regiments, und ein anderer stellvertretender Regimentskommandeur, Oberstleutnant Zetschkladse, schlossen ähnlich einträgliche Verträge mit Kollektivgütern ab.

Diese Methode des »Geldverdienens« ist sehr beliebt. Wo auch immer Sowjeteinheiten in der DDR stationiert sind, findet man, daß Sowjetsoldaten für in der Nähe von Garnisonen gelegene deutsche Unternehmen arbeiten. Sie werden überall dort eingesetzt, wo man ungelernte Arbeiter braucht: zum Ausschachten von Baugruben für Neubauten, für die Abfuhr von Bauschutt von den Baustellen und zum Ausmisten von Schweineställen. Es macht nichts, daß es sich um schmutzige Arbeiten handelt – es verhilft den »Kommandeuren aus dem Mutterland« zum Führen eines fröhlichen Lebens, obgleich eine Verordnung des Verteidigungsministers den Einsatz von Sowjetsoldaten in deutschen Unternehmen verbietet. Solche Arbeiten werden daher stets unter der Flagge der »internationalen Hilfe« organisiert und ausgeführt, die den Zweck haben soll, die Freundschaft zwischen den Bürgern der Sowjetunion und Deutschlands zu festigen. Manchmal sind solche Planungen auch echt, z.B. in der Form der Errichtung von »Freundschaftshäusern« oder der Ausrüstung von Jungpionierlagern, und dann werden sie in Presse und Rundfunk gehörig breitgetreten. Aber solche Vorkommnisse sind selten. Rund 98 v.H. des Arbeitsverdienstes von Sowjetsoldaten, die in deutschen Unternehmen werken, fließen direkt in die Taschen ihrer Befehlshaber.

Die hohe Obrigkeit weiß ganz genau, was sich abspielt, aber sie zieht es vor, davon offiziell keine Kenntnis zu nehmen. Sie sagt sich, daß diese Offiziere zwar keine Mitglieder der »Mafia«-Elite sind, daß es sich aber bei ihnen doch um verantwortliche Spezialisten handelt, und wenn es ihnen gelingt, aus ihrer offiziellen Position gewisse Vorteile zu ziehen, die sie in die Lage versetzen, besser als viele andere zu leben, dann stellt es sie zufrieden und macht sie dem Sowjetregime umso ergebener.

Nach dem erfolgreichen Abschluß von Abkommen über »Nebenher«-Einkünfte pflegten der Regimentskommandeur und seine Stellvertreter mit allen ihren Frauen Trinksessionen abzuhalten. Die Kosten für die Getränke wurden aus dem Arbeitsverdienst der Soldaten aufgebracht, und die kalten Platten wurden aus Vorräten zusammengestellt, die den Regimentsvorräten entnommen wurden. Im allgemeinen waren das wilde Trinkgelage, auf denen der Wodka in Strömen floß. Die Festlichkeiten hörten nicht vor dem Morgengrauen auf; oft nahmen auch Ostdeutsche an ihnen teil. Das waren die Vertreter der Ortsbehörden von Bad Freienwalde und die Direktoren der Unternehmen, in denen die Soldaten arbeiteten. Wenn alle Teilnehmer betrunken waren, artete das Fest in eine Orgie aus. Bei einer solchen Gelegenheit veranlaßten die Offiziersfrauen den Obersten Muraschtschenko, sich vollkommen nackt auszuziehen und in der Mitte des Saales stehen zu bleiben, wo die Weiber um ihn herumtanzten. Die »internationalen Freundschaften« nahmen sehr unkonventionelle Formen an. Es kam hier und da vor, daß die Gattin des Regimentskommandeurs, Frau Morosowa, die Nacht mit Oberstleutnant Schemerling von der Nationalen Volksarmee der DDR zubrachte, während Frau Schemerling mit dem Obersten Muraschtschenko schlief. Gewöhnlich wußten alle außer den Nächstbetroffenen alles über alle.

So lebt die »Elite des Regiments«. Die übrigen Offiziere verzehren sich in der Hoffnung auf bessere Tage. Einige versuchen, für sich etwas zu »organisieren«, aber die Möglichkeiten sind begrenzt, und fast alle derartigen Versuche enden unglückselig. So wurde die Frau des Oberleutnants Semjenow im Sommer 1973 auf frischer Tat dabei ertappt, als sie in einem deutschen Laden ein teures Kleid stehlen wollte. Sie wurde durch die deutsche Polizei verhaftet, die sie den Sowjetstellen übergab. Frau Semjenowa wurde verwarnt, daß ihr Verhalten eines Sowjetbürgers unwürdig sei, und mit ihrem Mann in die Heimat abgeschoben. Damit war der Zwischenfall erledigt. Er erregte kein großes Aufsehen, denn man hielt ihn für durchaus üblich. Es gibt jedoch immer noch Offiziere, die sich über alles, was in der Sowjetarmee und in der ganzen Sowjetunion vorgeht, Gedanken machen, aber sie sind eine kleine Minderheit, und das KGB steht ihnen im Wege. Solche Menschen sind gefährlich, sie denken zu viel!

Entbehrungen
des Fußvolks

Meine dienstliche Tätigkeit brachte mich nicht nur mit Sowjetoffizieren und Ostdeutschen, sondern auch mit den einfachen Soldaten in Berührung. Die Existenzbedingungen dieser Mitglieder der Gruppe der Sowjetstreitkräfte in Deutschland (GSSD) sind in Deutschland noch armseliger als in den Wehrkreisen auf Sowjetgebiet. Es ist ihnen aufs strengste verboten, den Kasernen- oder Militärlagerbereich zu verlassen. Die zwei Jahre, für die der Soldat im allgemeinen nach Deutschland abkommandiert wird, sind für ihn eine Zeit der Entbehrungen und Quälereien. Er erhält niemals Ausgang aus der Kaserne, selbst an Samstagen, Sonntagen und öffentlichen Feiertagen nicht. Nur gelegentlich dürfen ein paar Soldaten unter Aufsicht eines Offiziers einige Stunden in der Stadt oder in dem Dorf, wo sie stationiert sind, spazieren gehen. Doch solche Ausflüge sind selten, und nur die besten und diszipliniertesten Soldaten dürfen an ihnen teilnehmen.

Die Kasernen selbst sind meistens Altbauten, die schon von Hitlers Wehrmacht benutzt worden waren. Das einzige, was sich geändert hat, ist die Zahl der in ihnen untergebrachten Soldaten. In einem einzigen ehemaligen Kompaniequartier haust jetzt ein ganzes Bataillon; in den Stuben eines deutschen Bataillons lebt nunmehr ein Regiment. So z. B. war die Kaserne in Bad Freienwalde einstmals die Unterkunft für ein Kradfahrer-Bataillon, während dort jetzt das 16. Motorisierte Schützenregiment (2 000 Mann) zusammen mit einer Abteilung der Raketenartillerie eingepfercht ist. Die Dächer und Außenwände der Gebäude sind noch die alten, während in ihrem Inneren alles umgebaut worden ist. Man hat sämtliche Trennwände, die früher die Kaserne in kleine Stuben einteilten, herausgerissen und aus den ehemaligen Kammern große Schlafsäle für je etwa 100 Mann gemacht. Auch die Dachböden wurden in Kompanie-»Stuben« umgebaut. Sämtliche Spinde und anderen »überflüssigen« Einrichtungen, die früher einmal das harte Soldatenleben erträglicher gemacht hatten, wurden entfernt. Sowjetsoldaten brauchen solche Bequemlichkeiten nicht, denn sie haben spartanisch zu leben. Jeden Abend falten sie ihre Uniformen zusammen und legen sie auf einen Hocker. Die Uniformmäntel werden im Korridor aufgehängt, und die Paradeuniformen werden in der Kleiderkammer abgegeben und aufbewahrt. Wozu braucht ein Sowjetsoldat ein eigenes Spind, wenn er nichts besitzt, was er hineinlegen könnte? Diese Art der Rationierung von »Lebensraum« ermöglicht es, dort, wo früher 150 bis 200 deutsche Soldaten schliefen, jetzt 500 Mann unterzubringen. Sagt doch schon ein russisches Sprichwort: »Zusammengedrängt ist nicht dasselbe wie beleidigt.«

Was sich in den Mannschaftsquartieren allnächtlich beim Schlafen in so drangvoll fürchterlicher Enge unter 100 Mann in einem Schlafsaal abspielt, kann man sich leicht ausmalen. Ich mußte einige Male in der Nacht solche Schlafsäle betreten. Dort herrscht buchstäblich ein ekelhafter Gestank, und die ersten Minuten kommen einem unerträglich vor; man möchte am liebsten wieder in die frische Luft entfliehen. Erst nach 10 oder 15 Minuten gewöhnt man sich einigermaßen daran. Wenn man die Kaserne verläßt und die Straße erreicht, macht einen die frische Luft einfach betrunken. Man wundert sich nur, wie der Mensch unter solchen Bedingungen überhaupt schlafen kann. In den Waschräumen sieht es nicht besser aus. Duschräume befinden sich im Keller der Kasernen, und in jedem von ihnen gibt es nur zwei oder drei Duschen. Es ist althergebrachte Routine, daß sich die Soldaten einmal in der Woche zu waschen haben, was meistens am Samstag geschieht. Das ganze Regiment hat Befehl, sich binnen vier oder fünf Stunden zu waschen, und wie es dabei zugeht, kann man sich vorstellen, wenn man weiß, daß es für je ein Bataillon nur einen einzigen Duschraum mit drei Duschen gibt, und daß ein motorisiertes Schützenbataillon aus über 400 Mann besteht. Die einzelnen Kompanien des Bataillons werden getrennt zum Waschen geführt, und jede Kompanie muß damit innerhalb einer Stunde fertig sein.

Wie gegessen wird – in der Soldatensprache die »Essensausgabe« – ist ebenfalls recht interessant. Jede Truppeneinheit besitzt eine Kantine, die groß genug ist, um alle ihre Soldaten auf einmal abzufüttern. Im 16. Regiment können 2 000 Mann auf einmal »futtern«. In der Kantine stehen große Tische, die fest mit den Sitzbänken verschraubt sind. An jedem Tisch können 10 bis 15 Mann Platz nehmen. Kurz vor dem Essen wird ein Stoß Blechteller zusammen mit zwei Essensbehältern auf den Tisch gestellt. Der eine enthält den ersten Gang, eine Suppe, der andere den zweiten Gang, »Kascha« (dicke Buchweizengrütze) oder auch Fleisch und Kartoffeln bzw. Fisch und Kartoffeln. Die Soldaten marschieren in Reih' und Glied singend in die Kantine. Jeder Soldat setzt sich auf seinen angestammten Platz. Sobald alle sitzen, muß ein für jeden Tisch ernannter Soldat seinen Kameraden ihr Essen zuteilen, und das Essen kann beginnen.

Es ist kaum vorstellbar, wie es beim gemeinsamen Essen von 2 000 Mann zugeht. Sie sitzen dicht gedrängt beisammen, es herrscht Lärm, viele schreien herum, weil der eine seine Essensportion, der andere seinen Löffel verloren hat und dem Dritten seine Fleischportion gestohlen wurde. Ebenso wie in den Schlafsälen herrscht in den Kantinen, besonders im Sommer, »dicke Luft«. Die Essensgerüche vermischen sich mit dem Geruch schwitzender Menschenleiber, und die Temperatur ist fast so hoch wie in einem türkischen Dampfbad. Es ist Vorschrift, daß binnen 30 Minuten alles aufgegessen werden muß; nach Ablauf dieser Zeit ertönen Kommandorufe zum Rückmarsch in die Kasernen-»Stuben«. Überall in der Armee ist die Essensausgabe in dieser Weise geregelt.

Überall in den Kasernen hängen Lautsprecher, über die das Erste Radioprogramm des Senders Moskau oder die Sendungen von »Radio Wolga«, des eigenen Senders der Gruppe der Sowjetstreitkräfte in Deutschland, übertragen werden. Den Soldaten ist der Privatbesitz von Radioapparaten gestattet, aber mit der Einschränkung, daß sie in der Kleiderkammer der Kompanien abgegeben werden müssen und nur an Sonn- und Feiertagen an die Besitzer ausgegeben werden. Diese Einschränkung wurde auf Betreiben der »Politarbeiter« bei der Truppe eingeführt, weil diese fürchteten, daß die Soldaten sonst Radio Free Europe, die BBC oder die Stimme Amerikas abhören würden.

Der Alltag des Soldaten ist so »verplant«, daß er immer

zu tun hat: Exerzieren, Politunterricht, Kampfausbildung und Waffenputzen. Vor dem Schlafengehen hat der Soldat eine Stunde »Freizeit«, in der er sich auf den nächsten Morgen vorzubereiten hat – durch das Säubern seiner Uniform, das Annähen eines neuen Kragens und, wenn ihm noch Zeit übrig bleibt, durch Schreiben eines Briefs nach Hause. Auch an den Wochenenden bleibt der Soldat in der Kaserne, mit dem Unterschied, daß an die Stelle der Ausbildung der Sport tritt. Gewöhnlich fängt dieser mit einem Querfeldeinlauf von 3 bis 5 km Länge an; danach marschieren die Soldaten in das Regimentsstadion und sehen Sportwettkämpfen zu.

Der Monatssold beträgt 15 Mark (DDR). Aus ihm muß der Soldat den Kauf aller Toilettenartikel, die er braucht, sowie von Schreibpapier und Briefumschlägen bestreiten. Er erhält eine kostenlose Zigarettenration – aber was für Zigaretten sind das! Ihre Füllung besteht aus Tabakstaub, Schmutz und Tabakrippen, und sie haben natürlich auch keinen Filter. Die Soldaten nennen sie »Präservative« oder »TB« und witzeln, der nächste Krieg gegen Amerika sei leicht zu gewinnen, wenn man den Amerikanern nur diese Zigaretten zum Rauchen liefere.

Um ihren ärmlichen Sold aufzubessern, verkaufen die Soldaten den Ostdeutschen für billiges Geld mancherlei: Uhren, die sie von zu Hause mitgebracht haben, Radioapparate oder Kanister mit gestohlenem Benzin. Da den Soldaten das Verlassen des Kasernengeländes verboten ist, sind solche Handelsgeschäfte für sie nicht ungefährlich. Man muß sich auf sie sorgfältig vorbereiten, und im allgemeinen wagen nur alterfahrene Landser solche »kriminellen« Delikte. Einer oder mehrere von ihnen melden sich krank und erhalten vom Truppenarzt eine Bescheinigung, die sie von der Teilnahme an der Ausbildung befreit. In dieser Zeit holen sie ihre »Warenvorräte« aus einem Versteck hervor, klettern über den Zaun und versuchen, Käufer zu finden. Manchmal stellen sie sich einfach am Straßenrand auf und bieten ihre »Ware« vorbeifahrenden deutschen Autofahrern an. Alles wird sehr billig abgegeben: für eine gute Uhr oder ein Radio verlangen sie 30 bis 50 Mark; 20 Liter Benzin kosten mit dem Kanister nur etwa 20 Mark (der Literpreis an den DDR-Tankstellen beträgt 1,50 Mark). Wenn diese Soldaten von einer Militärstreife aufgegriffen werden, beschlagnahmt diese ihre ganzen Einnahmen, und man steckt sie dann für ein oder zwei Wochen in Kasernenarrest.

Trotz des drückenden Dienstes wäre das Leben der Soldaten vielleicht noch erträglich, wenn sie nicht außerdem unter der grundlegenden Ungerechtigkeit der Herausbildung zusätzlicher »Klassenunterschiede« zu leiden hätten, die sich auf dem Dienstalter aufbauen. Die Gruppen der Dienstälteren verfolgen und quälen die Dienstjüngeren unbarmherzig. Nach der Sowjetverfassung ist jeder männliche Sowjetbürger im Alter von 18 Jahren zu einem zweijährigen Militärdienst verpflichtet. Die Einberufungen finden zweimal im Jahre, im Frühling und im Herbst, statt, und zur gleichen Zeit kommen die Soldaten, die ihre Wehrdienstzeit »heruntergerissen« haben, zur Entlassung. Es gibt also zu jeder Zeit in der Sowjetarmee gleichzeitig vier verschiedene Dienstaltergruppen – diejenigen, die mit ihrer Wehrpflicht gerade begonnen haben; diejenigen, die in ihr zweites Diensthalbjahr eingetreten sind; die »Anfänger« des zweiten Dienstjahres, und schließlich jene, die ihr letztes Halbjahr abdienen und auf ihrem Kalender jeden Tag, der vorüber ist, ausstreichen. Amtlich wird vorgegeben, daß sämtliche Dienstaltersgruppen gleichberechtigt sind, und nicht einmal die längerdienenden Berufssoldaten sollen den jungen Rekruten gegenüber bevorzugt werden. Die Wirklichkeit sieht aber ganz anders aus: In ihren Kasernen eingesperrt, sind die Soldatenmassen von der Außenwelt vollkommen abgeschirmt, und ihr Leben richtet sich nach eigenen Gesetzen.

In der fast vollständigen Isolierung der Soldaten und unter der strengen Disziplin verlieren alle Gedanken an Unabhängigkeit, an Freiheit der Persönlichkeit und persönliche Ungebundenheit, geschweige denn an Alkohol und Mädchen jegliche Bedeutung. Alles das existiert einfach nicht für den Soldaten. Infolgedessen setzen sich andere Werte durch. So z. B. möchte jeder Soldat im Kasernen-Schlafsaal gern eine günstige Ecke für seine Schlafpritsche ergattern; er sehnt sich nach einem Nachtlager in der Nähe des Fensters, damit er beim Schlafen genug frische Luft atmen kann. Er möchte keine alte Uniform und keine zerschlissenen Stiefel tragen. Er wünscht sich bei der Essensausgabe ein möglichst großes Stück Fleisch, und er versucht sich von schmutzigen Arbeiten, wie Latrinensäubern und Abfallkehren, zu drücken. Aber gemäß den ungeschriebenen Gesetzen des Soldatenlebens fallen alle Vorzüge den Dienstälteren und Dienstältesten zu. Die jüngsten Rekruten bekommen das vom ersten Tag an zu spüren: ihre neuen Uniformen werden ihnen von den älteren Soldaten weggenommen; dafür gibt man ihnen abgetretene Stiefel, abgescheuerte Leibriemen, einen Uniformmantel mit Brandlöchern. Danach machen sich die alterfahrenen Soldaten daran, die Jungen über die militärischen Verhaltensregeln zu »belehren«. Sie nennen die frischgebackenen Rekruten »Salagi«[1] und zwingen sie, die Stiefel der »alten Herren« zu putzen, deren Uniformen zu waschen, die Kasernenräume auszufegen und aufzuwischen und die Latrinen zu räumen.

In der Kantine, wo die alten Soldaten und die »Salagi« an den gleichen Tischen essen, herrscht strengste Disziplin. Zum Austeilen des Essens wird von den »Alten« ein junger Rekrut bestimmt. Da heißt es aus dem Munde eines der Alten: »Du Salaga mußt das Essen so verteilen, wie es in anständigen Familien geschieht – dem verdienten Mann gebühren die besten Portionen!« Den längerdienenden Berufssoldaten wird zuerst aufgetischt, und sie erhalten natürlich die besten Fleisch- oder Fischstücke, und die jungen Soldaten müssen sehen, was übrigbleibt. Falls beim Mittag- oder Abendessen Butter ausgegeben wird, landet sie zum größten Teil bei den Dienstältesten, die behaupten, daß Butter den Salagi schlecht bekommt, weil sie dann überflüssiges Fett ansetzen würden, das sie an der Erfüllung ihrer Barras-Pflichten hindern könnte. Die Salagi dürfen nicht vor den alten Soldaten mit dem Essen anfangen. Sie haben während des Essens den Mund zu halten, denn das Plaudern ist das Vorrecht der Alten. Sie dürfen sich nicht gefräßig zeigen und müssen die besten Stücke ihren dienstälteren Kameraden abgeben. Über

1 Anmerkung des Übersetzers: *Salagi* sind Fische, die in der Newa, dem durch Leningrad fließenden Fluß, leben.

die Verwendung von Butter werden die Jünglinge belehrt, sie sollten ihre winzige Portion auf eine Ecke der viereckigen Kommißbrotschnitte streichen und »in Richtung auf die Butter« essen, die sie dabei stets sehen können. Die alten Soldaten behaupten, das verschaffe ihnen die Illusion, daß die ganze Schnitte mit Butter bestrichen sei. Die Rekruten halten sich dann auch genau an diese Vorschrift.

Auch am Sold der »Jungkrieger« bereichern sich die Veteranen. Sobald alle ihre elenden monatlichen 15 Mark erhalten haben, müssen die Jungen den »Erwachsenen« 5 Mark als »Beihilfe« abgeben, aber für das Stiefelputzen und andere Dienstleistungen an die Senioren müssen die Grünschnäbel aus ihren eigenen restlichen 10 Mark noch die Stiefelwichse und andere Dinge kaufen. In den Kasernen ist es nach dem Lichtauslöschen in den Schlafsälen ein stehender Brauch, daß sich ein junger Rekrut in der Mitte des Schlafsaals aufstellt und mit lauter Stimme verkündet: »Unsere verehrten alten Herren haben bis zu ihrer Abrüstung nur noch 51 Tage, 20 Stunden und 30 Minuten zu dienen. Gute Nacht, ihr Alten!«

Wenn ein junger Soldat eines dieser ungeschriebenen Gesetze übertritt, oder wenn die Altgedienten glauben, daß er ihnen einfach nicht den gebührenden Respekt erweist, dann wird er vor ein »Kriegsgericht« gestellt, wo ein Soldat den Richter, ein zweiter den Verteidiger und ein dritter den Ankläger oder Militär-Staatsanwalt spielt. Sämtliche jungen Soldaten sind gezwungen, der Verhandlung beizuwohnen. Gewöhnlich bekennt sich der Salaga zu seiner »Schuld«, und das hohe Gericht berät dann darüber, zu wie vielen »kalten« oder »heißen« man ihn verurteilen soll. »Heiße« bedeuten soundsoviele Schläge mit einem Löffel auf den nackten Hintern; bei den »Kalten« handelt es sich um dieselbe Strafe, aber ohne die Hosen herunterzuziehen. Wenn das Urteil auf 15 »heiße« lautet, muß sich der Delinquent ausgezogen vornüber auf seine Pritsche legen, und ein anderer junger Soldat – es muß einer der Jungen sein, um die moralische Demütigung allgemein zu machen – setzt sich auf seinen Rücken und bearbeitet das Gesäß des ersten mit seinem Löffel. Nach dieser Strafe ist das Opfer dann gewöhnlich eine ganze Woche lang nicht imstande, normal zu sitzen.

Alle diese Bräuche sind verboten, doch obgleich die Offiziere genau wissen, was sich abspielt, tun sie nichts dagegen. Sie sind der Ansicht, daß enge Beziehungen zwischen den Altgedienten und den Neulingen die allgemeine Disziplin verbessern helfen. Theoretisch darf sich auch der jüngste Rekrut bei einem Offizier über Ungerechtigkeiten beschweren, doch tut er es selten. Der Offizier verschwindet nach Dienstschluß aus der Kaserne und geht nach Hause in seine Wohnung, nachdem er vielleicht einen älteren Soldaten bestraft hat. Die einfachen Soldaten bleiben aber Tag und Nacht in der Kaserne zusammengepfercht, und in der Nacht schlägt die Stunde der Vergeltung. Für alle, die Beschwerde geführt haben, wird eine »dunkle« Nacht veranstaltet. Dem Beschwerdeführer wird eine Decke über den Kopf geworfen und zusammengebunden, und dann beginnt ein erbarmungsloses Prügeln. Die »Alten« schlagen auf den »Neuen« in grausamster und maßloser Weise ein. Gewöhnlich landet der so Mißhandelte ein oder zwei Tage lang im Lazarett. Eine Suche nach den Schuldigen ist natürlich nutzlos. Es sind Fälle bekannt geworden, in denen dieses Verprügeln mit dem Tode des Bestraften endete. Im Sommer 1973 schlugen altgediente Soldaten, die in der Vorratskammer der 20. Gardearmee Dienst taten, den jungen Soldaten Iwantschenko so heftig, daß er am darauffolgenden Vormittag starb.

Die einfachen Soldaten der Armee sind aber nicht nur individuell allen möglichen Quälereien ausgesetzt; die vorgesetzten Dienststellen erlegen ihnen auch *en masse* unnötige Leiden auf. Vor einigen Jahren wurde irgendwo östlich vom Baikalsee eine Atomenergie-Versuchssprengung durchgeführt. Noch während dieses Experiments oder kurz danach wurde ein motorisiertes Schützenregiment der Sowjetarmee beordert, durch die strahlungsverseuchte Gegend zu fahren. Man hatte den Soldaten vorher erklärt, daß keinerlei Gefahr mehr bestehe.

Nach dieser Fahrübung stellte sich heraus, daß 70 v. H. aller Soldaten dieses Regiments strahlungskrank waren und in ein Lazarett eingeliefert werden mußten. Man überführte sie in ein Moskauer Speziallazarett für Strahlungsgeschädigte, und mir erzählte später ein Oberstleutnant der Sowjetarmee, der mit ihnen zur gleichen Zeit in dem Lazarett lag, daß diese »armen Hunde«, die als Versuchskaninchen gedient hatten, 1973 immer noch unter ärztlicher Behandlung standen.

Es gibt junge Soldaten, welche die unmenschlichen Verhältnisse im Militärdienst einfach nicht mehr aushalten können und Selbstmord begehen. Allein in der 20. Gardearmee hatte man geheime Statistiken angelegt, denen zufolge unter jungen Soldaten 1971 16 Selbstmorde, 1972 24 Selbstmorde und 1973 33 Selbstmorde vorkamen. Diese Zahlen sprechen für sich.

Im September 1971 teilte mir einer meiner Spitzel, dessen Aufgabe die Berichterstattung über Soldaten war, die vielleicht daran dachten, in den Westen zu desertieren, oder die sowjetfeindliche Bemerkungen fallen gelassen hatten, mit, er habe ein Notizbuch gefunden, das einem Soldaten namens Maruschtschenko gehörte. Maruschtschenko hatte dem Notizbuch anvertraut, daß er an Selbstmord denke. Ich telefonierte daraufhin mit dem stellvertretenden Politoffizier des 16. Motorisierten Schützenregiments, Oberstleutnant Pustowoj, um ihn zu warnen und ihm zu raten, diesen Selbstmord verhütende Maßnahmen zu ergreifen. Pustowoj antwortete, er kenne Maruschtschenko und halte ihn für nicht normal, und von Selbstmordabsichten könnte keine Rede sein. Ich glaubte ihm nicht, und schließlich ging mich die ganze Sache nichts an, denn das KGB interessiert sich nicht für Selbstmörder. Trotzdem beschloß ich, Maruschtschenko vorzuladen. Als er mein Büro betrat, sah ich einen kleinen, kränklich aussehenden Menschen vor mir. Er machte einen verängstigten Eindruck, und es dauerte einige Zeit, bevor er »auftaute« und zu reden begann.

Er hatte vor der Einberufung zum Wehrdienst geheiratet, und seine Frau war schwanger, als er einrückte. Als er noch in Zivil war, hatte er eine Menge Propaganda gehört, welche die Vorzüge des Lebens in der Armee hervorhob, und er gewann die Überzeugung, daß es in der Armee gerecht zugehe. Die Wirklichkeit enttäuschte ihn tief. Er erzählte mir von den Quälereien, die von den dienstälteren Soldaten an den Rekruten verübt wurden. Anscheinend hatte sich Maruschtschenko zweimal beim stellvertretenden Politoffizier beschwert und war bei beiden Gelegenheiten von den Dienstveteranen übel zusammengeschlagen worden. Er schloß seinen Bericht mit den Worten: »Wissen Sie, Genosse Oberleutnant, ich glaube, daß sich solche Dinge nur in unserem Regiment zutragen. Niemand will mir glauben, weder mein Regimentskommandeur noch der stellvertretende Politoffizier.« Ich durfte ihm nicht sagen, daß es überall in der Armee so oder ähnlich zugeht, doch machte ich mich zur Hilfe erbötig.

»Ich kann niemandem mehr trauen«, antwortete er. »Mir traut auch keiner mehr, sie glauben alle, ich sei nicht normal.«

Ich versuchte ihn zu trösten und sagte, wenn die Dinge allzu schlimm würden, könnte er jederzeit in mein Büro kommen. Ich würde dann versuchen, ihm zu helfen. Nach drei Tagen weckte mich nachts ein Telefonanruf. Am anderen Ende der Leitung hing Oberstleutnant Pustowoj, der stellvertretende Politoffizier des Regiments; er sagte: »Vor zwei Stunden hat sich Maruschtschenko erschossen. In einer seiner Taschen wurde ein an Sie adressierter Brief gefunden.« Ich befahl, daß niemand den Brief anrühren sollte, und in 15 Minuten war ich an Ort und Stelle. Da lag Maruschtschenko auf dem Rücken, und in seiner Brust sah man drei Einschüsse. Seine Maschinenpistole lag neben ihm.

Mir ging durch den Kopf: »Armer Maruschtschenko, du bist umsonst gestorben. Er hätte am Leben bleiben können – und zu Hause wartet auf ihn die schwangere Frau.« Ich nahm den Brief in dem Umschlag, den mir irgendjemand entgegenhielt; die Adresse lautete: »An diesen ganz speziellen Oberleutnant« (Maruschtschenko kannte meinen Namen nicht). Ich las den Brief erst, als ich wieder in meinem Büro war. Er lautete:

»Genosse Oberleutnant, ich kann es alles nicht mehr aushalten. Überall um mich herum ist die Unwahrheit. Die Demütigungen gehen weiter. Die Offiziere wollen sich nichts wissen machen. Ich bitte Sie, dafür zu sorgen, daß alles im Regiment in Ordnung gebracht wird. Niemand glaubt mir, was ich sage. Ich gebe mein Leben hin, um meine Worte zu bekräftigen.«

Ich rührte mich nicht von meinem Sitz und sinnierte wieder: »Armer Maruschtschenko, du bist wie ein Held gestorben, aber das wird alles nichts nützen! Niemand außer deinen Verwandten und deiner Frau wird sich an dich erinnern.« Und so kam es auch. Den Soldaten des 16. Regiments wurde erzählt, er sei geistig nicht ganz normal gewesen, und nach zwei Wochen sprach niemand mehr von dem Vorfall.

Im Sommer 1973 verübte ein junger Soldat desselben 16. Regiments namens Dshawadse einen Selbstmordversuch. Er war von Geburt Georgier (aus dem Kaukasus) und sprach nur mühsam ein fehlerhaftes Russisch, was zur Folge hatte, daß seine Kameraden sich oft über ihn lustig machten und daß die Altgedienten ihn vielfach demütigten. Selbst die Offiziere nannten ihn häufig »Tschurka« (kleiner Schafskopf, Dummkopf). Eines Tages wurde ihm das zu viel, und er stellte sich vor einen Spiegel, nahm ein altmodisches großes Rasiermesser und schnitt sich die Kehle durch. Man rief einen Rettungswagen, und er überlebte, doch von nun an war er ein lebenslänglicher Krüppel. In einem Abschiedsbrief an das Regiment bat er, man solle seiner Familie sagen, er sei durch einen Unfall verletzt worden.

Nicht alle Soldaten finden sich am Ende resigniert mit den unmenschlichen Verhältnissen in der Armee ab, und natürlich begehen nicht alle Selbstmord. Es gibt auch solche, die ihrem Protest auf andere Art Ausdruck geben. Sie desertieren und nehmen dabei gewöhnlich eine Waffe mit. Meistens sind solche Desertionen ungeplante Augenblicksreaktionen – der Geduldsfaden dieser Menschen war einfach gerissen. Das ist ganz üblich, wenn ein Salaga an einem für die Flucht günstigen Ort Wache stehen muß. Er ist mit einer Maschinenpistole und Munition ausgerüstet. Er ist ganz allein, und die Zeit schleppt sich träge hin; der junge Mann erinnert sich an alle von ihm erlittenen Beleidigungen, und plötzlich beschließt er, mit allem endlich Schluß zu machen. Und er desertiert. Die Armee und das KGB, unterstützt vom MfS und von der DDR-Volkspolizei, organisieren die Suche nach ihm. Manchmal wird eine ganze Division für die Suche aufgeboten, auf den Straßen und an allen Bahnhöfen nehmen bewaffnete

Sperrtrupps Aufstellung. Die Bevölkerung wird vor der Gefahr bewaffneter Überfälle durch den Entflohenen gewarnt. Die ganze Operation nimmt das Aussehen eines Krieges gegen Partisanen oder – nach westlichen Begriffen – einer Jagd auf Terroristen an.

Im Sommer 1970 desertierte der gemeine Soldat Dsjuban aus dem 16. Regiment unter Mitnahme einer Maschinenpistole und von 60 Schuß Munition. Zur Suche nach ihm wurden rund 5 000 Soldaten in Panzerautos, sowie die DDR-Volkspolizei von Bad Freienwalde, Eberswalde und Bernau aufgeboten. Die Jagd auf Dsjuban dauerte acht Tage, und unterdessen raubte dieser zwei Kneipen aus und versetzte die deutsche Bevölkerung in Angst und Schrecken. Am neunten Tage stellte man ihn in einem Wald bei Bad Freienwalde. Er wurde durch ein Bataillon umzingelt, und nach mehreren Warnungssalven aus einem Maschinengewehr ergab er sich. Ein Kriegsgericht verurteilte ihn zu zwei Jahren Strafdienst in einem Strafbataillon (der russische Ausdruck lautet: »Disziplinierungsbataillon«).

In einer isoliert stationierten Funkkompanie bei Eisenach in Thüringen (DDR) trug sich 1969 eine echte Tragödie zu. Ihr Kommandant war ausgesprochen grausam und gleichzeitig ein Säufer. Die Zustände in der Kompanie waren unmenschlich; für die geringsten Übertretungen wurden die Soldaten streng bestraft, und hier litten alle, sowohl die Altgedienten als auch die neu Eingerückten. Diesmal war es einer der Veteranen, der Gemeine Iwanow, dem der Geduldsfaden riß. Der Zug, in dem er diente, wurde einmal zur Bewachung eines Schießübungszieles abgestellt. Iwanow war gerade vom Wacheschieben abgelöst worden und wollte sich ausruhen. Dazu knöpfte er sich den streifen Uniformkragen auf. Sein Zugführer verurteilte ihn daraufhin sofort zu einer Arreststrafe, weil er nicht ordnungsgemäß gekleidet war. Danach betrat der Leutnant ein Zelt, in dem mehrere Gemeine und Sergeanten auf ihn warteten, weil er mit ihnen reden wollte. Iwanow, der ständig der Gegenstand von Beschwerden des Leutnants war, nahm eine Maschinenpistole, folgte dem Leutnant in das Zelt und feuerte mehrere Schüsse ab. Er rannte aus dem Zelt wieder hinaus, warf die Maschinenpistole ins Gesträuch und verschwand im Walde. Der Leutnant und zwei Sergeanten waren tot, und drei Soldaten waren schwer verletzt. Einige Stunden später wurde Iwanow verhaftet. In der Strafuntersuchung wurde festgestellt, daß Iwanow häufig ungerecht bestraft worden war. Etwa zwei Monate vor der Schießerei hatte er versucht, Selbstmord zu begehen. Mit der von ihm ausgesprochenen letzten Strafe hatte der Leutnant sein eigenes Todesurteil unterschrieben. Iwanow wurde Anfang 1970 durch Erschießen hingerichtet.

Ich war 1973 selber an der Suche nach einem jungen Soldaten namens Jaschkin beteiligt. Jaschkin diente im 81. Motorisierten Schützenregiment, das damals in Eberswalde stand. Seine Desertion hatte die üblichen Gründe: Demütigungen durch die Altgedienten und zahlreiche Dienststrafen. Obgleich rund 7 000 Soldaten und die gaze Polizei von Bad Freienwalde nach ihm suchten, brachte er es fertig, 14 Tage lang auf freiem Fuße zu bleiben. Er stahl zwei Autos und fuhr sie am Ende in Grund und Boden und raubte vier Cafés bzw. Bars aus. Jaschkin war nur während der Nächte unterwegs; dabei umging er geschickt alle militärischen Straßensperren, und am Tage schlief er im Wald. Drei Tage lang verbarg er sich in dem Schuppen, der an ein Haus am Rande eines Dorfes angebaut war. Das Haus gehörte einem jung verheirateten Ehepaar. In der Nacht kroch er tief in das in dem Schuppen liegende Stroh hinein, um zu schlafen; am Tage, während die beiden jungen Leute auf Arbeit gingen, stahl er Essen aus ihrer Speisekammer. Am dritten Tag kehrte aber die junge Frau unerwartet früh von der Arbeit zurück. Jaschkin bedrohte sie und verlangte von ihr Geld. Die erschrockene Frau gab ihm 70 Mark; dann aber vergewaltigte er sie und stahl ihre Uhr, um am Ende in den Wald davonzulaufen. Sowjetpatrouillen und deutsche Volkspolizei mit einem Spürhund setzten ihm nach und fingen ihn nach etwa zwei Stunden. Sein Gerichtsurteil lautete auf drei Jahre Zwangsarbeitslager.

Gardeschütze Kornejew hatte nur zwei Monate in demselben Regiment gedient, als er im Dezember 1973 davonlief. Er entging der Gefangennahme bis zum vierten Abend, als er in das Haus einer ältlichen Deutschen einbrach, die gerade von ihrer erwachsenen Tochter besucht wurde. Es war schon spät, und Kornejew war nur mit einer Eisenstange bewaffnet. Er suchte die Küche des Hauses, stolperte dabei und weckte die beiden schon schlafenden Frauen auf. Als die alte Frau zu schreien begann, schlug er sie mit der Eisenstange über den Kopf, während die Tochter durch ein Fenster hinaussprang und die Polizei alarmierte. Ganz verdattert durch den Zusammenstoß, blieb Kornejew einfach in dem Hause sitzen und wartete auf das Eintreffen von Sowjetpatrouillen und Polizei. Er wurde am Tatort verhaftet. Die alte Frau starb wenige Stunden später an ihrer Verletzung.

Das alles sind nicht vereinzelte Ereignisse; im Gegenteil, solche Vorfälle tragen sich unter den in Deutschland stehenden Truppen mit eintöniger Regelmäßigkeit zu. Die meisten Deserteure laufen im Sommer fort, denn dann können sie im Freien schlafen, und auch die Beschaffung von Lebensmitteln ist in der warmen Jahreszeit nicht so schwierig für sie. In den Sommermonaten gab es Zeiten, in denen 12 bis 14 Soldaten auf einmal desertierten, und viele dieser Desertionen endeten in Verbrechen, Raubüberfällen, Vergewaltigungen und Morden. Deserteure ließen nicht nur Maschinenpistolen, sondern auch Panzerautos und sogar Panzer mitgehen. Ein junger Soldat in einem der Panzerregimenter der 8. Gardearmee, der über seine Behandlung durch die Offiziere verzweifelt war, beschloß 1971, sich auf eigenartige Weise zu rächen.

Er bestieg einen Panzer, fuhr vor der Regimentskommandantur vor, zielte mit dem Tankgeschütz auf sie und feuerte; in seiner Aufregung hatte er aber zu hoch gezielt, und die Granate fegte über den Dachfirst hinüber und schlug hinter dem Kommandanturgebäude in ein deutsches Haus ein. Er riß den Panzer herum, walzte die Kaserneneinzäunung nieder und fuhr die Straße in Richtung auf das Dorf entlang. Unweit des Dorfes starb der Tankmotor ab, aber der Soldat blieb in dem Panzer sitzen und war bald von neugierigen Buben umringt. Schon rollten auch andere Panzerfahrzeuge heran. Der Soldat öffnete die Einsteigeluke seines Panzers und begann, Handgranaten auf die Straße hinauszuwerfen. Die Explosion der ersten Granate tötete einige der Dorfjungen, und die anderen Panzerfahrzeuge zogen sich eine kurze Strecke zurück. Immer wieder knallte es, bis eine der von dem Soldaten geschleuderten Granaten in die Einstiegluke zurückfiel und ihn im Inneren des Panzers tötete.

Offiziell wird die DDR als unabhängiger Staat bezeichnet; darum gilt auch ein Gesetz, daß Sowjetsoldaten, welche an DDR-Bürgern Verbrechen begehen, der Verurteilung durch Gerichte der DDR zugeführt werden sollen. Bis zum heutigen Tage wurde aber noch nicht ein einziger Sowjetsoldat durch ein deutsches Gericht wegen eines Verbrechens abgeurteilt. Es ist in diesem Zusammenhang die einzige Aufgabe der DDR-Behörden, dafür zu sorgen, daß DDR-Bürger so wenig wie möglich über die von den Sowjetsoldaten begangenen Verbrechen erfahren, bzw. daß diejenigen, die etwas erfahren haben, dazu stillschweigen. Überflüssiger Klatsch solcher Deutscher könnte nur der Sowjetunion den guten Ruf verderben, während die Sowjetmacht allen DDR-Kommunisten stets als leuchtendes und nachahmenswertes Beispiel vorgehalten wird.

Wenn man sich die Lebensverhältnisse der Sowjettruppen vor Augen führt, möchte man meinen, daß die Zuverlässigkeit der Sowjetsoldaten unter ihnen leiden und sie in entscheidenden Augenblicken in Befehlsverweigerung umschlagen lassen könnte. Das ist jedoch, so befremdend es klingt, nicht der Fall.

Erstens verfügt die Sowjetarmee über einen riesigen politischen Propagandaapparat, der mit den neuesten Informations- bzw. Desinformationsmethoden arbeitet. Dem Soldaten wird unaufhörlich eingebleut, daß alle die Schwierigkeiten, unter denen er zu leiden hat, allein die Schuld der kapitalistischen Länder seien, die unablässig für den Ausbruch eines neuen Krieges rüsten. Dem Soldat wird der Haß gegen die kapitalistische Welt und gegen andere Feinde des Sozialismus und Kommunismus eingeimpft. Die Vereinigten Staaten von Amerika werden als »Gendarm der Welt« heruntergemacht, und ihre »Banditenarmee« wird besonders wüst beschimpft. Überall in den Kasernen hängen Plakate, auf denen amerikanische Soldaten als Mörder von Frauen, Kindern und Greisen in Vietnam abgebildet sind. Die westdeutsche Bundeswehr wird als Revanchearmee verteufelt, die nach faschistischen Vorbildern aufgebaut sei, und deren Oberkommando in seiner Mehrheit und deren Offizierkorps zum Teil aus alten Nazis bestünden. Auch von den Soldaten anderer NATO-Staaten spricht man gemeinhin als von Banditen und Mördern. Das alles wird Tag für Tag und unaufhörlich in die Köpfe von 18- bis 20jährigen jungen Männern eingehämmert.

Zweitens halten die unmenschlichen Lebensbedingungen die Soldaten wie eine zusammengepreßte Stahlfeder in ständiger Spannung. Tag für Tag werden sie gedrillt, angeschrien und bestraft, und das macht sie aggressiv. Sie träumen unaufhörlich von dem Tag, an dem sie den verhaßten Kasernenmauern, wenn auch nur für kurze Zeit, entrinnen könnten. Dazu erhalten sie bei den Geländeübungen und Manövern die Gelegenheit, denn auf diesen gibt es keinen stumpfsinnigen Barras, dort müssen die verhaßten Latrinen nicht geputzt werden, und alle – sowohl die jungen Rekruten als auch die altgedienten Soldaten – sind plötzlich Gleiche unter Gleichen. »Militärische Spaziergänge« ins Ausland, wie während der Besetzung der Tschechoslowakei, gefallen ihnen noch besser. Dort können sie ihren aggressiven Empfindungen gegen vermeintliche Feinde, die zu den wirklichen Urhebern ihres unseligen Daseins gehören, die Zügel schießen lassen. Es kommt ihnen wenig darauf an, ob diese Feinde Tschechen, Deutsche, Polen oder Amerikaner sind. Die Sowjetsoldaten tun damit nur ihre vaterländische und internationale Pflicht.

Ein Entschluß
muß gefaßt werden

Es ist jetzt an der Zeit, daß ich mich wieder der eigenen Sache zuwende. Ich habe die Frage zu beantworten: Was hat mich zum Feind des Sowjetregimes gemacht? Der Urgrund meiner Entscheidung waren meine politischen und – um es einfach auszudrücken – menschlichen Überzeugungen, die in schärfstem Widerspruch zur Ideologie des gegenwärtigen Regimes in der Sowjetunion standen. Ich war unfähig, mich mit dem Sowjetsystem abzufinden, dem Gewalttätigkeit und unmenschliche Unterdrückung angeboren sind, unfähig, die Bedrückung und Verfolgung zu billigen, denen jeder, der dem Regime nicht paßt, ausgesetzt ist, unfähig zum totalen Verzicht auf demokratische Freiheit, unfähig zur Unterstützung der skrupellosen Ausbeutung der Arbeitenden zum Nutzen der Machthaber, der alles durchdringenden ideologischen Manipulation zur vollständigen Irreführung der Sowjetbürger, und schließlich unfähig zur tatenlosen Duldung der vielen anderen Ungerechtigkeiten, die das Sowjetsystem überwuchern.

Dieser kurzen Antwort liegen jahrelanges Grübeln und Zweifeln zugrunde. Ich erwähnte bereits, daß dies bei mir schon in der Schule begann, als ich klein war und einige, auf den ersten Blick unbedeutend erscheinende negative Züge der Sowjetgesellschaft meinen Glauben an den Kommunismus, der die Menschheit einer »strahlenden Zukunft« entgegenzuführen behauptet, unmerklich zu unterwühlen begannen. Auf der Offizierschule und in der Armee wurde ich aus erster Hand Augenzeuge vieler Ungerechtigkeiten des Sowjetsystems. Meine Tätigkeit im KGB spielte eine entscheidende Rolle für meinen Wandel. Erst dort begriff ich eindeutig, was der Kommunismus in Wirklichkeit ist, und ich erkannte den totalen Zynismus des Sowjetsystems aus eigener Erfahrung. Ich mußte mich persönlich an Maßnahmen beteiligen – die das KGB »Operationen« nennt –, durch die aus unschuldigen Menschen Verbrecher gemacht und Schufte zu

Helden und anbetungswürdigen Vorbildern umfunktioniert werden. Dabei werden buchstäblich ein paar berechtigte kritische Bemerkungen an der Sowjetführung zu Verbrechen und Wahnsinnsäußerungen hinunterstilisiert, die Menschen zu Gefängnis, Arbeitslager und Irrenhausaufenthalt verdammen.

Langsam, aber stetig reifte in mir der Protest gegen all dies heran. Ich begann zu begreifen, daß es nicht einzelne Persönlichkeiten wie Stalin, Berija, Andropow und Breschnew waren, die man für die in der Sowjetunion begangenen Verbrechen zur Verantwortung ziehen müßte, sondern daß es das ganze unmenschliche System, das gesamte Sowjetregime ist, das die Ursache bildet.

Mein »Erwachen« war ein langhingezogener und schmerzlicher Prozeß. Es gab eine Zeit – das waren die ersten zwei Jahre meiner KGB-Tätigkeit –, in der ich mich innerlich weigerte, das zu erkennen. Ich stellte mir die Frage: »Was willst du eigentlich? Du gehörst zur Elite, zu den ›Auserwählten‹; dir fällt vieles zu, was viele andere nicht haben. Was gehen dich die Anderen an? Das Leben ist auf alle Fälle voll von Ungerechtigkeiten, und du kannst daran nichts ändern.« Ich versuchte, mir mein eigenes Gewissen »abzukaufen«, umso eifriger, je vielversprechender mir meine zukünftige Karriere erschien. Trotz meiner Jugend erzielte ich in meiner Tätigkeit Erfolge, die von meinen Vorgesetzten anerkannt wurden, und ich wurde befördert. Schon mit 25 Jahren erhielt ich den Hauptmannsrang. Vielleicht wäre ich im KGB hängen geblieben und hätte dort weitergearbeitet, wenn ich allein mit der Spionageabwehr zu tun gehabt hätte und wenn man nicht von mir verlangt hätte, auch Sowjetbürger zu verfolgen, die sich gegen die Ungerechtigkeiten des Regimes auflehnten. Ich hätte wahrscheinlich versucht, mich irgendwie der Sowjetmacht anzupassen und mich dem Kampf um Gerechtigkeit fernzuhalten. Aber zu den Pflichten der Spionageabwehr gehören im KGB auch geheimpolizeiliche Aufgaben. Daher gerieten meine Arbeit und meine dienstliche Verantwortung oft in den Strudel des Kampfes für Gerechtigkeit und gegen Ungerechtigkeit. Es kam hinzu, daß ich dienstlich oft verpflichtet war, Ungerechtigkeiten zu verteidigen und die Gerechtigkeit in den Staub zu treten. Mit denen, die den Kampf für das Recht führten, mußte ich hart abrechnen. Eine solche Lage erlaubte mir nicht, den in meinem eigenen Inneren tobenden Kampf, den Konflikt mit meinem Gewissen, zu ersticken.

Manchmal war ich voller Verachtung über mich selbst. In diesen Zeiten pflegte ich mich in Gedanken zu beschimpfen: »Ekelhafter Polizeiagent, deine Vorrechte, deine Vollmachten und dein materielles Wohlleben hast du dir nicht rechtmäßig verdient; du lebst auf Kosten unschuldiger Opfer der Verfolgung, an der du beteiligt bist. Deine Opfer bringen den Mut zum Kampf auf. Aber du? Du unterdrückst sie, du Henker, du Feigling!«

Es wurde natürlich bald unerträglich, ständig einen solchen inneren Kampf zu führen. Über kurz oder lang mußte ich zu der Entscheidung kommen: für oder gegen das Regime. Es war im Jahre 1972, als ich den endgültigen Entschluß faßte, nicht nur mit dem Regime zu brechen, sondern mich dem Kampf gegen es anzuschließen.

Es sagt sich selbstverständlich leicht: »Ich habe beschlossen, das Sowjetregime zu bekämpfen«, aber wie würde sich das in der Wirklichkeit ausnehmen? Was mußte und was konnte ich tun? Konnte ich eine sowjetfeindliche Untergrundgruppe gründen? Für mich als Beamten innerhalb des KGB war das ganz ausgeschlossen. In meiner Amtsstellung war das Risiko riesig, und wer würde glauben, daß ich kein Lockspitzel bin?

Für mich gab es daher nur eine einzige echte Möglichkeit, meine Kenntnisse und Qualifikationen dazu auszunutzen, um dem Sowjetregime erheblichen Schaden zuzufügen: das war die Verbindungsaufnahme mit einem der westlichen Nachrichtendienste. Wer diese Worte liest, mag sich denken, daß dies dem Landesverrat sehr nahe kommt. Aber ich wollte nicht mein Land, sondern das Regime verraten, das mein Land unterdrückt hat und immer noch unterdrückt. Ich wollte nicht länger dem Regime dienen, das im Inneren erbarmungslos alle Arbeitenden drangsaliert, während es in der Außenpolitik dem Rest der Welt gefahrendrohend und aggressiv gegenübertritt. Die UdSSR verkörpert nicht nur für ihre eigenen Völker eine ständige Drohung, sondern sie ist auch für fast alle Länder der Außenwelt eine unaufhörliche Gefahr. Dieses Regime zu verteidigen, bedeutet Landes- und Hochverrat, es zu bekämpfen, ist nichts dergleichen.

Mein Entschluß war gefahrvoll für mein eigenes Leben. Der erste falsche Schritt, und man würde mich verhaften, und ich hätte ihn fast unausweichlich mit der Hinrichtung zu bezahlen gehabt. Ein solcher Fehltritt konnte von mir am ehesten beim Suchen der ersten Verbindungen mit einem westlichen Nachrichtendienst begangen werden. Aber erst einmal kam die Frage, wie man einen solchen Kontakt herstellt. Das war selbst in meiner Stellung sehr kompliziert, obgleich ich als Mitglied der sowjetischen Spionageabwehr unmittelbar am Kampf gegen die westlichen Nachrichtendienste beteiligt war. Der Krieg der Nachrichtendienste ist aber kein gewöhnlicher, konventioneller Krieg. Hier gibt es keine Sturmangriffe mit gefälltem Bajonett, und die Gegner stehen sich nie von Angesicht zu Angesicht gegenüber. In den meisten Fällen sind die einander bekämpfenden Spionage- und Spionageabwehrdienste voneinander räumlich weit getrennt und setzen in ihrem Kampf nur ihre Geheimagenten ein. Die Aufgabe, die ich mir stellte, war also nicht leicht zu lösen.

Auf der Suche nach einer guten Gelegenheit durchdachte und verwarf ich die verschiedensten Pläne als ungeeignet. An einige dieser Planentwürfe erinnere ich mich noch deutlich. Zur Durchführung meiner Absichten dachte ich einmal daran, einen Besucher der DDR aus der Bundesrepublik einzuspannen. Ich war in amtlicher Funktion jederzeit berechtigt, aus der Bundesrepublik in die DDR Einreisende mit Hilfe der Agentenkarteien des KGB und des ostdeutschen Ministeriums für Staatssicherheit zu überprüfen, um festzustellen, ob die Betreffenden im Dienst einer der westlichen Spionageorganisationen standen. Nach erfolgter Nachprüfung konnte ich mich einem solchen Agenten nähern und den Boden für ein entscheidendes Gespräch mit ihm vorbereiten – mit dem Zweck, daß der Agent nach seiner Rückkehr nach Westdeutschland den BND (Bundes-Nachrichtendienst der Bundesrepublik) von meinem Wunsch, für ihn zu arbeiten, benachrichtige. Theoretisch erschien dieser Plan durchaus vernünftig, aber in der Praxis hatte er Schwächen. Erstens mochte ein Bundesbürger einen solchen Vorschlag als Provokation ansehen und ihn dem KGB oder dem Ministerium für Staatssicherheit anzeigen. Zweitens sind sämtliche Angestellten von Geheimdiensten äußerst vorsichtig und fürchten sich manchmal vor dem eigenen Schatten. Es gab auch keine Garantie dafür, daß mir der BND trauen würde. Also verwarf ich diesen Plan.

Ich durchdachte eine zweite Möglichkeit, die eine Verfeinerung des ersten Planes war. Ich hatte einen sehr guten ostdeutschen Freund, einen verläßlichen, soliden Menschen, den ich schon lange kannte. Er erhielt häufig Besuche von Verwandten aus der Bundesrepublik, die ich ebenfalls kennengelernt hatte. Keine dieser Personen war ein Agent des KGB oder des Ministeriums für Staatssicherheit. Vielleicht konnte ich durch diese auf demselben Wege eine Verbindung, aber diesmal mit dem amerikanischen Nachrichtendienst herstellen, der etwas waghalsiger als der BND vorging. Doch am Ende lehnte ich in meinem Inneren auch diesen Plan ab, da er von der Mitarbeit allzuvieler Personen abhängig gewesen wäre und dadurch das Risiko erhöhen würde.

So verstrich die erste Jahreshälfte 1973, und die Verfolgung meiner geheimen Pläne setzte sich fort. Ich mußte immer noch meiner Dienstpflicht als KGB-Offizier nachgehen, und ich mußte sie so gut wie möglich erfüllen, weil das im Rahmen meiner kommenden illegalen Tätigkeit eine große Rolle spielen würde.

Im Spätsommer 1973 wurde den KGB-Beamten, die in der DDR arbeiteten, mitgeteilt, daß nach der diplomatischen Anerkennung der DDR durch eine Reihe von Ländern wahrscheinlich zahlreiche Botschaften und Gesadtschaften westlicher Staaten ihren Einzug in Ostberlin halten würden. Gleichzeitig wurde uns bedeutet, daß die direkte Tätigkeit gegenüber den westlichen diplomatischen Vertretungen in Ostberlin dem Ministerium für Staatssicherheit übertragen werden würde.

Diese Mitteilung war von großem Interesse für mich. Würde es möglich sein, durch eine dieser diplomatischen Vertretungen mit westlichen Nachrichtendiensten in Verbindung zu treten? Oder gab es einen anderen Weg der Herstellung von Kontakten? In der Sowjetunion wäre ein solcher Versuch reiner Selbstmord. Denn in Moskau stehen die westlichen Botschaften Tag und Nacht unter unaufhörlicher KGB-Beobachtung. Aber Moskau ist Moskau. Würde sich das Ministerium für Staatssicherheit der DDR im Auftreten gegenüber den West-Botschaften in Ostberlin ähnlich verhalten? Alle diese Fragen ließen sich nur schwer beantworten. Ich begann, die allgemeine Lage in dieser Hinsicht zu studieren, und wog das Für und Wider für jede Lösung sorgfältig ab.

Ich erfuhr, daß dem Ministerium für Staatssicherheit befohlen worden war, die Botschaften und ihr Personal nicht zu belästigen, weil die Aufnahme diplomatischer Beziehungen mit den Westmächten noch so jungen Datums war. Das erhöhte meine Hoffnungen, aber trotzdem waren die Schwierigkeiten noch kolossal, denn selbst eine sehr versteckte Überwachung der diplomatischen Missionsgebäude und des diplomatischen Personals konnte zu meinem Verderben ausschlagen. Trotzdem überlegte ich mir die nächsten Schritte in dieser Richtung.

Ich wußte, selbst wenn es mir gelänge, mit Botschaftsbeamten Beziehungen herzustellen, würde es mir nicht leicht fallen, sie davon zu überzeugen, daß ich den echten Wunsch hegte, dem Westen im Kampf gegen die bösartige Entstellung des »Sozialismus« zu helfen, der durch die kommunistischen Regimes den Osteuropäern aufoktroyiert worden war. In der Welt der Nachrichtendienste muß man sich stets auf Tricks und Doppelbetrügereien gefaßt machen. Häufig werden falsche Hilfsanerbieten gemacht, um festzustellen, wer von den Beamten einer diplomatischen Vertretung wirklich ein Geheimdienstbeamter oder eine seiner Hilfskräfte ist. Es ist nicht leicht, andere Menschen davon zu überzeugen, daß man den echten Wunsch hegt, die »sozialistische« Obrigkeit im Stich zu lassen und dem Westen behilflich zu sein. Mir war klar, daß ich gleich am Anfang so offen wie möglich aufzutreten hatte, alle Einzelheiten über meinen Rang und meine Funktion als KGB-Offizier preisgeben mußte und mich nicht um die Ungläubigkeit kümmern durfte, mit der man mein Angebot der Mitarbeit wahrscheinlich begrüßen würde.

Zum Schluß wandte ich mich der Frage zu, auf welche Weise ich am besten Hilfe leisten konnte, nachdem die Verbindung einmal aufgenommen war. Ich wollte nicht nur den Beruf aufgeben, der mir so verhaßt geworden war, sondern ich wollte auch etwas tun, um dem bösartigen System, für das ich gearbeitet hatte, Schaden zuzufügen, und ich wollte wenigstens für einen Teil des Elends, in das ich Dritte hineingestoßen hatte, praktische Buße tun. Zuerst hatte ich daran gedacht, meine Flucht vorzubereiten, und dann, wenn der Augenblick für das Überlaufen kam, so viele Geheimpapiere mitzunehmen, wie ich konnte. Weiteres Nachdenken bewies mir aber, daß ich, je länger ich es nach der Kontaktaufnahme in meiner Amtsstellung aushalten konnte, ohne überzulaufen, desto größeren Nutzen stiften würde.

Nachdem ich über die Grundzüge meines Plans entschieden hatte, nahm die Ausarbeitung seiner Einzelheiten und ihre praktische Durchführung noch Monate in Anspruch. Das lag nicht an meiner persönlichen Position, denn gerade diese mit den Machtvollkommenheiten eines in Ostdeutschland tätigen KGB-Offiziers bot mir eine fast unbegrenzte Bewegungs- und Aktionsfreiheit, sondern an der zwangsläufigen Schwierigkeit der Verbindungsaufnahme unter den Augen meiner eigenen Behörde und denen ihres Parallelapparats vom MfS der DDR.

Zum Schluß war alles vorbereitet. Ich wußte, was ich wissen mußte, und ich hoffte, mich auf alle denkbaren Schwierigkeiten vorausplanend eingestellt zu haben. Alle Mitglieder eines Nachrichtendienstes machen schnell die Lebenserfahrung, daß gerade die absurdesten und scheinbar unwahrscheinlichsten Wendungen in ihrem Geschick am allerwahrscheinlichsten eintreten, und dementsprechend müssen sie vorausplanen.

An dieser Stelle möchte ich gern ausführlich berichten, wie ich alle diese Schwierigkeiten überwand und mit meinen Versuchen der Kontaktaufnahme mit einem westlichen Nachrichtendienst Erfolg hatte. Doch kann ich das nicht tun, denn das vorliegende Buch wird auch von meinen früheren Vorgesetzten gelesen werden, die alles daran setzen werden, zu erfahren, auf welche Art und Weise ich ihrer Kontrolle entrinnen konnte. Aber gerade das muß ich um jeden Preis geheimhalten, damit andere, die sich so wie ich gegen ihre Arbeits- und Lebensbedingungen empören, für sich einen Ausweg finden und vielleicht dieselben Methoden der Kontaktherstellung wie ich ausarbeiten werden.

Zum Nutzen dieser möglichen anderen spreche ich hier die Warnung aus, daß sie sich nicht auf eine leichte Aufgabe einlassen. Trotzdem ist sie nicht unlösbar, wie meine Anwesenheit im Westen beweist. Ungefährlich ist ein solches Vorhaben nie. Wenn sich die Gefahren als zu groß erweisen, muß der erste Plan verworfen und ein neuer entworfen werden. Die Methoden, die ich auswählte, erwiesen sich als erfolgreich, und ich hoffe, daß mein Stillschweigen über sie den von mir eingeschlagenen Weg für andere sichern und offenhalten wird.

Ich will jetzt noch einmal auf die ersten Wochen von 1974 – auf die Periode kurz vor dem Zeitpunkt, an dem mein Bericht begann – zurückblicken. Ich stand damals schon seit einiger Zeit in Verbindung mit dem Westen, als ich zu spüren begann, daß mit mir nicht mehr alles in Ordnung war. Im allgemeinen kann man nachrichtendienstlichen Aufgaben nachkommen, indem man alles in der Ausbildung Gelernte sorgfältig befolgt und die dabei eingeübten Methoden strikt anwendet. Aber machnmal muß man sich auch vom Instinkt leiten lassen. Ich versuchte, meine düsteren Vorahnungen zu unterdrücken, aber diese Empfindungen verstärkten sich im Gegenteil. Mir wurde klar, daß mir nicht mehr viel Zeit übrigblieb. Infolgedessen machte ich mich an die letzten Vorbereitungen für meine Flucht in den Westen. Meine Verbindungsmänner im Westen wünschten mir zur Hilfe zu kommen, doch war es mir klar, daß die aus meiner Lage entspringende Belastung in der Hauptsache auf meinen eigenen Schultern ruhte.

Zum Zweck des »Absetzens« beschloß ich, den Vorwand einer Beteiligung an einem offiziellen Ausflug der Offiziere des 16. Motorisierten Schützenregiments nach Westberlin zu nutzen. Ausflüge dieser Art wurden alljährlich in regelmäßigen Abständen veranstaltet; ihr wirklicher Zweck war die Auskundschaftung amerikanischer, britischer und französischer Militäreinrichtungen in Westberlin. Sie standen stets unter Begleitung eines KGB-Offiziers, und diese Aufgabe sollte bei dem nächsten Besuch in Westberlin mir zufallen. Die Daten der Exkursionen wurden durch einen Stabsoffizier der 6. Gardedivision festgesetzt, der ein guter Bekannter von mir war. Ich fragte ihn, ob demnächst ein Gruppenausflug von Offizieren nach Westberlin geplant sei. Eine solche Anfrage hatte praktisch den Charakter einer offiziellen Aufforderung durch das KGB, und er konnte daher meine Erkundigung nicht einfach zurückweisen, zumal er mit mir gut bekannt war. Daher plante er die nächste Besuchsfahrt für den Beginn des kommenden Monats, d. h. für den 2. Februar 1974.

Etwa eine Woche vor dem Ausflugstag traf ich mich nach vorangegangener Verabredung mit meinem westlichen Verbindungsmann. Wegen der großen Gefahren, die mit persönlichen Zusammentreffen verbunden waren, fanden sie nur sehr selten statt. Gewöhnlich verständigten wir uns auf anderen Wegen. Aber dieser Treff war absolut unentbehrlich, und trotzdem verließen mich meine schlimmen Vorahnungen nicht. Etwa zehn Minuten nach unserem Auseinandergehen wurden meine ärgsten Befürchtungen bestätigt: Jemand folgte mir. Das Gefühl, daß auf einen wie auf ein wildes Tier Jagd gemacht wird, ist äußerst unangenehm. Mein Herz begann unruhig zu pochen, meine Handteller wurden feucht – nicht aus Furcht, denn ich empfand keine Furcht, sondern in Vorwegnahme des kommenden Kampfes. Für mich ging es in dieser Situation um Leben und Tod, und in dieser Lage ist die Furcht ein untauglicher Begleiter. Wer sich fürchtet, verliert die Fähigkeit zum klaren Denken, und ohne einen klaren Kopf verliert er das Ringen.

»Nur nicht aufregen, nur keine Panik«, wiederholte ich mir immer wieder in Gedanken. »In einer Lage wie der deinen können dich nur vernünftige Entschlüsse retten.« Dann überlegte ich mir: »Was können meine Verfolger von mir wollen? Natürlich wollen sie erst einmal feststellen, wo ich wohne. Sie brauchen meine Adresse.« Sobald sie die einmal hatten, würde das Ministerium für Staatssicherheit für unausgesetzte »Beschattung« sorgen, meinen Namen feststellen und dann sein ganzes Beobachtungsmaterial an das KGB weiterleiten. Die unmittelbare Folge wäre dann die Verhaftung, die Einlieferung ins Gefängnis und vielleicht am Ende die Hinrichtung durch Erschießen.

Was immer auch geschehen würde, zuerst mußte ich meinen Beschattern entkommen. Dazu gehörte aber Geduld. Wenn meine Verfolger darauf aufmerksam wurden, daß ich sie erkannt hatte und ihnen den Laufpaß zu geben versuchte, würden sie mich vielleicht auf der Stelle verhaften und mich als Sowjetbürger sofort dem KGB ausliefern. Damit würde ich in dieselbe Sackgasse – Gefängnishaft und Erschießen – hineinlaufen. Also mußte ich Ruhe bewahren und so tun, als hätte ich gar nicht bemerkt, daß man mir folgte. Ich mußte meine Verfolger in Sicherheit wiegen, daß ich in Fragen der Spionage und Spionageabwehr sehr unerfahren war, und sie in der Hoffnung bestärken, daß aus mir leicht eine Beute zu machen war. Auf diese Weise wollte ich ihre Aufmerksamkeit einlullen. Ich wollte bis zum Einbruch der Dunkelheit warten, in der ich mein Verhalten überraschend wandeln und verschiedene Kriegslisten anwenden wollte, um meiner Beschattung zu entschlüpfen.

Ich hatte auf den Beginn der Nacht noch drei Stunden zu warten; darum flanierte ich scheinbar unbekümmert durch das Zentrum Berlins, sah mir Schaufenster an und blieb vor Verkaufskiosken stehen. Mir fiel auf einmal ein, daß ich versuchen könnte, mit einem Mädchen anzubandeln, dann würde mein scheinbares Herumirren durch Berlin für einen Zuschauer gar nicht so ziellos aussehen, sondern ganz normal und leicht begreiflich wirken. Vielleicht würde das meine Verfolger verwirren. Mir gefiel dieser Einfall, und nach vielleicht einer Viertelstunde sprach ich unentwegt auf eine wohlgelaunte junge Berlinerin ein, der ich unzählige Komplimente machte. Sie glaubte offensichtlich nicht ganz an deren Aufrichtigkeit, aber zu meinem Glück ließ sie sich das alles gutwillig gefallen.

Auf diese Weise verstrich die Zeit, und die Dämmerung nahte heran. Ich konnte meine Beschatter nicht mehr sehen;

anscheinend waren sie überzeugt, daß sie mich jetzt sicher im Visier behalten würden, und hatten sich daher auf einige Distanz entfernt. Das paßte mir ausgezeichnet, und ich verabschiedete mich daher schnell und ohne Rücksicht von dem sichtlich enttäuschten Mädchen.

»Ach, ich dachte, wir wollten tanzen gehen«, maulte sie gekränkt und gab mir zögernd die Hand zum Abschied.

»Ein andermal, bestimmt«, antwortete ich ihr und dachte daran, daß mir jetzt in der Tat ein wahrer »Tanz« bevorstünde.

Ich verschwand um die nächste Straßenecke und begann dort, so schnell ich nur irgend konnte, davonzurennen. Ich rechnete auf das Element der Überraschung und der Geschwindigkeit. Ich sprang über mehrere Zäune und Gitter, durcheilte verschiedene enge Gassen und raste wie ein Verrückter rund um etliche Häuserblöcke und durch Grünanlagen. Nach 30 oder 40 Minuten konnte ich nichts mehr von meinen Verfolgern sehen. Sie konnten mit diesem tollen Wettlauf nicht mithalten. Ich hatte sie irgendwo in der Dunkelheit zurückgelassen.

»Ihr solltet besser im Trimm bleiben«, sagte ich laut und mit boshafter Freude außer Hörweite zu meinen Beschattern, die mir nicht nachgekommen waren. Jetzt begann ich langsamer zu gehen, behielt aber immer noch einen schnellen Marschtritt bei. Auf dem nächsten S-Bahnhof bestieg ich einen Zug, der ins Zentrum Berlins zurückfuhr. Ich stieg drei Stationen vor meinem Zielbahnhof aus und ging den Rest meines Weges von rund 8 km zu Fuß durch Felder und Wäldchen, um am Ende vollkommen sicher zu gehen, daß mir niemand mehr folgte.

Ich war jetzt fast am Ende meiner Reise angelangt. Was mich dort erwartete, würde von meinen eigenen Bemühungen und zum großen Teil auch davon abhängen, daß ich Glück haben würde. Endlich brach der längste Tag meines Lebens, der 2. Februar 1974, an, und in der Nacht zum 3. Februar flog ich, wie anfangs berichtet, in einem britischen Flugzeug unter Jagdfliegerschutz aus Berlin in die ersehnte Freiheit. Ich hatte das KGB zum Kampf herausgefordert und hatte den Sieg davongetragen!

Anhang I

Geheim   1. Februar 1968

Die Tätigkeit der Spionageabwehr der staatlichen Sicherheitsorgane der USSR

1. Lehrgegenstand des Kurses.
2. Der dialektische Materialismus als methodische Grundlage des Kurses.
3. Das System des Kurses.
4. Die Bedeutung des Kurses SD-1 im Rahmen aller SDs.

1. Ein weltumspannendes System des Sozialismus spielt die entscheidende Rolle in der politischen und wirtschaftlichen Entwicklung der Welt. Das Gleichgewicht der Kräfte hat sich zugunsten des Sozialismus verschoben, doch kann sich die Fortentwicklung nicht spontan von selber vollziehen, sondern der Sieg kann nur durch Kampf errungen werden. Aggressive Kräfte rüsten sich zum machtvollen Widerstand gegen das Wachstum der Macht des Sozialismus: Wachstumswiderstände.

Die Imperialisten weisen ihren Nachrichtendiensten eine Position in der vordersten Kampflinie zu; diese Dienststellen sind weltumspannend und allgegenwärtig, und sie werden kontinuierlich verbessert. *Die Hauptwaffe dieser Geheimdienste ist das Netz ihrer Agenten.*

Diese Umstände zwingen die Sowjetregierung zum Einsatz von Organen der Staatssicherheit. Gemäß ihren Statuten von 1968 sind die *Staatssicherheitsorgane politische Organe,* die für die Verteidigung gegen innere und äußere Feinde verantwortlich sind, und zu ihren Grundaufgaben gehören nicht nur die technischen Verteidigungswerkzeuge und der Waffeneinsatz, sondern auch die Methoden zur Lösung politischer Probleme. Die Politik der Staatssicherheitsorgane wird durch die Kommunistische Partei je nach der sich ändernden Situation bestimmt.

Sie üben eine dreifache Tätigkeit aus:
1. Verwaltung;
2. Operative Tätigkeit: Spionage und Spionageabwehr;

3. Ermittlungen.

Operative Tätigkeit der Staatssicherheitsorgane: Es handelt sich hier um eine nachrichtendienstliche Tätigkeit im weitesten Sinne des Wortes. Die nachrichtendienstliche Tätigkeit wird operativ, wenn sie sich dem Kampf gegen Eindringlinge widmet, wobei es ihr Zweck ist, Informationen über den Gegner zu beschaffen und seine Bemühungen zu sabotieren. Der Nachrichtendienst setzt Schlauheit und geheime Aktionsmethoden voraus, die sich der Tarnung bedienen. Sein Hauptwerkzeug ist das Agentennetz.

Die Spionageabwehr ergänzt die Tätigkeit des Nachrichtendienstes. Auf diesem Gebiet zerfällt die Arbeit in zwei Sektoren: die Inlandsarbeit, die Aufbereitung von Daten durch Vergleich, u. dgl. m.; gleichzeitig baut das Personal der Spionageabwehr sein eigenes Agentennetz innerhalb der Nachrichtendienste des Feindes auf, um Informationen zu beschaffen.

Es darf nicht übersehen werden, daß die Nachrichtendienste der sozialistischen Länder grundsätzlich andersgeartet sind. *Die Nachrichtendienste der sozialistischen Länder hatten ihren Ursprung im Sieg der revolutionären Gewalt, und das Ziel ihrer Arbeit ist die Verteidigung der Interessen der Arbeiter.* Sie bedienen sich nicht der Erpressung u. dgl. Die Offiziere des Nachrichtendienstes und der Spionageabwehr der Sowjetunion setzen sich für ihre Arbeit mit ganzer Kraft ein. Der Sowjet-Nachrichtendienst führt den Kampf gegen Feinde. – Die Tätigkeit des Nachrichtendienstes verteilt sich auf mehrere Arbeitsgebiete:

1. *Politischer Nachrichtendienst;*
2. *Wirtschaftlicher Nachrichtendienst;*
3. *Wissenschaftlich-technischer Nachrichtendienst.*

Die Wissenschaft steht an der Nahtstelle zwischen geistigem Überbau und materiellem Unterbau. Spionageabwehr auf breitester Grundlage. Die operative Tätigkeit ist nicht nur auf die Lösung praktischer Aufgaben beschränkt, *sondern sie leistet auch Erziehungsarbeit* an den Menschen, die Gefahr laufen, kriminell zu werden. Die Organe der Staatssicherheit übernehmen vielseitige organisatorische Massenarbeit.

Lehrgegenstand des Kurses: Objektive Gesetzestreue der Organe der Staatssicherheit in dem durch sie geführten Kampf gegen die Umsturztätigkeit der imperialistischen Nachrichtendienste und der sowjetfeindlichen Elemente im Inland.

2. *Der dialektische Materialismus als methodische Grundlage des Kurses.* Der dialektische Materialismus ist die allen anderen übergeordnete Denkmethode der Wissenschaft und wird auch als Methode der Ausbildungskurse der Spionageabwehr angewandt. Er beweist, daß die operative Tätigkeit grundlegend durch die Außen- und Innenpolitik des Sowjetstaates bestimmt wird und von der internationalen Lage und ihrer korrekten Deutung abhängig ist. In vielen Fällen kann man sich in dieser Hinsicht nur auf die eigenen Kenntnisse verlassen. Im Verlauf des Studiums hilft die Dialektik dem Studenten bei der Koordination der Theorie und Praxis der operativen Arbeit und bei der Analyse der Arbeit und ihrer wissenschaftlichen Darstellung. Spionageabwehrkurse müssen sich auf das wissenschaftliche Grundwissen und auf die Ableitungen hieraus, sowie auf die Kenntnis der Gesetze des Klassenkampfs stützen.

Auf die politische Ausbildung ist höchster Wert zu legen. Nachlässigkeit erzeugt Gleichgültigkeit; man muß unausgesetzt an der Stützung der Diktatur des Proletariats arbeiten. Die Arbeit der Spionageabwehr richtet sich gegen reale, aktive Gegner, einschließlich derjenigen, die uns noch nicht bekannt sein mögen. Auch in der Inlandsarbeit verleiht die politische Überzeugung dieser Tätigkeit die entscheidende Kraft.

3. *Inhalt des Kursussystems.* Der Kursus beruht auf Wissen, Arbeit und dem Erwerb praktischer Erfahrungen: Nachrichtendienste kämpfen gegen andere Nachrichtendienste mit Hilfe der neuesten Nachrichtendienstmethoden. Das Wissen besteht aus Tatsachenangaben, theoretischen Auseinandersetzungen, Grundsätzen und Regeln der Spionageabwehrarbeit.

Anhang II

Hauptaufgaben und Richtlinien für die Spionage-abwehrarbeit der Staatssicherheits-Organe im gegenwärtigen Zeitpunkt

1. Das Netz der Spionageabwehr.
2. Hauptrichtlinien für die Spionageabwehrarbeit.

An der Spitze aller gesellschaftlichen Kräfte der Sowjetunion steht die KPdSU, die ihre Führung ausübt. Die Partei wirft Licht auf den Weg des Kampfes der Sowjetbevölkerung um den Sieg des Kommunismus; sie führt alle ihre Kräfte und gibt ihnen Anleitungen. Auch die Organe der Staatssicherheit stehen unter der Anleitung der KPdSU.

Die 22. und 23. Parteitage unterstrichen die Notwendigkeit der Festigung der Staatssicherheit, der Aufrechterhaltung der Wachsamkeit und die hohe Bedeutung einer verstärkten politischen Tätigkeit. Auch in Zukunft wird die KPdSU die Wachsamkeit der Sowjetbevölkerung verstärken. Auf der gegenwärtigen Entwicklungsstufe nimmt die führende Rolle der Partei auf allen Gebieten, einschließlich dem der Staatssicherheit, immer größere Bedeutung an.

Auf dem Oktober-Plenum (des Zentralkomitees der KPdSU) von 1966 wurde eine besondere Frage aufgeworfen – die der Verstärkung der Arbeit für die Staatssicherheit in bezug auf die internationale Lage (d. h. die Ereignisse in Griechenland und im Nahen Osten). Die Grundziele und -aufgaben der Garantie der Staatssicherheit leiten sich aus den Beschlüssen der Parteitage her: aktiver Widerstand gegen die imperialistischen Nachrichtendienste und Schutz der Staatsgrenzen der UdSSR.

Unter den heutigen Umständen werden die Aufgaben der Staatssicherheit durch außen- und innenpolitische Faktoren bestimmt. Da die heutige Weltlage äußerst komplex und dynamisch ist, müssen die Methoden der Staatssicherheit flexibel bleiben. Einerseits wachsen die Kräfte des Sozialismus und werden stärker, doch andererseits verstärken die imperialistischen Kräfte der USA und der Bundesrepublik Deutschland ihre aggressive Politik. Sie sind im Einsatz ihrer Mittel nicht sparsam und müssen zurückgeschlagen werden.

Ein entscheidender Faktor ist die Außenpolitik der Sowjetregierung. Hinzu kommt der Faktor der wachsenden Bedeutung der imperialistischen Nachrichtendienste. Mit ihrer Umsturztätigkeit rennen die imperialistischen Mächte in wachsendem Maße gegen Kräfte in ihrem Inneren an, die sich dafür einsetzen, daß die Verwirklichung der Ziele der imperialistischen Spionage immer mehr behindert wird. Sie sind daher gezwungen, Sabotagegruppen aufzustellen. Im Zeitalter des Sozialismus wurde das sozialistische System geboren, doch darf nicht vergessen werden, daß sich die Nachrichtendienste gewisse Schwächen, Überreste der Vergangenheit, sowjetfeindliche Einstellungen, Fahrlässigkeit, Schwatzhaftigkeit und den Hang zur Nachahmung (des Kapitalismus) zunutze machen; diese Erscheinungen fallen z. T. in die Zuständigkeit der Arbeit für die Staatssicherheit. Die bestimmenden Einflüsse sind die Lage im In- und Ausland.

Das Juni-Plenum von 1967 verfügte die Verstärkung der Wachsamkeit, sowie die größere Sorgfalt in der Arbeit der Sicherheitsorgane. Mit anderen Worten: die Staatssicherheits-Bediensteten müssen auch in Friedenszeiten ihrer Arbeit ganz spezielle Aufmerksamkeit zuwenden und jederzeit auf der Hut bleiben. Ihnen muß man die Aufgabe stellen, die Nachrichtenbeschaffung aus dem Lager des Feindes außerordentlich auszuweiten. Es ist notwendig, aktive Gegenoffensiven der Spionageabwehr zu führen, und die Aussendung von Agenten darf nicht verzögert werden. Die Machtmittel der Staatssicherheitorgane müssen voll genutzt werden.

Das Dezember-Plenum von 1966 betonte die Notwendigkeit, daß der Nachrichtendienst und die Spionageabwehr sich nicht auf gegeneinander scharf abgegrenzte Aktionsgebiete beschränken dürfen.

Die KGB-Richtlinien Nr. 43 von 1967 haben den Spionageabwehr-Dienst angewiesen, aktive Maßnahmen zur Aufdeckung und Verhinderung von Feindplänen u. dgl. zu treffen. Es ist unbedingt notwendig, die wachsende Tätigkeit der Imperialisten an der ideologischen Front zu berücksichtigen

– dabei macht der Feind nicht nur von einfachen Verleumdungen, sondern von raffinierten und fachgerechten Aktionen Gebrauch.

1. Die Aufgaben des Spionageabwehr-Netzes werden durch das Reglement des Komitees (d. h. des KGB) festgelegt. Die Ausbildung der Sicherheitsorgane macht sie zu qualifizierten politischen Organen. Dem Spionageabwehr-Netz obliegen verschiedene Aufgaben:

1. Kampf gegen Spione, Saboteure, Terroristen und andere Bedienstete der imperialistischen Nachrichtendienste. Die Arbeit muß sich in der Hauptsache gegen die Hauptfeinde richten, d. s. die USA, Westdeutschland, England, Frankreich.

2. Schutz der Sowjetarmee, der Sowjetkriegsflotte, des Sowjet-Grenzschutzes und der MWD (dem Innenministerium unterstellten Truppen) vor dem Eindringen kapitalistischer Nachrichtendienst-Agenten und von feindlichen Elementen.

Reglement für die militärische Spionageabwehr, September 1961. Nr. 00270 vom 8. September 1961, erlassen durch den Vorsitzenden über »Rechte und Pflichten betreffend die Beziehungen zu örtlichen Truppenteilen und zu ihren Kommandeuren«

Pflichten der Sonderabteilungen (00)

1. Verhütung des Eindringens von Agentennetzen in die Einheiten und Anlagen der Sowjetarmee, der Sowjet-Kriegsflotte, des KGB und der MOOP-Streitkräfte;

2. Erkennung und Entlarvung von Agenten und anderen Personen, die in die bewaffneten Streitkräfte eingedrungen sind;

3. Aufspürung von imperialistischen Agenten in den Streitkräften und in ihrer unmittelbaren Umgebung (mit Angaben über beobachtete Vorfälle, Tatsachen, Ermittlung von Verwandten);

4. Verhütung des Verrats am Mutterland durch einzelne Soldaten, Arbeiter und Angestellte der Truppenkörper und der Militäreinrichtungen;

5. Schutz der Geheimhaltung staatlicher und militärischer Geheimnisse; Unterbindung der Kanäle, durch welche Geheiminformationen ins Ausland aussickern;
6. Zusammen mit der Staatssicherheitsbehörde (OGB) und dem Verteidigungsministerium (MO) und ihren Organen Einleitung und Durchführung von Sondermaßnahmen zur Desinformation (Irreführung) des Feindes, ihre Aufzeichnung und zur Tarnung besonders wichtiger militärischer Anlagen;
7. Engste Zusammenarbeit mit den Truppenkommandanten und Politoffizieren zur Erhöhung der Wachsamkeit;
8. Durchführung von Sonderaufträgen für das Zentralkomitee der KPdSU und für die Sowjetregierung;
9. Spionageabwehr zum Schutz von Sonderanlagen und besonders wichtigen Anlagen und Schutz des Transportwesens;
10. Unterdrückung feindlicher Bestrebungen von Sowjetgegnern und nationalistischen Kräften im Inland;
11. Schutz der Staatsgrenzen der UdSSR;
12. Schutz der KPdSU-Führung und der Sowjetregierung.

Die gesamte Spionageabwehr des Staatssicherheitsdienstes wird auf Grund von politischen Richtlinien der oberen Führung durchgeführt.

Hauptrichtlinie für die Spionageabwehr durch den Staatssicherheitsdienst. Grundlage von Strategie und Taktik ist das Erfordernis..., die Tätigkeit des KGB und der Organe der Staatssicherheit nach außen, gegen die Nachrichtendienste der imperialistischen Mächte zu richten.

1. Kampf gegen die Umsturztätigkeit der Nachrichtendienstzentren, Residenturen, ausländischen sowjetfeindlichen Zentren, Nachrichtenoffiziere und Agenten. Kampf gegen ideologische Sabotage (Mittel zu ihrer Erkennung und Unterdrückung), sowie gegen die Spionage- und Aufwiegelungstätigkeit derjenigen, die sich offiziell durch Tätigkeit in einer Botschaft oder ... einer diplomatischen Vertretung tarnen. Erkennung von Personen, die der Zugehörigkeit zu der obengenannten Gruppe verdächtig sind, durch strenge Überwachung der Staatsgrenzen, Suche nach feindlichen Agenten ... und illegalen Wühlern. Erkennung von

Nachrichtendienstoffizieren, die in einer Schar anderer Ausländer ins Land kommen, um Agenten anzuwerben, Informationen zu sammeln und die Nachrichtenübermittlung zu organisieren. Unsere Bediensteten bereisen das Ausland, um die Sicherheit unseres Volkes zu schützen. Durch Infiltration eines Agentennetzes in einen Nachrichtendienst können wir Nachrichtenverbindungen belauschen und abfangen (operative »Spiel«-Methoden, d. h. »Umdrehen« von Feindagenten und Zuspielen von Desinformation an den Feind). 5. Abteilung: Der Kampf gegen ideologische Sabotage wird durch Aufhetzung seitens Chinas verschärft.

2. Beschaffung nachrichtendienstlicher Informationen im Zuge der Spionageabwehr durch die Operationen ihrer Agentennetze.

3. Bekämpfung der Umsturztätigkeit sowjetfeindlicher Elemente im Inland. *Ein besonderer Fragenkomplex.* Erkennung und Entlarvung sowjetfeindlicher Kundgebungen von ukrainischen, litauischen, estnischen und lettischen Nationalisten. Zertrümmerung kapitalistischer Geländegewinne infolge der Operationen von WATCHMAN[1], die eine sehr flexible Organisation ist. Suche nach Aufhetzern sowjetfeindlicher Kräfte.

4. Kampf gegen das kriminelle Eindringen in die Sicherheitszonen besonders wichtiger Objekte in der Rüstungsindustrie und anderer besonders kriegswichtiger Einrichtungen. Schutz der Sicherheit staatlicher und militärischer Geheimnisse.

5. Schaffung günstiger Bedingungen für die Spionageabwehr der Staatssicherheitsorgane bei besonderer Gelegenheit und für die Abwehr möglicher Angriffsakte gegen die UdSSR durch die imperialistischen Mächte.

1 Der englische Ausdruck »Watchman« (Wächter) kommt im russischen Originaltext vor. Seine Bedeutung ist nicht geklärt.

Quellen: Handbuch der Organisation der Spionageabwehr-Arbeit. Zusammenfassung des Inhalts einer Vorlesung. Sammlung von KGB-Schriften, 1967; Nr. 2. Artikel, verfaßt von Leitern der Sonderabteilung, sowie der Artikel von Epischew, »Grundlagen der Spionageabwehr-Arbeit der KGB-Organe«.

Anhang III

Geheim

Bericht

Über die durch Agenten der westlichen Nachrichtendienste zur Sammlung von nachrichtendienstlichen Informationen angewandten Mittel und Wege, Methoden und Apparate zur Ausforschung der GSSD (Gruppe der Sowjetstreitkräfte in Deutschland) 2/D-38 SS
Die Bestrebungen der imperialistischen Nachrichtendienste in Bezug auf die GSSD

Größter Wert wird auf die Erkennung der wichtigsten Veränderungen in den Streitkräften, des Vorhandenseins von Spannungen bzw. der Abwesenheit von Spannungen gelegt. Der Feind hält Informationen über die folgenden Dinge für besonders wichtig:

1. Fernlenkgeschoß-Abschußeinheiten;
2. Luftwaffe- und Flugzeugabwehr-Einheiten und -Formationen.
3. Große Eisenbahnknotenpunkte, Bahnhöfe, die zur Truppen- und Materialverladung dienen.
4. Eisenbahn-Nebenstrecken, die an militärischen Sperrzonen vorbeiführen.
5. Alle Arten von Panzern, artilleristischen Einrichtungen, Sondertransportmittel, wie Traktoren (auch solche, die keine Flugkörper schleppen), sämtliche Spezialfahrzeuge, Generatoren, Akku-Auflade- und Kompressorenstationen, Radarstationen, Infrarot-Suchgeräte u. dgl.
6. Sämtliche militärischen Neubauten.
7. Schießplätze, Bombenabwurfgebiete, Flußüberquerungen.
8. Alle Arten Werkstätten für die Ausbesserung von Waffen und Ausrüstungen.
9. Waffen-, Munitions- und Lebensmittellager und -Depots.
10. Vom Militärverkehr ständig benutzte Straßen, auch Straßen, die auf Schießplätze und Truppenaufmarschplätze führen.

11. Radio-Relaissendernetze und Nachrichtenkabel der GSSD, die zu einem Flugzeug-Abwehrnetz gehören.
12. Kabelverbindungen zwischen Flugzeugeinheiten und anderen Militäranlagen; insbesondere der Verlauf der Kabel, ihre Stärke (Durchmesser), Zahl der Einzelleitungen in den Kabeln.

Die Versuche der Anwerbung von Sowjetbürgern durch die feindlichen Nachrichtendienste konzentrieren sich insbesondere auf folgendes Militärpersonal:

1. Stabsoffiziere.
2. Personal der Raketenartillerie, der Radarstationen und Piloten.
3. Offiziere, deren Aufgabe es ist, die Kampfbereitschaft der Truppen zu verstärken, und Offiziere, deren Aufgabe die Munitionsversorgung der Truppen ist.
4. Truppenärzte.
5. Sowjetbürger, die mit den Ortseinwohnern verkehren.

Besondere Aufmerksamkeit wird den Personen zugewandt, welche:

6. mit ihren Stellungen unzufrieden sind;
7. zuviel Alkohol zu trinken pflegen;
8. Beziehungen zu deutschen Frauen aufrechterhalten;
9. geldgierig sind;
10. westliche Lebensformen bewundern oder sehr auf materiellen Besitz aus sind. (Die Feinde bemühen sich, diese Laster besonders zu fördern.)

Der Feind hält auch die *folgenden Tatbestände für anwerbungsfördernd:*

1. Kritik an der Sowjetwirklichkeit.
2. Übermäßiger Ehrgeiz.
3. Zerrüttung des Familienlebens bzw. der Ehe.
4. Tendenz zur Trunksucht.

Es kommt vor, daß einzelne sowjetische Militärpersonen aus folgenden Gründen die besondere Aufmerksamkeit westlicher Nachrichtendienste auf sich ziehen:

1. Anknüpfen von Bekanntschaften mit Ausländern auf Sowjetgebiet vor der Abkommandierung zur GSSD, oder auf dem Heimaturlaub von der GSSD.
2. auf Grund von Auskünften aus der Befragung von Spät-

heimkehrern in den Westen bzw. von Personen, die in den Genuß der Familienzusammenführung kommen (Rußlanddeutsche), sowie von privaten Geschäftsleuten, die auf Besuch in der Sowjetunion oder in der DDR waren.

3. durch Veröffentlichung wissenschaftlicher und anderer Artikel in der allgemein zugänglichen Presse.

4. durch Hinweise Privater, die von den Nachrichtendiensten nachgeprüft werden.

5. durch Einsendung verleumderischer oder sowjetfeindlicher Briefe an die Zeitung »Swoboda« (Blatt des russischen Freiheitssenders in München; *Swoboda* bedeutet »Freiheit«) oder an andere Blätter.

6. infolge von Beeinflussung durch Verwandte oder Bekannte, die in kapitalistischen Ländern leben;

7. infolge von *Liebesaffären* mit Frauen, die Agentinnen ausländischer Nachrichtendienste sind;

8. durch die Eheschließung mit einer Deutschen, die Verwandte im Westen hat;

9. infolge unmoralischen Lebenswandels, von Schleichhandelsgeschäften (»Spekulation«), auffälligen Betragens in der Öffentlichkeit, von (hier fehlt ein Wort) Operationen usw.

10. durch den häufigen Besuch von Zivil- (der zweite Teil des Wortes fehlt im Original) in Ostberlin.

Feindliche Nachrichtendienste benutzen oft folgende Treffpunkte zur Beobachtung von Sowjetbürgern, auf die sie zwecks späterer Anwerbung ein Auge geworfen haben:

1. Räumlichkeiten, wo amtliche Zusammenkünfte von Vertretern von Feindtruppen und Sowjet-Militärpersonal stattfinden;

2. Räumlichkeiten, wo Sowjetbürger mit Vertretern deutscher Erwerbsunternehmen und/oder anderer deutscher Organisationen zu Besprechungen über Lebensmittel- und andere Lieferungen zusammentreffen;

3. Weinstuben, Kneipen, Restaurants, Läden, Kinos, wo informelle und inoffizielle Bekanntschaften geschlossen werden;

4. direkt innerhalb sowjetischer Militärobjekte, wenn sie mit

Hilfe dort angestellter Deutscher durch westliche Nachrichtendienste infiltriert worden sind;

5. in Offiziersklubs;
6. in Gebäuden, in denen Sowjet-Verbindungsstellen arbeiten;
7. an Zusammenkunftsorten internationaler Treffen (Leipzig, Erfurt);
8. in Sanatorien (Bad Elster).

Versuche der Agentenanwerbung unter der Ortsbevölkerung bevorzugen folgende:

1. in sowjetischen Militäreinrichtungen beschäftigte deutsche Arbeitskräfte;
2. Anwohner in der Nachbarschaft sowjetischer Militäreinrichtungen;
3. in Bauunternehmen, Auto-Reparaturgaragen und anderen Reparaturwerkstätten Beschäftigte;
4. Bahnhofspersonal der Eisenbahn;
5. Personal von Dienstleistungsbetrieben mit Sowjetkundschaft (Schneiderwerkstätten u. dgl.);
6. nicht übermäßig tugendhafte Frauen und Prostituierte.

Einige verräterische Verhaltensmuster von Feindagenten:

1. Wiederholtes Auftauchen bzw. Herumlungern in der Nähe sowjetischer Militäreinrichtungen;
2. Wiederholte Reisen in Gegenden außerhalb des üblichen Aufenthaltsortes;
3. Die verdächtige Person gibt Briefschaften oft in größerer Entfernung von ihrem Wohnort auf;
4. Die verdächtige Person schickt Drucksachen nach Westdeutschland, aber keine politischen Zeitungen;
5. Empfang von Post aus Westdeutschland;
6. Die verdächtige Person trägt Stadtpläne bei sich, die von der Firma Dewag mit besonderem Koordinatennetz hergestellt werden;
7. Abschluß von Freundschaften mit Personen, die in militärischen Gebäuden wohnen;
8. Reisen in sozialistische Länder (Jugoslawien, Kuba);
9. Absendung von Briefen an folgende Adressen in Westdeutschland: Bezeichnung des Bestimmungslandes als »Bundesrepublik Deutschland« (statt »Westdeutschland«);

Baden-Württemberg; Heidelberg; Mannheim. Amerikanische und französische Nachrichtendienste in Westberlin; Ämter für Verfassungsschutz in Westberlin, Köln, Aachen, Hamburg, Bonn, Wuppertal, Hagen.

Kennzeichnende Verhaltensweisen eines Agenten, der Sichtobservation betreibt:

1. Allgemeine Nervosität, gehemmte Bewegungen, Agent blickt oft über die Schulter zurück;
2. Schnelles Verlassen der observierten Gegend;
3. Hastiges Herausreißen der Ausweispapiere aus der Tasche bei Ausweiskontrollen, die eine Begründung für den Aufenthalt in der Nähe von sowjetischen Militäranlagen dokumentieren;
4. Verwirrte Antworten auf Befragung nach dem Grund des Aufenthalts in oder in der Nähe von sowjetischen Militäranlagen.

Einige verräterische Züge im Verhalten eines Agenten, der Radiobotschaften abhört oder zugleich Radiobotschaften abhört und aussendet:

1. Agent bleibt (in Krisenzeiten u. dgl.) zwei Nächte hintereinander wach;
2. Es wird festgestellt, daß der Agent gleich am nächsten Tag nach Empfang oder Aussendung von Radiobotschaften Post aufgibt;
3. Entdeckung der vom Agenten benutzten festen Radiofrequenz; Notizbücher mit fünfstelligen Zahlenkombinationen werden bei ihm oder bei Haussuchung gefunden;
4. Auffindung großer Radioantennen in der Bodenkammer, in dem Zimmer oder in einem Schuppen des Agenten; Auffinden von isolierten Drahtlängen, die als Antenne dienen könnten;
5. Benutzung von Kopfhörern;
6. Vorspiegelung falscher Tatsachen: es wird behauptet, daß die verdächtige Person z. Z. des Radioempfanges nicht zu Hause sei;
7. Weigerung, insbesondere am Tage des Radioempfanges Besucher zu empfangen;
8. Mitschneiden von Funksendungen auf Tonband;
9. Ableugnen von Kenntnissen im Radiobasteln.

Verhaltensmaßregeln für Agenten für Sichtobservation, die von den feindlichen Nachrichtendiensten ausgegeben werden:

1. Nach Beginn der nachrichtendienstlichen Tätigkeit darf sich das Verhalten des Agenten im öffentlichen und privaten Leben in keiner Weise verändern.

2. Agent muß alle Sympathien für westlichen Lebensstil verbergen.

3. Agent muß auf jegliche Provokation, von wem sie auch ausgehe, mit kühler Ruhe reagieren.

4. Agent darf keinerlei Beziehungen mit bekannten Feinden der DDR pflegen.

5. Vor Aufsuchen des Sichtobservationsobjekts muß eine plausible Ausrede für Anwesenheit dort ausgearbeitet werden.

6. Agent suche das Sichtobservationsobjekt in Begleitung von Familienmitgliedern auf.

7. Agent darf beim Sichtobservationsobjekt weder ständig gleich gekleidet noch immer zur gleichen Zeit des Tages auftauchen.

8. In der Nähe von Militäranlagen darf sich der Agent keine Notizen machen.

9. An Wochenenden darf nicht observiert werden.

10. Dagegen sollte das Sichtobservierungsobjekt an öffentlichen Feiertagen (Tag der Roten Armee, 1. Mai, 7. November) aufgesucht werden.

11. Zum Zweck längerer Observierung des Objekts ist Freizeittätigkeit (Sonnenbaden, Spaziergänge u. dgl.) vorzutäuschen.

12. Schwer zugängliche Observierungsobjekte sollten von angeblichen Pilzsammlern u. dgl. observiert werden.

13. Schießplätze und Schießstände, sowie Schießausbildung, sind zu observieren.

14. Sowjet-Truppenteile und Militär-Vorratslager sind zu besuchen.

15. Mache geeignete Beobachtungen aus günstig gelegenen Fenstern der eigenen Wohnung.

16. Entlarve gegnerische Agenten bei den militärischen Spezialisten im NATO-Personal, das in der Umgegend von

Militäranlagen beschäftigt ist bzw. wohnt.

Erprobte Formen der Aussendung von Agenten:

1. als angebliche Heimkehrer;
2. als Überläufer nach Ostdeutschland (z. B. angebliche Deserteure aus der westdeutschen Bundeswehr);
3. als angebliche Handelsmatrosen auf westdeutschen Schiffen, die ihr Schiff bei Ankunft in ostdeutschen Häfen im Stich lassen;
4. durch illegalen Grenzübergang.

Verhaltensmaßregeln für frei umherziehende Agenten (sogenannte »Rangers«):

1. Nichts tun, was Aufsehen erregt oder eine Untersuchung der persönlichen Vergangenheit u. dgl. verursacht (freiwillige Bewerbung um Aufnahme in den ostdeutschen Staatssicherheitsdienst; sich um Belobigungen, Orden und Ehrenzeichen bemühen).
2. Absolut loyales Benehmen gegenüber der DDR.

Merkmale, an denen durch die feindlichen Nachrichtendienste in unsere eigenen Nachrichtendienste eingeschmuggelte Agenten erkannt werden können:

1. Zu hastiger Abschluß der Untersuchung der regierungsfeindlichen Gesinnung des Agenten durch die westdeutschen Dienststellen.
2. Agent erwähnt Verwandte oder Freunde, die in verschiedenen Geheimdienststellen arbeiten.
3. Agent schlägt Zusammenkunft vor, die nach allen Regeln der Geheimagentenkunst abgesichert ist, oder aber, er verletzt solche Regeln im Gegenteil in allzu grober oder naiver Art und Weise.
4. Beobachtete Person schlägt selbst Anwerbung als Agent vor.
5. Beim Niederschreiben einer Botschaft, eines Auftrages u. dgl. läßt der Beobachtete einen breiten Streifen am oberen Rand des Zettels unbeschrieben, ohne daß er vorher dahingehend instruiert wurde, u. dgl.
6. Nach Erteilung eines genau definierten Auftrags ist der Beobachtete um eine Antwort sichtlich verlegen.
7. Verdächtige Person macht sich selbst erbötig, auf eigene Initiative diese oder jene Dienste zu leisten.

Hans-Peter Schwarz
Zwischenbilanz der
KSZE

Seit Unterzeichnung der KSZE-Schlußakte im August 1975 gibt es für das, was in der Ostpolitik geht oder was nicht gehen wird, einen ziemlich genauen Gradmesser – die östliche Bereitschaft zur Erfüllung dieser Vereinbarungen. Die Überprüfungskonferenz in Belgrad, an der 35 europäische Staaten zusammen mit den USA und Kanada teilnehmen, wird eine Zwischenbilanz ziehen. Fortgang und Resultate dieser Konferenz werden die ostpolitischen Auseinandersetzungen des Jahres 1977 und die folgende Entwicklung stark beeinflussen.

Hans-Peter Schwarz – Ordentlicher Professor der Politikwissenschaft an der Universität Köln, bekannt durch zahlreiche Publikationen zur deutschen Außenpolitik und zu den Ost-West-Beziehungen und leitendes Mitglied verschiedener außenpolitischer Forschungsinstitute – analysiert die Erfahrungen in den Jahren bis 1977. Er arbeitet heraus, wie die KSZE dank der westlichen Verhandlungsführung und im Zeichen der östlichen Menschenrechts-Bewegung zu einem Instrument geworden ist, das der Westen im Sinne seiner politischen Ziele nutzen kann.

Der Erfüllung der KSZE im innerdeutschen Verhältnis wird besondere Beachtung geschenkt.

Der Verfasser entwickelt auch Grundlinien eines Konzepts für die künftige westliche KSZE-Politik und plädiert für einen Kurs ruhiger Festigkeit, der sich um Durchsetzung des Machbaren bemüht.

Seewald Verlag Stuttgart

Tina Österreich
Ich war RF

Ein Bericht

Die Buchstaben RF bedeuten in der Justiz-, Polizei- und Ge-
fängnissprache der DDR: »Republikflüchtling«. Tina Österreich ist eine Frau, die weiß, was das heißt; sie wurde vom
Menschen zur Sache, zum Objekt: sie wurde RF.

Warum sie mit ihrer Familie »republikflüchtig« werden
wollte, welche Vorbereitungen sie dazu traf, wie ihr Versuch
zur »Republikflucht« entdeckt wurde, was geschah, als sie
verhaftet wurde, wie sie als Untersuchungsgefangene behandelt wurde... – das alles liest sich wie die Geschichte von
einem, der auszog, das Gruseln zu lernen, und ist nichts als
ein authentischer Bericht, der dem Leser ohne theoretische
Anstrengung die Erkenntnis vermittelt, was totalitäre Herrschaft in der Praxis bedeutet.

Die Autorin – ein Naturtalent im Schreiben – schildert pak-
kend und realistisch, welche Rolle in der DDR die sogenannten Verteidiger spielen, wie in der DDR ein Strafprozeß ver-
läuft, wie der Transport von der Untersuchungshaft zum
Strafvollzug vonstatten geht, und sie beschreibt bis in die
peinlichen Einzelheiten hinein, aber nicht ohne Humor die
Jahre im Knast mit Prostituierten, Dieben und anderen »Re-
publikflüchtlingen« und die Prozedur ihrer Entlassung aus
der Staatsbürgerschaft der DDR.

Tina Österreich hat auf Anhieb den Sprung in die Spitzen-
gruppe der Erzähler der deutschen Gegenwart geschafft.

»Ich war RF« ist ein paradigmatisches Buch.

Seewald Verlag Stuttgart

Ladislaus Singer
Sowjet-Imperialismus

Zeitpolitische Schriftenreihe Band 7

So sehr die Kommunisten bestrebt sind, den Imperialismus als logische Konsequenz des Kapitalismus darzustellen, so sehr betonen sie die Unvereinbarkeit von Sozialismus und Imperialismus.

Während auf diese Weise die Geister verwirrt wurden, entwickelte sich der Sowjetstaat selbst zur größten imperialistischen Macht der Geschichte. Er gewann eine territoriale Ausdehnung und Einflußsphäre, der Vergleichbares in der Welt nicht gegenübersteht. Angesichts dieses Tatbestandes ist es ein beachtlicher Erfolg der Sowjetpropaganda, daß es wohl zahllose Publikationen über den amerikanischen, britischen und französischen Imperialismus gibt, jedoch keine spezielle Darstellung des russisch-sowjetischen Imperialismus.

Hier hat Ladislaus Singer – angesehener Kenner zeitgeschichtlicher Quellen – Pionierarbeit geleistet. Er liefert mit dieser Untersuchung eine fundierte Darstellung des zaristischen und sowjetischen Imperialismus. Gestützt auf die Dokumente belegt und beweist der Autor die geschichtliche Kontinuität der imperialistischen Ziele Rußlands, die auch durch die Oktoberrevolution nicht unterbrochen wurde.

Der Schwerpunkt der Untersuchung liegt bei den Methoden, Aktionen und propagandistischen Tarnungen der »roten Zaren«, deren Maximen und Taktiken von den Anfängen des Sowjetstaates bis zur Breschnew-Doktrin beleuchtet werden. Vor dem Hintergrund der gegenwärtigen Ost-West-Beziehungen gewinnt diese Studie für Deutschland und seine Nachbarn eine ganz ungewöhnliche Aktualität.

Seewald Verlag Stuttgart